Psychologie

Das Übungsbuch

Richard J. Gerrig

Bibliografische Information der Deutschen Nationalbibliothek

Die Deutsche Nationalbibliothek verzeichnet diese Publikation in der Deutschen National-
bibliografie; detaillierte bibliografische Daten sind im Internet über *http://dnb.dnb.de* abrufbar.

Authorized translation from the English language edition, entitled PSYCHOLOGIE
AND LIFE, 20th Edition by GERRIG, RICHARD, published by Pearson
Education, Inc., publishing as Pearson, Copyright © 2014 Pearson Education, Inc.

10 9 8 7 6 5 4 3 2

19 18 17

ISBN 978-3-86894-305-4 (Buch)
ISBN 978-3-86326-794-0 (E-Book)

© 2016 by Pearson Deutschland GmbH
Lilienthalstraße 2, D-85399 Hallbergmoos/Germany
Alle Rechte vorbehalten
www.pearson.de
A part of Pearson plc worldwide

Übersetzung: Andreas Klatt
Fachlektorat: Tobias Dörfler, Jeanette Roos
Lektorat: Kathrin Mönch, cmoench@pearson.de
Coverabbildung: Andrey Arkusha, Shutterstock, www.shutterstock.com
Herstellung: Claudia Bäurle, cbaeurle@pearson.de
Satz: mediaService, Siegen (www.mediaservice.tv)
Druck und Verarbeitung: CPI books GmbH, Leck

Printed in Germany

Inhaltsverzeichnis

Vorwort

Das von Phil Zimbardo begründete und nun von Richard Gerrig fortgeführte Lehrbuch „Psychologie" ist *der* Klassiker unter den Psychologie-Einführungen. Neue Forschungsergebnisse und wichtige Anregungen aus der Kommunikation mit den Studierenden fließen ständig in das Lehrbuch ein. Die unvergleichliche Anschaulichkeit und Aktualität, aber auch die treffende Auswahl psychologischer Themengebiete machen auch in der 20. Auflage deutlich, warum das Buch das meistgelesene Einführungsbuch der Psychologie ist.

„Gelesen", „verstanden (geglaubt)" und „die Inhalte zielgerecht reproduzieren" sind jedoch verschiedene Dinge. Das nun überarbeite und auf die aktuelle Ausgabe des Lehrbuchs abgestimmte Übungsbuch ist als Hilfsmittel und Werkzeug konzipiert, diese Lücke zu schließen. Die Fragen bestehen aus offenen Verständnisfragen, Multiple-Choice-Fragen, Richtig-oder-falsch-Fragen sowie neu in dieser Ausgabe erstmals auch Lückentext-Aufgaben und Essay-Fragen. So kann der gesamten Bandbreite an Fragen, wie sie in Klausuren, mündlichen Prüfungen und Aufnahmeprüfungen zum Studium der Psychologie vorkommen, Rechnung getragen werden. Zu allen Fragen gibt es Lösungen.

Dem Zweck entsprechend lehnen sich alle Fragen eng an den Text des Lehrbuchs „Psychologie" an. Die Reihenfolge innerhalb einer Frageform folgt dabei dem Textaufbau des Lehrbuchs, so dass die zugehörigen Textstellen leicht aufgefunden werden können. Die Fragetiefe ist bewusst heterogen gewählt. Es finden sich Fragen zu einfachen Fakten und Sachverhalten bis hin zu übergreifenden Transferaufgaben, die selbstständiges und kritisches Denken erfordern.

Wir hoffen, das Übungsbuch findet einen guten Platz als ständiger Begleiter des Lehrbuchs und hilft, sich das dort vermittelte Wissen anzueignen und anstehende Psychologie-Prüfungen erfolgreich zu absolvieren.

Psychologie als Wissenschaft

ÜBERBLICK

1

1.1 Verständnisfragen

1 Welche vier Komponenten umfasst die Definition des Begriffs „Psychologie"?

2 Welche vier Ziele sind für Psychologinnen und Psychologen in der Forschungsarbeit relevant?

3 Warum besteht oft ein enger Zusammenhang zwischen den Zielen der Erklärung und denen der Vorhersage?

4 Was sind die zentralen Anliegen der strukturalistischen und der funktionalistischen Herangehensweise?

5 Wie konzeptualisieren die psychodynamische und die behavioristische Perspektive jeweils die Faktoren, von denen menschliches Handeln bestimmt wird?

6 Was ist das Ziel der kognitiven Neurowissenschaften?

7 Wie ergänzen sich die evolutionäre und die kulturvergleichende Perspektive?

8 Welches Verhältnis besteht zwischen Forschung und praktischer Anwendung?

9 Was bedeutet es, an Kursen aktiv teilzunehmen?

10 Inwiefern sind die Question- und die Read-Phase bei der PQ4R-Technik miteinander verbunden?

11 Worin liegt die Absicht der Recite-Phase bei der PQ4R-Technik?

1.2 Multiple-Choice-Fragen

1 Um Verhalten zu erforschen, können ForscherInnen auf verschiedenen Analyseebenen ansetzen. Welche der folgenden Forschungsfragen steht für die umfassendste, globalste Analyseebene?

    a. Wie entstehen Vorurteile?

    b. Gibt es bei Vorurteilen Geschlechterunterschiede?

    c. Gibt es Unterschiede, wie sich Vorurteile bei verschiedenen ethnischen Gruppen ausdrücken?

    d. Welche Rolle spielen frühe Kindheitserfahrungen beim Entstehen von Vorurteilen?

2 Im Zusammenhang mit dem Ziel der Erklärung bezieht das Konzept der „informed imagination" sich in erster Linie auf die

    a. weitgefassteste Analyseebene.

    b. den Einsatz objektiver Methoden durch den/die ForscherIn.

    c. Kreativität beim in Einklang bringen von bereits Bekanntem und noch nicht Bekanntem.

    d. die Entdeckung von Ursache-Wirkungs-Zusammenhängen durch systematisches Experimentieren.

3 Für gewöhnlich werden unterschiedliche Erklärungen für Verhalten danach beurteilt, wie

a. sehr sie mit den Glaubenssätzen der Forscherin oder des Forschers übereinstimmen.

b. gut sie situative und umweltbedingte Variablen kombinieren.

c. gut sie genaue und verständliche Vorhersagen ermöglichen.

d. sehr sie mit dem Erleben der allgemeinen Öffentlichkeit übereinstimmen.

4 Zwei Studierende unterhalten sich darüber, dass sich ihre Professorin einfach keine Namen merken kann. Einer attribuiert dieses Unvermögen auf ein schlechtes Gedächtnis, der andere glaubt, dass es ihr an Motivation fehlt. In der Forschung würde man beurteilen, welche der beiden Erklärungen überlegen ist, indem man

a. das Unvermögen einer situativen Variable zuordnet.

b. misst, wie sehr jeder der beiden Freunde von seiner Meinung überzeugt ist.

c. das Unvermögen, sich zu erinnern, einer dispositionalen Variable zuordnet.

d. feststellt, wie gut jede der Erklärungen Verhalten in neuen Situationen vorherzusagen vermag.

5 1908 schrieb Hermann Ebbinghaus: „Psychologie hat eine lange Vergangenheit, aber nur eine kurze Geschichte." Welche Aussage fängt am besten die Idee ein, die Ebbinghaus hiermit zum Ausdruck bringen wollte?

a. PsychologInnen haben, genau wie PhilosophInnen, Schwierigkeiten, aus ihren Fehlern zu lernen.

b. Fragen zur Natur des Menschen existieren seit langer Zeit, die für ihre Beantwortung nötigen Methoden hingegen sind erst vor Kurzem entwickelt worden.

c. Das Feld der Psychologie existiert seit langem, aber es ist noch nicht lange her, dass Gelehrte die Errungenschaften des Fachs festgehalten haben.

d. Obwohl PsychologInnen seit hunderten von Jahren Forschung betreiben, konnte bisher wenig von Substanz entdeckt werden.

6 Der als Strukturalismus bezeichnete Ansatz drehte sich in erster Linie um das _____ mentaler Inhalte.

a. „Wie"

b. „Warum"

c. „Was"

d. „Wann"

7 Die Aussage, dass William James sich für die _____ des Geistes interessierte, während Edward Titchener sein Augenmerkt auf die _____ des Geistes richtete, wäre zutreffend.

a. Funktionen; Inhalte

b. Inhalte; Funktionen

c. Funktionen; Funktionen

d. Inhalte; Inhalte

8 Für Funktionalisten lautet die durch Forschung zu beantwortende Schlüsselfrage

a. „Worin besteht die Natur des Geistes?"

b. „Welche Absicht liegt einem Verhalten zugrunde?"

c. „Welcher Teil des Geistes ist zuständig für die Motivation?"

d. Welche Gefühle sind mit spezifischen Gedanken und Emotionen assoziiert?

9 Eine Lehrerin möchte feststellen, ob sich die Wahrscheinlichkeit, dass Kinder sich freiwillig melden, erhöht, wenn sie mit einem Lächeln auf das Heben der Hände reagiert, nachdem sie die Frage gestellt hat. Vor dem Hintergrund der behavioristischen Perspektive ist die vorgelagerte Umweltbedingung _____ und die Konsequenz ist _____.

a. Lächeln; Stellen einer Frage

b. Aufzeigen; Lächeln

c. Stellen einer Frage; Lächeln

d. Aufzeigen; Stellen einer Frage

10 Bei welcher Strömung ist nicht die Persönlichkeit entscheidend, sondern die Lerngeschichte des Einzelnen sowie die aktuellen Anforderungen der Umwelt?

a. Behaviorismus

b. kognitive Perspektive

c. Humanismus

d. psychodynamische Perspektive

11 Bei den folgenden Begriffen handelt es sich um direkte Folgen des Behaviorismus bis auf Ausnahme von

a. neue Therapien zum Verändern von Verhaltensstörungen.

b. Richtlinien, um utopische Gemeinschaften zu modellieren.

c. die Gewissheit, dass Menschen auf angeborene Weise gut sind und wählen können.

d. die Erziehung von Kindern durch Anwendung positiver Verstärkung statt Bestrafung.

12 PsychologInnen, die eine biologische Erklärung für Verhalten akzeptieren, treffen gewisse Vorannahmen. Welche der folgenden Annahmen wäre NICHT darunter?

a. Psychologisches Verhalten hat eine biochemische Grundlage.

b. Verhalten oder Verhaltenspotenziale werden vererbt.

c. Erfahrung kann keine zugrundeliegenden biologischen Strukturen und Prozesse verändern.

d. Komplexes Verhalten kann man am besten verstehen, wenn man es in kleine, elementare Verhaltenseinheiten zerlegt.

13 Die Aufgabe psychobiologischer ForscherInnen ist es, Verhalten auf welcher der folgenden Analyseebenen zu verstehen?

a. der weitgefasstesten Ebene

b. der präzisesten Ebene

c. einer vorwiegend weitgefassten Ebene

d. einer vorwiegend präzisen Ebene

1.3 Richtig oder falsch?

1 Die meisten PsychologInnen würden heutzutage zustimmen, dass es am besten ist, Verhalten von der dichtesten Ebene aus zu analysieren.

2 Hinsichtlich der Ziele der Psychologie müssen Beschreibungen auf wahrnehmbare Informationen rückführbar sein, während Erklärungen ihrem Selbstverständnis nach über das Beobachtbare hinausgehen.

3 Die Idee, dass die Wahrnehmung eines Gemäldes über die bloße Summe der einzelnen Pinselstriche hinausgeht, passt zu der Sichtweise des Gestaltpsychologen Max Wertheimer.

4 Entsprechend der behavioristischen Perspektive wird danach gesucht, wie bestimmte Umweltreize bestimmte Arten des Verhaltens kontrollieren.

5 KognitionspsychologInnen erklären das menschliche Verhalten vorwiegend über vorangehende Umweltereignisse und frühere Verhaltenskonsequenzen.

6 John Deweys Ansatz zur Erziehung führte zu einer übergeordneten Betonung der Bedeutung des Rollenlernens und ermutigte LehrerInnen, ihre SchülerInnen durch „Drill und Übung" anzuleiten.

7 Nach der evolutionären Perspektive sind viele Verhaltensweisen an Probleme während des Pleistozäns angepasst.

8 PsychologInnen zufolge, die der kognitiven Perspektive folgen, ist Verhalten vollständig determiniert durch vorhergehende Umweltereignisse und zurückliegende Verhaltenskonsequenzen.

9 Die kulturvergleichende Perspektive lässt sich auf nahezu jeden Gegenstand psychologischer Forschung anwenden.

10 „Was unterscheidet den einen Menschen vom anderen?" ist eine vornehmliche Frage für PersönlichkeitspsychologInnen.

1.4 Lückentext-Aufgaben

1 Einer der ersten Psychologen in den USA, Edward Titchener, nahm an, dass alle mentalen Erfahrungen des Menschen verstanden werden können als die Kombination wesentlicher Komponenten. Sein Ansatz wurde bekannt als _____.

2 Gegründet von dem amerikanischen Psychologen William James konzentrierte die Schule des _____ sich auf die Absichten von Verhalten.

3 Vorhergehende Umweltbedingungen und beobachtbare Konsequenzen aus der Reaktion sind zentrale Fragestellungen für PsychologInnen, die der _____ Perspektive folgen.

4 Abraham Maslow prägte den Begriff _____, der den Wunsch eines jeden Individuums bezeichnete, sein Potenzial vollstmöglich zur Entfaltung zu bringen.

5 Die tragende Säule der _____ Perspektive in der Psychologie sind der menschliche Gedanke und alle Prozesse des Erkennens. Vor dem Hintergrund dieser Perspektive handeln Menschen, weil sie denken.

1.5   Essayfragen

1 Vor Jahren hat ein exzentrischer Onkel sich Ihrer angenommen. Vor kurzem hat er sich entschlossen, Sie während Ihrer Ausbildung finanziell zu unterstützen. Während eines Urlaubs statten Sie ihm einen Besuch ab und erwähnen, dass Sie Psychologie studieren. Das weckt seine Neugierde und er bittet sie, mehr davon zu erzählen. Besonders interessiert ihn, welchen „Sinn" Psychologie erfüllt. Was können Sie ihm von den Zielen der Psychologie berichten?

2 Eine Freundin belegt einen Kurs zur Wissenschaftsgeschichte. Ihren Aufsatz möchte sie über die Geschichte der Psychologie schreiben. Sie fragt Sie um Rat, wer die wichtigen Persönlichkeiten der Frühphase der Psychologie waren und welche Grundideen ihren Ansätzen zugrunde lagen. Welche Art hilfreichen Wissens könnten Sie ihr hinsichtlich der Entstehung moderner Psychologie geben?

3 Beschreiben Sie kurz die folgenden Perspektiven auf die Psychologie: psychodynamisch, behavioristisch, humanistisch, kognitiv, biologisch, evolutionär und soziokulturell. Worin liegt in der Psychologie die Bedeutung von Perspektiven?

1.6   Lösungen

1.6.1   Antworten auf die Verständnisfragen

1 Psychologie ist das *wissenschaftliche* Studium des *Verhaltens* und der *kognitiven* Prozesse von *Individuen.*

2 Die vier Ziele einer wissenschaftlichen Psychologie sind die Beschreibung, Erklärung, Vorhersage und Kontrolle des Verhaltens.

3 ForscherInnen versuchen in der Regel, Verhaltensweisen durch die Identifikation zugrunde liegender Ursachen zu erklären; erfolgreiche kausale Erklärungen ermöglichen oft zutreffende Vorhersagen.

4 Der Strukturalismus versucht, psychische Erfahrungen als Kombination grundlegender kognitiver Komponenten zu verstehen. Der Funktionalismus konzentriert sich hingegen auf die Ziele von Verhaltensweisen.

5 Der psychodynamische Ansatz konzentriert sich auf starke, instinktive Triebe, und der behavioristische Ansatz darauf, wie Verhaltensweisen von ihren Folgen geformt werden.

6 Forscherinnen und Forscher in den kognitiven Neurowissenschaften kombinieren den kognitiven mit dem biologischen Ansatz, um die Hirnaktivitäten zu verstehen, die kognitiven Prozessen wie Gedächtnis und Sprache zugrunde liegen.

7 Der evolutionäre Ansatz befasst sich mit den Merkmalen, die alle Menschen als Folge der Evolution des Menschen miteinander teilen. Der kulturvergleichende Ansatz konzentriert sich auf die von Kulturen verursachten Unterschiede im Vergleich zum allgemeinen evolutionären Hintergrund.

8 Die psychologische Forschung ergibt neue Erkenntnisse, die dann auf die reale Welt anzuwenden versucht werden.

9 Sie müssen sich aktiv an dem Studiengang beteiligen und ein eigenes Verständnis dessen entwickeln, was Sie in Vorlesungen und Seminaren hören und im Text lesen.

10 In der *Question*-Phase stellen Sie Fragen, die Ihre Aufmerksamkeit, während Sie lesen, lenken; in der *Read*-Phase lesen Sie das Material unter dem Gesichtspunkt, Ihre Fragen zu beantworten.

11 Wenn Sie versuchen, konkrete Antworten auf Fragen zu formulieren, erhalten Sie einen realistischen Überblick über Ihren Wissensstand.

1.6.2 Antworten auf die Multiple-Choice-Fragen

1 a		**6** c		**11** c	
2 c		**7** a		**12** c	
3 c		**8** b		**13** b	
4 d		**9** c			
5 b		**10** a			

1.6.3 Antworten auf die „Richtig oder falsch?"-Fragen

1 Falsch		**5** Falsch		**9** Richtig	
2 Richtig		**6** Falsch		**10** Richtig	
3 Richtig		**7** Richtig			
4 Richtig		**8** Falsch			

1.6.4 Antworten zu den Lückentext-Aufgaben

1 Strukturalismus

2 Funktionalismus

3 behavioristischen

4 Selbstverwirklichung

5 kognitiven

1.6.5 Lösungshinweise zu den Essayfragen

1 PsychologInnen versuchen, auf die Frage „Was ist die Natur des Menschen?" eine Antwort zu finden. Gehen Sie auf die Bestandteile der Definition von Psychologie ein: wissenschaftlich, Verhalten, individuumszentriert, mental. Vergessen Sie nicht die Ziele einer/eines PsychologIn, die/der Forschungen durchführt, um Verhalten zu beschreiben, zu erklären, vorherzusagen und zu beeinflussen. Erklären Sie diese Ziele.

2 Berücksichtigen Sie die frühen Ideen von Aristoteles und Platon, John Locke und Immanuel Kant. Diskutieren Sie den Beitrag von Wilhelm Wundt. Denken Sie auch an Max Wertheimer, Edward Titchener und William James. Diskutieren Sie den Strukturalismus und den Funktionalismus sowie das Erbe dieser Ansätze, wie es im Lehrbuch besprochen wird. Auch die Rolle von Frauen in der Entwicklung der Psychologie sollten Sie erwähnen.

3 Der psychodynamische Ansatz betont die mächtigen inneren Kräfte, die Verhalten antreiben und motivieren. BehavioristInnen versuchen zu verstehen, wie Stimuli in der Umwelt Verhalten beeinflussen. HumanistInnen glauben, dass Menschen aktiv, auf angeborene Weise gütig und in der Lage zu wählen sind. Die kognitive Perspektive richtet ihr Augenmerk auf den Gedanken und die Prozesse der Wissensaneignung. Die biologische Perspektive leitet PsychologInnen dazu an, biologische Prozesse und Strukturen zu suchen, die sich auf das Verhalten auswirken. Die evolutionäre Perspektive konzentriert sich auf Umweltbedingungen, unter denen das menschliche Gehirn sich entwickelte, sowie adaptive Muster, die zum Überleben der Spezies beitragen. Die soziokulturelle Perspektive schaut auf kulturübergreifende Unterschiede hinsichtlich der Ursachen und Konsequenzen von Verhalten.

Forschungsmethoden der Psychologie

2

ÜBERBLICK

2.1 Verständnisfragen

1 Welche Beziehung besteht zwischen Theorien und Hypothesen?

2 Was können Forschende unternehmen, um beobachterabhängige Urteilsverzerrung zu vermeiden?

3 Warum benutzen Forschende die Doppelblindtechnik?

4 Was bedeutet ein Within-subjects-Design?

5 Warum impliziert eine Korrelation keine Kausalität?

6 Warum können Maße reliabel, aber trotzdem nicht valide sein?

7 Warum ist es für Befragende wichtig, eine Beziehung zu den Befragten herzustellen?

8 Angenommen, ein Forscher beobachtet das Verhalten von Kindern auf einem Spielplatz. Was für eine Art von Maß wäre das?

9 Was ist der Zweck der freiwilligen Zustimmung nach Aufklärung?

10 Welchen Zweck erfüllt das Abschlussgespräch?

11 Was empfehlen Forschende hinsichtlich des Einsatzes von Tieren zu Forschungszwecken?

2.2 Multiple-Choice-Fragen

1 Die Idee, dass alle physischen, mentalen und verhaltensbezogenen Veränderungen das Ergebnis von spezifischen kausalen Faktoren sind oder durch diese determiniert werden, gilt als

a. Hypothese

b. Replikation

c. Generalisierung

d. Determinismus

2 Stellen Sie sich vor, ein Forscher wäre von einem Pharmaunternehmen beauftragt worden, ein neues Medikament gegen Krebs zu testen. Der Forscher kommt zu dem Ergebnis, dass das Medikament wirkt, aber andere ForscherInnen können dieses Ergebnis nicht replizieren. Eine mögliche Erklärung für die ursprünglichen Ergebnisse, die in Betracht gezogen werden sollte, ist

a. Debriefing.

b. Determinismus.

c. Beobachterverzerrung.

d. öffentliche Verifizierbarkeit.

3 Wenn ein/e ForscherIn Variablen oder Bedingungen in Form von spezifischen Verfahren definiert, anhand derer ihr Vorliegen festgestellt wird, greift er oder sie auf eine _____ Definition zurück.

a. verzerrte

b. konfundierte

c. operationale

d. hypothetische

4 Ein Psychologe glaubt, dass Musik sich auf die Stimmung auswirkt. Einige seiner Teilnehmenden hören Walzer, andere militärische Marschmusik, dann wird die Stimmung jedes Teilnehmenden mit einem Papier-Bleistift-Test gemessen. Was sind die unabhängigen und abhängigen Variablen?

a. Die Walzer sind die unabhängige Variable und die militärische Marschmusik ist die abhängige Variable.

b. die Musikart ist die unabhängige Variable und die Stimmung der Teilnehmenden ist die abhängige Variable.

c. die Stimmung der Teilnehmenden ist die unabhängige Variable und die Art der Musik ist die abhängige Variable.

d. die Stimmung der Teilnehmenden ist die unabhängige Variable und das Abschneiden beim Papier-Bleistift-Test ist die abhängige Variable.

5 Angenommen, Sie wollten die Hypothese testen, ob das Anschauen pornographischen Materials das aggressive Verhalten erhöht. Die abhängige Variable wäre

a. das aggressive Verhalten.

b. das Alter der Teilnehmenden.

c. das Betrachten pornographischen Materials.

d. ob Männer oder Frauen als Teilnehmende rekrutiert wurden.

6 Welche der folgenden Aussagen fängt am besten die Grundidee der experimentellen Methode ein?

a. Teilnehmende einer Stichprobe beobachten aufmerksam ihr Verhalten und berichten die Ergebnisse.

b. Man sollte Verhalten unter einer großen Bandbreite unkontrollierter Bedingungen beschreiben und messen.

c. Es ist wichtig, eine unabhängige Variable zu manipulieren, damit die Wirkung auf eine abhängige Variable ersichtlich wird.

d. Ein Forscher manipuliert eine abhängige Variable, um die Wirkung auf eine unabhängige Variable ausmachen zu können.

7 Um die Wirkung der Aufgabenkomplexität auf die Zeitwahrnehmung zu messen, hat eine Forscherin eine Gruppe Teilnehmender gebeten, einfache Additionsaufgaben auszurechnen, während die andere Gruppe komplexe mathematische Formeln löst. Beide Gruppen werden im Anschluss gebeten, die seit dem Beginn der Aufgabe vergangene Zeit zu schätzen. Später findet die Forscherin heraus, dass die Teilnehmenden mit der komplexen Aufgabe in einem Raum mit mehr Lärm in der Umgebung waren als die Teilnehmenden der anderen Gruppe. In dieser Studie wäre das Lärmlevel ein Beispiel für

a. den Placebo-Effekt.

b. eine abhängige Variable.

c. eine konfundierende Variable.

d. eine unabhängige Variable.

8 Bei der Durchführung psychologischer Forschung sollen Kontrollverfahren

a. die Wahrscheinlichkeit erhöhen, dass die Hypothesen des/der VersuchsleiterIn Bestätigung finden.

b. andere Variablen und Bedingungen als die, die mit der Hypothese zusammenhängen, konstant halten.

c. Teilnehmende ermutigen, sich auf eine Weise zu verhalten, die mit ihren eigenen Erwartungen konsistent ist.

d. sicherstellen, dass Teilnehmende gleichermaßen von unabhängigen wie auch abhängigen Variablen beeinflusst werden.

9 Wenn weder Teilnehmende einer Forschung noch die ForschungsassistentInnen wissen, welche/r Teilnehmende welche Behandlung erhält, haben die VersuchsleiterInnen _____ angewendet.

a. eine Placebo-Kontrolle

b. ein Between-Subjects-Design

c. eine Einzelblind-Kontrolltechnik

d. eine Doppelblind-Kontrolltechnik

10 Eine Forscherin untersucht, ob Koffein Menschen gesprächiger macht. Einige ihrer Teilnehmenden erhalten regelmäßig Kaffee, andere warme Milch. Ihre Assistentin interviewt im Anschluss die Teilnehmenden und zählt die Wörter, die jede/r während des Interviews spricht. Was scheint dem Design noch zu fehlen?

a. eine Hypothese

b. eine Placebo-Kontrolle

c. eine abhängige Variable

d. eine unabhängige Variable

11 Beim Planen einer Studie beschließen Sie, fünfzig der hundert Teilnehmenden randomisiert der Versuchsbedingung zugeteilt werden, die verbleibenden fünfzig der Kontrollbedingung. Die Art Experimentaldesign, die Sie verwenden, gilt als _____ - Design

a. Placebo-Kontroll

b. Single-Subject

c. Within-Subjects

d. Between-Subjects

12 Um Zeit zu sparen, teilen Sie die ersten fünfzig Teilnehmenden, die sich angemeldet haben, der Versuchsbedingung zu und die nächsten fünfzig der Kontrollbedingung. Die Interpretationen, die sie aus der Studie ziehen können, werden gravierend beeinträchtigt sein, weil

a. Sie ein Within-Subjects-Design hätten durchführen müssen.

b. es Ihnen nicht gelungen ist, die Bedingungen randomisiert zuzuteilen.

c. Sie nicht genügend Teilnehmende hatten, um Ihre Studie durchzuführen.

d. Sie eine weitere Kontrollbedingung hätten einführen müssen, um zulässige Schlüsse ziehen zu können.

13 Da wir in der Regel keinen Zugang haben zu der gesamten Population, die für uns von Interesse ist, stehen ForscherInnen vor der Aufgabe, eine repräsentative Stichprobe der Population auszuwählen. Welche der folgenden Aussagen trifft auf repräsentative Stichproben NICHT zu?

a. Man kann von der Stichprobe nur auf die Population generalisieren, die diese adäquat repräsentiert.

b. Die repräsentative Stichprobe sollte so vollständig wie möglich die Merkmale der interessierenden Population aufweisen.

c. Eine repräsentative Stichprobe muss Mitglieder verschiedener ethnischer Gruppierungen beinhalten, selbst, wenn die Zielpopulation aus nur einer ethnischen Zugehörigkeit besteht.

d. Eine repräsentative Stichprobe ist eine Möglichkeit, wie man Rückschlüsse auf die interessierende Population ziehen kann, ohne Zugriff auf alle Mitglieder dieser Population zu haben.

14 Angenommen, Sie hätten sich freiwillig für die Teilnahme an einem Experiment gemeldet. Zunächst werden Sie gebeten einzuschätzen, wie wütend eine Person auf einem Foto ist. Dann sollen Sie an etwas denken, das Sie wütend macht, und das Fotoerneut beurteilen. Weil Sie Ihre eigene Kontrollgruppe sind, würden PsychologInnen dies als _____ - Design bezeichnen.

a. Kontroll

b. No-Subjects

c. Within-Subjects

d. Between-Subjects

15 Welche der folgenden Aussagen illustriert das Einsatzgebiet des Within-Subjects-Designs?

a. Die künstlerischen Fähigkeiten von Männern werden mit denen von Frauen verglichen.

b. Kindern auf drei verschiedenen Altersstufen wird ein Test ausgehändigt, um ihre motorische Koordination zu testen.

c. Teilnehmende erhalten einen Buchstabiertest, werden dann gebeten, zehn Minuten zu meditieren, um im Anschluss einen weiteren Buchstabiertest zu bearbeiten.

d. Einer Gruppe wird vor dem Problemlösen ein Kompliment gemacht, eine zweite Gruppe wird vorm Problemlösen kritisiert.

16 Ein Forscher interessiert sich für die Beziehung zwischen Hirnschäden und der Fähigkeit von Menschen, ihr Verhalten zu planen. Diese Forschung ist ein Beispiel für ein _____-Design

a. Placebo-Kontroll

b. Experimental

c. Korrelations

d. Within-Subjects

17 Angenommen, Ihr Dozent würde Sie bitten herauszufinden, ob zwischen musikalischen und mathematischen Fähigkeiten ein Zusammenhang besteht. Welches Design würde dieser Aufgabe am meisten gerecht werden?

a. Between-Subjects-Experiment

b. Fallstudie

c. Korrelationsstudie

d. Beobachtung unter natürlichen Bedingungen

18 Welcher Korrelationskoeffizient kann so nicht stimmen?

a. 0,0

b. -0,7

c. +1,0

d. +1,4

19 Finden Sie unter den folgenden Korrelationskoeffizienten den schwächsten Zusammenhang.

a. +0.10

b. -0.06

c. -0.10

d. -0.60

20 In Unternehmen A beträgt die Beziehung zwischen Motivation und Produktivität +.60, in Unternehmen B liegt das Verhältnis zwischen Motivation und Produktivität bei -0.9. Welche der folgenden Aussagen trifft unter dieser Vorannahme zu?

a. Die Möglichkeit, die Produktivität anhand der Motivation vorherzusagen, ist größer in Unternehmen A.

b. Die Möglichkeit, die Produktivität anhand der Motivation vorherzusagen, ist größer in Unternehmen B.

c. Die Möglichkeit, die Produktivität anhand der Motivation vorherzusagen, ist in beiden Unternehmen gleich groß.

d. Es ist nicht möglich, die Produktivität anhand der Motivation vorherzusagen.

21 Eine der wichtigsten Funktionen der Korrelationsmethoden besteht darin, dass die es ForscherInnen ermöglichen,

a. die Ursachen für Verhalten zu kennen.

b. Schlussfolgerungen zu ziehen aus einer besonders schwachen Datenlage.

c. das menschliche Verhalten in einer natürlichen Umgebung zu beobachten.

d. Vorhersagen für eine Variable zu treffen, indem die Information zu einer anderen Variable herangezogen wird.

22 Ein Fischzulieferer beauftragt einen Forscher herauszufinden, ob das Verspeisen von Austern einen leidenschaftlicher werden lässt. Der Forscher erhebt Daten, aus denen hervorgeht, dass Menschen, die am meisten Austern essen, das aktivste Liebesleben haben. Was können wir aus dieser Studie schließen?

a. Das Verspeisen von Austern macht leidenschaftlich.

b. Leidenschaftlich sein verursacht Appetit auf Austern.

c. Menschen mit einem aktiven Liebesleben verspeisen mehr Austern.

d. Aus dieser Studie lassen sich keine Rückschlüsse auf den Zusammenhang von Austern und Leidenschaftlichkeit ziehen.

23 Nach der Datenerhebung stellt eine Forscherin fest, dass Staaten, in denen die Todesstrafe existiert, weniger Morde zu verzeichnen haben. Angenommen die Daten treffen zu, was kann daraus mit Sicherheit geschlussfolgert werden?

a. Die Beziehung geht auf eine andere Variable zurück.

b. Staaten, in denen es die Todesstrafe nicht gibt, sollten sie als Abschreckung vor brutalen Straftaten einführen.

c. In Staaten, in denen es die Todesstrafe gibt, gibt es weniger Morde.

d. Es ist wahrscheinlich, dass brutale Straftäter in Staaten umgezogen sind, in denen es die Todesstrafe noch nicht gibt.

24 Welcher der folgenden Begriffe steht dem Konzept des psychologischen Messens am nächsten?

a. Kontrolle

b. Validierung

c. Qualifizierung

d. Quantifizierung

25 Sie stehen kurz vor Ihrer ersten Prüfung im Einführungskurs zur Psychologie. Zu Ihrer Überraschung händigt Ihr Dozent einen Test an Sie aus, der zehn analytische Geometrieprobleme beinhaltet. Wahrscheinlich könnten Sie das Argument anführen, dass dieser Test nicht _____ ist.

a. valide

b. reliabel

c. akkurat

d. reliabel oder valide

26 Das Konzept der Reliabilität bezieht sich nicht nur auf Tests, sondern auch auf Experimente. Wenn also die Ergebnisse eines Experiments reliabel sind, bedeutet das, dass

a. das Experiment misst, was es messen soll.

b. es von der wissenschaftlichen Gemeinschaft als valide beurteilt wurde.

c. bei einer Wiederholung dieselben Ergebnisse auftreten.

d. die Ergebnisse des Experiments auf andere Situationen generalisiert werden können.

27 Wenn aus dem psychologischen Messen Daten hervorgehen, die konsistent und verlässlich sind, werden sie bezeichnet als _____, wohingegen der Begriff _____ meint, dass Maße akkurat die Variabel oder das Merkmal widerspiegeln, das sie messen sollen.

a. valide; reliabel

b. reliabel; valide

c. konsistent; reliabel

d. reliabel oder valide; konsistent

28 Angenommen, eine Grundschullehrerin möchte herausfinden, wie viel Zeit ihre Schützlinge mit produktivem Arbeiten verbringen und wie viel sie sich mit KlassenkameradInnen unterhalten. Am geeignetsten wäre hierfür

a. ein Fragebogen.

b. eine Messung des Verhaltens.

c. ein Selbstbericht.

d. ein Face-to-Face-Interview.

29 Ein Professor möchte herausfinden, ob die Anzahl der Fragen, die Studierende während der Vorlesung stellen, in einem Zusammenhang steht zu ihrem Abschneiden bei der nächsten Prüfung. Technisch würde man die Anzahl der Fragen bezeichnen als _____ des Verhaltens, das Abschneiden bei der Prüfung wäre _____ des Verhaltens.

a. das Ergebnis; der Prozess

b. den Prozess; das Ergebnis

c. den Prozess; der Prozess

d. das Ergebnis, das Ergebnis

30 Eine Forscherin nutzt die Beobachtungstechnik, um das Verhaltens im Seminarraum zum akademischen Abschneiden in Beziehung zu setzen. In diesem Zusammenhang wäre ein gutes Maß für den Verhaltensprozess _____ und ein gutes Maß für das Verhaltensergebnis wäre _____.

a. welche Noten die Studierenden bei einem Quiz erreichten; welche Noten die Studierenden bei einem Test erreichen

b. ob der/die Lehrende gut vorbereitet ist; ob der/die Lehrende rhetorisch begabt ist

c. ob Studierende während der Vorlesung mitschreiben; ob Studierende während der Vorlesung abgelenkt scheinen

d. ob die Studierenden dem/die Lehrende ansehen, wenn er/sie spricht; welche Noten die Studierenden bei einem Test erreichen

31 Ein Forscher entwirft eine Studie, die ein Verfahren beinhaltet, das ProbandInnen erschüttern oder psychisch verstören könnte. Welche Maßnahmen schreiben ihm die ethischen Standards der American Psychological Association vor?

a. Er muss nachweisen, dass er bei einem Versicherungsunternehmen eine Haftpflichtversicherung abgeschlossen hat.

b. Er sollte sich, auch wenn es nicht verpflichtend ist, bei einem institutionellen Prüfungsausschuss rückversichern.

    c. Er muss die Risiken minimieren, seine ProbandInnen hinsichtlich potentieller Risiken aufklären und darauf vorbereitet sein, auf die Reaktionen der ProbandInnen einzugehen.

    d. Er muss dafür sorgen, dass ein/e ausgebildete/r MedizinerIn und ein/e ausgebildete PsychiaterIn in Rufbereitschaft dem Labor zur Verfügung stehen, um möglichen Problemen begegnen zu können.

32 Angenommen, Sie haben sich für eine psychologische Forschungsstudie angemeldet. Besteht die Möglichkeit, dass Sie getäuscht werden?

    a. Nein, denn das Einsetzen von Täuschungen wird in den meisten Ländern bestraft.

    b. Nein, denn der ethische Kodex, dem PsychologInnen sich verpflichten, verbietet den Einsatz von Täuschungen.

    c. Ja, denn die meisten Forschungsvorhaben der Psychologie beinhalten Täuschung.

    d. Ja, denn in manchen Fällen könnte es die Ergebnisse verzerren, wenn ProbandInnen gleich zu Beginn aufgeklärt werden.

33 Um immer mehr zu einem gebildeten und kritischen Denker zu werden, sollte man

    a. sich vergegenwärtigen, dass Korrelation und kausale Verursachung dasselbe bezeichnen.

    b. offensichtliche Erklärungen akzeptieren, anstatt immerzu nach Alternativen zu suchen.

    c. es vermeiden, operationale Definitionen von Konzepten zu hinterfragen.

    d. zunächst darüber nachdenken, wie eine Theorie widerlegbar ist, ehe man nach bestätigenden Befunden sucht.

2.3   „Richtig oder falsch?"-Fragen

1 In einem Experiment manipulieren ForscherInnen die abhängige Variable und messen die unabhängige Variable.

2 Eine/e ForscherIn oder ein/e BeobachterIn sollte versuchen, den ProbandInnen einer Studie auf subtile Weise zu kommunizieren, welche Ergebnisse er oder sie antizipiert. So erzielt sie einen beabsichtigten Erwartungseffekt.

3 Eine Doppelblindkontrolle ist eine experimentelle Technik, bei der verzerrte Erwartungen eliminiert werden, indem nur den ForschungsassistentInnen erzählt wird, welche Teilnehmenden welche Behandlung erhalten haben.

4 In einem Within-Subjects-Forschungsdesign werden verschiedene Gruppen von ProbandInnen der Versuchs- oder der Kontrollbedingung zugeteilt.

5 Die gesamte Gruppe von Menschen, auf die von einer experimentellen Stichprobe generalisiert wird, bezeichnet man als Population.

6 Eine repräsentative Stichprobe sollte eine gleiche Anzahl von Frauen und Männern aufweisen sowie eine ausgewogenes Verhältnis hinsichtlich der ethnischen Herkunft.

7 Der Wert für eine vollständige positive Korrelation beträgt +1.0 und der Wert für eine vollständige negative Korrelation -1.0.

8 Wenn zwei Variablen keinerlei Bezug zueinander aufweisen, wird der Korrelationskoeffizient bei null liegen.

9 Wenn die Ergebnisse eines Tests oder eines Experiments konsistent und zuverlässig sind, so dass die unter ähnlichen Bedingungen zu unterschiedlichen Zeitpunkten wiederholt werden können, würden PsychologInnen davon sprechen, dass die Befunde valide sind.

10 Wenn die aus Forschung oder Testung hervorgehende Information akkurat die Variable oder das Merkmal misst, die oder das sie messen soll, gilt sie als valide.

11 Es ist gut, etwas über die Fähigkeit zur kritischen Reflexion zu lesen, aber für das effektive Studium und die Anwendung der Psychologie sind sie nicht wesentlich.

2.4 Lückentext-Aufgaben

1 Im Kern der meisten psychologischen Theorien gibt es die Annahme der _____, die Idee, dass alle Ereignisse auf bestimmte Kausalfaktoren zurückzuführen sind.

2 Um die Beobachterverzerrung gering zu halten, verwenden ForscherInnen für gewöhnlich uniforme, konsistente Verfahren in allen Phasen der Datenerhebung. Dieser Prozess wird bezeichnet als _____.

3 Manchmal wirken Variablen, die außerhalb der Kontrolle des/der VersuchsleiterIn liegen, das Verhalten der ProbandInnen. Diese Faktoren gelten als _____ Variablen.

4 In einem _____-Forschungsdesign wird jede/r ProbandIn als ihre eigene Kontrolle eingesetzt, zum Beispiel indem sein oder ihr Verhalten vor und nach Erhalt der Behandlung verglichen wird.

5 Wenn ProbandInnen randomisiert entweder einer Versuchs- oder einer Kontrollbedingung zugeteilt werden, wird dies bezeichnet als ein _____-Design.

6 PsychologInnen verwenden _____, wenn sie herausfinden wollen, in welchem Ausmaß zwei Variablen, Merkmale oder Attribute miteinander verwandt sind.

2.5 Essayfragen

1 Beschreiben Sie Forschungsmethoden, die die Manipulation einer unabhängigen Variable beinhalten. Welche Beziehung hat die abhängige Variable zu der unabhängigen Variable? Schließen Sie auch eine Erklärung der Versuchsgruppe, der Kontrollbedingung und der randomisierten Zuteilung mit ein.

2 Eine Ihrer Freundinnen führt ihre guten Noten bei Prüfungen auf die Tatsache zurück, dass sie beim Lernen immer Kaffee trinkt. Sie fangen an, über eine Studie nachzudenken, die herausfindet, ob das Koffein im Kaffee zu einem besseren akademischen Abschneiden beitragen kann. Beschreiben Sie ein angemessenes Design für so eine Studie, wobei Sie erklären sollten, wie Sie Ihre Variablen operationalisieren, wie Sie die Daten erheben und wie Sie mögliche Alternativerklärungen für Ihre Ergebnisse kontrollieren

3 Umfragen ermöglichen einem Forschung außerhalb des Labors. Wie wirksam sind Umfragen, wenn es darum geht, Einstellungen zu erfassen. Selbstberichte liefern ebenfalls Daten über Erfahrungen, die nicht direkt beobachtbar sind. Wie reliabel sind Daten, die auf diese Weise gewonnen wurden? Welche anderen Methoden würden Sie für das Erfassen von Verhalten vorschlagen?

4 Einer der wichtigsten Wege des Untersuchens von Verhalten ist die Beobachtung. Diskutieren Sie den Einsatz von Beobachtung in der Forschung. Inwiefern ist Beobachtung unter natürlichen Umständen der Beobachtungen unter Laborbedingungen vorzuziehen, wenn Verhalten untersucht werden soll?

5 In einem Philosophieseminar geht es um Forschungsethik. Weil die Dozentin weiß, dass Sie Psychologie studieren, richtet sie die Frage an Sie, wie die Psychologie bei der Forschung an Menschen und Tieren mit dem Thema Ethik umgeht. Wie würden Sie antworten?

2.6 Lösungen

2.6.1 Antworten auf die Verständnisfragen

1 Theorien versuchen, Phänomene zu erklären. Diese Erklärungen sollten neue Hypothesen erzeugen – überprüfbare Folgerungen aus einer Theorie.

2 Forscherinnen und Forscher können ihr Vorgehen (ihre Methoden) standardisieren und operationale Definitionen ihrer Variablen (auch mithilfe von psychologischen Tests) geben.

3 Forscherinnen und Forscher nutzen die Doppelblindtechnik, damit die Erwartungen, die sie an ein Experiment haben, dessen Ergebnis nicht beeinflussen können.

4 Bei einem *Within-subjects*-Design dient jeder Teilnehmende als seine eigene „Kontrollgruppe".

5 Der Korrelationskoeffizient gibt das Ausmaß an, in dem zwei Variablen miteinander zusammenhängen – er gibt aber keinen Hinweis darauf, warum diese Beziehung existiert.

6 Wenn ein Maß reliabel ist, bedeutet dies, dass bei wiederholter Messung vergleichbare Werte erzielt werden, der Wert also messgenau ist. Dieser Wert muss allerdings nicht exakt die psychologische Variable widerspiegeln, die gemessen werden soll. Daher wäre zum Beispiel die Schuhgröße ein reliables, aber kein valides Maß für Glück.

7 Befragerinnen und Befrager versuchen, einen Kontext zu schaffen, in dem Menschen gewillt sind, Informationen über sich selbst preiszugeben, die sehr persönlich oder sensibel sein können.

8   Der Forscher ist mit der Beobachtung unter natürlichen Bedingungen des Verhaltens der Kinder beschäftigt.

9   Teilnehmende an Experimenten in der Forschung müssen die Gelegenheit bekommen, ihre Rechte und Verpflichtungen zu verstehen, bevor sie sich dafür entscheiden, an einem Experiment teilzunehmen.

10   Beim Abschlussgespräch erhalten die Teilnehmenden die Gelegenheit, etwas Neues über die psychologischen Phänomene zu erfahren, die Gegenstand der Studie waren. Außerdem können die Experimentatorinnen und Experimentatoren durch ein Abschlussgespräch sicherstellen, dass die Probandinnen und Probanden nicht verärgert oder verwirrt werden.

11   Tests sollen möglichst wenige Tiere erfordern oder völlig auf Tiere verzichten. Und Forschende sollen ihre Methoden verfeinern, um Tiere nicht unnötig zu belasten.

2.6.2   Antworten auf die Multiple-Choice-Fragen

1 d		**12** b		**23** c	
2 c		**13** c		**24** d	
3 c		**14** c		**25** a	
4 b		**15** c		**26** c	
5 a		**16** c		**27** b	
6 c		**17** c		**28** b	
7 c		**18** d		**29** b	
8 b		**19** b		**30** d	
9 d		**20** b		**31** c	
10 b		**21** d		**32** d	
11 d		**22** c		**33** d	

2.6.3   Antworten auf die „Richtig oder falsch?"-Fragen

1 Falsch		**5** Richtig		**9** Falsch	
2 Falsch		**6** Falsch		**10** Richtig	
3 Falsch		**7** Richtig		**11** Falsch	
4 Falsch		**8** Richtig			

2.6.4 Antworten zu den Lückentext-Aufgaben

1 Determinismus

2 Standardisierung

3 konfundierende

4 Within-Subjects

5 Between-Subjects

6 korrelative Methoden

2.6.5 Lösungshinweise zu den Essayfragen

1 Die unabhängige Variable ist der Faktor, der von der/dem VersuchsleiterIn manipuliert wird. Die abhängige Variable ist das, was der/die ForscherIn misst. Die Hypothese sagt aus, dass die abhängige Variable von der unabhängigen Variable in der ein oder anderen Weise beeinflusst wird. Die Versuchsgruppe ist die Gruppe, die die Versuchsbedingung durchläuft. Die Kontrollgruppe tut dies nicht. Die randomisierte Zuteilung hat zum Ziel, konfundierende Variablen so gut wie eben möglich auszuschalten, da sie sich innerhalb der Gruppen unterscheiden.

2 Machen Sie Angaben, welche unabhängigen und abhängigen Variablen Sie verwenden. Operationalisieren Sie die Variablen. Erklären Sie, ob es sich um ein Within-Subjects-Design handelt und was das bedeutet. Erklären Sie, wie die randomisierte Zuteilung erfolgt.

3 Beschreiben Sie das Messinstrument Selbstbericht und gehen Sie dabei auch auf Umfragen ein. Vorteile sind zum Beispiel, dass Sie viele Menschen erreichen und Daten über Einstellungen, Glaubenssätze und Gefühle sammeln können, die nicht direkt beobachtbar sind. Begrenzungen sind, dass sie unter Umständen nicht bei Kindern, AnalphabetInnen, Taubstummen, NichtmuttersprachlerInnen angewendet werden können und dass soziale Erwünschtheit die Ergebnisse verfälschen kann.

4 Einer der wichtigsten Wege des Untersuchens von Verhalten ist die Beobachtung. Diese wissenschaftliche Methode setzt beim Beobachten von Regelmäßigkeiten in der Umgebung an und entwickelt dazu Fragen. Beobachtungen richten sich auf den Prozess oder Ergebnisse des Verhaltens. Direkte Beobachtungen werden manchmal in der Forschung angewendet. Auch Beobachtungen in der natürlichen Umgebung kommen vor.

5 Die Forschung an Tieren hat in vielen Gebieten der Verhaltenswissenschaften wichtige Durchbrüche ermöglicht (greifen Sie Beispiele auf). Eine starke Sensibilität dafür, dass Tiere keine Einverständniserklärung geben können, sollte zu einer genauen Prüfung führen, ob die Forschung an Tieren wirklich benötigt wird und wie Verfahren so angepasst werden können, dass sie Tiere nicht verletzen oder einem Risiko aussetzen. Erwähnen Sie Beobachtungsstudien im natürlichen Setting.

Die biologischen und evolutionären Grundlagen des Verhaltens

3

ÜBERBLICK

3.1 Verständnisfragen

1 Auf welche Weise illustriert die Studie des Ehepaares Grant über Finken die Rolle der genetischen Variation im Evolutionsprozess?

2 Was ist der Unterschied zwischen Genotyp und Phänotyp?

3 Welche zwei evolutionären Fortschritte waren entscheidend in der Entwicklung des Menschen?

4 Was bedeutet Erblichkeit?

5 Welchem Muster folgt der Informationsfluss durch die wichtigsten Teile jedes Neurons?

6 Was ist das Alles-oder-nichts-Gesetz?

7 Wie werden Neurotransmitter von einem Neuron in das nächste übertragen?

8 Welche chemische Substanz ist der häufigste inhibitorische Neurotransmitter im Gehirn?

9 Welche Vorteile hat fMRT gegenüber anderen bildgebenden Verfahren in der Hirnforschung?

10 Aus welchen zwei Hauptbestandteilen besteht das autonome Nervensystem?

11 Welche Hauptfunktionen hat die Amygdala?

12 Bei welchen Aktivitäten ist die rechte Hemisphäre bei den meisten Menschen aktiver?

13 Warum wird die Hirnanhangdrüse oft als „wichtigste aller Drüsen" bezeichnet?

14 Was ist Neurogenese?

3.2 Multiple-Choice-Fragen

1 Die Umwelt verhält sich zur Anlage wie die Vererbung

    a. zur Evolution.

    b. zur Aggression.

    c. zu den Lebensumständen

    d. zur natürlichen Selektion.

2 Eine Erklärung für die Entstehung neuer Spezies ist, dass durch geographische Trennung zwei Populationen aus einer ursprünglich zusammengehörigen Spezies hervorgehen. Im Hinblick auf diese Erklärung hat moderne Forschung gezeigt, dass

    a. die geographische Isolation einer Spezies ihre Auslöschung herbeiführt.

    b. es nichtmöglich ist, Mitglieder einer Spezies geographisch zu isolieren.

    c. es viele Beispiele für neue Spezies gibt, die ohne geographische Isolation entstanden sind.

    d. neue Spezies niemals mit ursprünglichen Spezies gemeinsame Vorfahren teilen.

3 Ihr Genetikprofessor hat Sie gebeten, den Prozess der natürlichen Selektion als eine vereinfachte Sequenz von Schritten darzustellen. Bei welcher der folgenden Sequenzen wird Ihr Professor mit Ihnen einer Meinung sein?

    a. Wettbewerb um Ressourcen, Erfolg bei der Reproduktion, die Häufigkeit des Genotyps nimmt zu, Auswahl des bestangepassten Genotyps, Druck durch die Umgebung

    b. Erfolg bei der Reproduktion Wettbewerb um Ressourcen, , die Häufigkeit des Genotyps nimmt zu, Druck durch die Umgebung, Auswahl des bestangepassten Genotyps,

    c. Auswahl des bestangepassten Genotyps, Wettbewerb um Ressourcen, Druck durch die Umgebung, Erfolg bei der Reproduktion, die Häufigkeit des Genotyps nimmt zu,

    d. Druck durch die Umgebung, Wettbewerb um Ressourcen, Auswahl des bestangepassten Genotyps Erfolg bei der Reproduktion, die Häufigkeit des Genotyps nimmt zu

4 In welcher der folgenden Aufzählungen passen Zellteil und Beschreibung zueinander?

    a. Soma; enthält den Nukleus und das Cytoplasma, welches das Leben der Zelle erhält

    b. Endköpfchen; reicht über den Zellkörper hinaus und empfängt eingehende Signale

    c. Dendrit; leiten über die gesamte Länge Informationen weiter, an den Enden finden sich die Endknöpfchen

    d. Axon; glühbirnenartige Struktur, durch die eine Stimulation der naheliegenden Drüsen, Muskeln oder anderer Neurone möglich ist

5 Die Kinder im Klassenraum versetzen sich in die Rolle von verschiedenen Teilen eines Neurons und ordnen sich in der Reihenfolge an, der eine Informationen folgt, während sie sich von Neuron zu Neuron überträgt. Angefangen mit eingehenden Signalen ist die korrekte Reihenfolge

    a. Dendriten, Soma, Axon, Endknöpfchen

    b. Axon, Dendriten, Soma, Endknöpfchen

    c. Endknöpfchen, Soma, Dendriten, Axon

    d. Soma, Endknöpfchen, Axon, Dendriten

6 Angenommen, Sie wären in den Garten gegangen, um eine Rose zu pflücken. Als sie nach der Blume greifen, gerät Ihr Daumen an den Dorn und Sie ziehen Ihre Hand zurück. In welcher Reihenfolge wird die Schmerzinformation im Organismus kommuniziert, vom Dornenstich über das Zurückziehen der Hand bis zur Wahrnehmung von Schmerz?

    a. sensorisches Neuron, Gehirn, Interneuron, Motoneuron

    b. sensorisches Neuron, Interneuron, Motoneuron; Gehirn

c. Motoneuron, Interneuron, Gehirn, sensorisches Neuron

d. Gehirn, Interneuron, sensorisches Neuron, Motoneuron

7 Während Sie sich die vielfältigen Funktionen der Gliazellen aufschreiben, die Ihr Professor herunterrattert, unterläuft Ihnen ein Fehler: Gliazellen sind NICHT dafür zuständig,

a. die Bildung einer Myelinscheide um die Axone zu verhindern.

b. Blutgefäße im Hirn mit einer Blut-Hirn-Schranke zu versehen.

c. neugebildete Neurone im Hirn an ihren Platz zu bringen.

d. an den Spalten zwischen Neuronen überschüssige Neurotransmitter und andere Substanzen aufzunehmen.

8 Vereinfacht gesagt hängt die „Entscheidung", ob ein Neuron reagiert oder nicht, von _____ ab.

a. dem exzitatorischen Input, den es empfängt,

b. dem inhibitorischen Input, den es empfängt,

c. der Abnahme des Aktionspotentials

d. den exzitatorischen und inhibitorischen Inputs, die es empfängt,

9 Sie gehen mit Verspätung in eine Vorlesung und hören gerade, wie das Funktionieren der Aktionspotentiale beschrieben wird. Der Professor sagt: „Die Kanäle, die es dem Natrium ermöglichen, in das Neuron zu gelangen, haben sich gerade geschlossen und die Kanäle, die es dem Kalium ermöglichen, aus dem Neuron zu gelangen, haben sich geöffnet." Sie können davon ausgehen, dass die Zelle

a. in ihrem Leckzustand ist.

b. dabei ist zu depolarisieren und in Kürze feuern wird.

c. dabei ist, in den ursprünglichen Ruhezustand zurück zu gelangen.

d. sich nicht so verhält, wie sie sollte, so dass sie möglicherweise einen Defekt hat.

10 Im Zusammenhang mit dem Aktionspotenzial beschreiben BIS AUF EINE alle Aussagen Folgen des Alles-oder-Nichts-Gesetzes.

a. Wird die Schwelle nicht erreicht, tritt kein Aktionspotential auf.

b. Die Stärke des Aktionspotentials nimmt über die Länge des Axons hinweg nicht ab.

c. Sobald das Aktionspotential ausgelöst wurde, braucht das Aktionspotential von außen keine Stimulation, um sich auszubreiten.

d. die Stärke des Aktionspotentials variiert, je nach Intensität der Stimulation.

11 Welche der folgenden Aufzählungen gibt am besten die Abfolge der Ereignisse wieder, die bei einer synaptischen Übertragung ablaufen?

a. Binden von Neurotransmittern an Rezeptormoleküle; Ausbreitung im synaptischen Spalt; Ausschütten synaptischer Vesikel; Aktionspotential

b. Ausschütten synaptischer Vesikel; Ausbreitung im synaptischen Spalt; Aktionspotential; Binden von Neurotransmittern an Rezeptormoleküle

c. Aktionspotential; Ausschütten synaptischer Vesikel; Ausbreitung im synaptischen Spalt; Binden von Neurotransmittern an Rezeptormoleküle

d. Aktionspotential; Ausbreitung im synaptischen Spalt; Binden von Neurotransmittern an Rezeptormoleküle; Ausschütten synaptischer Vesikel

12 Ein Krimiautor kann sich nicht recht entscheiden, woran das Opfer in seiner Geschichte sterben soll. Eine Möglichkeit wäre es, ihn an einer Lebensmittelvergiftung verenden zu lassen, aber auch Curare, ein von Indianern im Amazonas genutztes Gift, wäre eine Option. In beiden Fällen wird der Tod zusammenhängen mit dem Neurotransmitter

a. Acetylcholin.

b. GABA.

c. Dopamin.

d. Noradrenalin.

13 Ein Student wird unterbrochen, als er grad Notizen für einen Test über Neurotransmitter-Substanzen anfertigt. Als er fortfährt, unterläuft ihm ein Fehler. Finden Sie den Fehler?

a. Noradrenalin – Depression

b. Dopamin – Schizophrenie

c. Dopamin – Parkinson

d. Noradrenalin – Nahrungsmittelvergiftung

14 Ein Freund nimmt an einem Seminar teil, in dem es um die Wirkung von Drogen geht. Er lernt zum Beispiel, dass LSD, eine halluzinogene Droge, die bizarre Sinneswahrnehmungen verursacht, darüber wirken soll, dass sie

a. den Effekt der Serotonin-Neuronen ausschaltet.

b. die Produktion von Serotonin erhöht.

c. dass sie die Wirkung des Serotonins, das normalerweise exzitatorisch ist, erhöht.

d. Serotonin aus dem Körper abführt.

15 Das Broca-Areal im Gehirn ist am meisten verbunden mit

a. dem Gedächtnis.

b. der Emotion.

c. der Sprache.

d. physischer Bewegung.

16 Sie sehen einen Aushang, mit dem ProbandInnen für ein Experiment rekrutiert werden sollen, das den Einsatz von transkranieller Magnetstimulation vorsieht. Wenn Sie an einer solchen Studie teilnehmen, sollten Sie sich darauf einstellen, dass

a. Ihnen über Kopfhörer in schneller Abfolge eine Serie von Wörtern vorgelesen wird.

b. reversible „Läsionen" Areale Ihres Gehirns deaktivieren werden.

c. Sie gebeten werden, zusammen mit anderen in einer Gruppe Entscheidungen zu treffen.

d. Sie einen physischen Stress-Test absolvieren werden, während ihr Sauerstoffgehalt gemessen wird.

17 Der _____ zeigt, an welchen Stellen im Gehirn verschiedene Arten von Aktivität auftreten. Er sieht den Einsatz einer sicheren radioaktiven Substanz vor, die ProbandInnen verabreicht wird.

a. MRU

b. fMRT

c. PET-Scan

d. Elektroenzephalogramm

18 Sie erinnern sich vermutlich daran, wie sie als Kind versuchten, ein Insekt zu fangen, das sich auf einer Blume niedergelassen hatte. Vermutlich erinnern Sie sich auch an den Schmerz und wie Sie Ihre Hand automatisch zurückgezogen haben. Auch wenn Sie es zu der zeit nicht wussten, ging Ihr automatisches Zurückziehen von _____ aus.

a. Ihrem Gehirn

b. Ihrem Rückenmark

c. Ihrem frontalen Hirnlappen

d. Ihrem autonomen Nervensystem

19 Jemand, der zum ersten Mal einen Marathon läuft, kann die Erfahrung machen, dass ein Marathonlauf sehr stimulierend sein kann. Der Applaus der ZuschauerInnen, Sehenswürdigkeiten entlang der Strecke, der Schmerz der Beine – all dies sind Erfahrungen, die vom _____ an das zentrale Nervensystem geleitet werden.

a. zentralen Nervensystem

b. Gehirn

c. Hirnstamm

d. peripheren Nervensystem

20 Sie tippen eine Mail an Ihre Freundin. Plötzlich poppt das Bild eines Autowracks auf Ihrem Bildschirm auf und Sie reagieren erschrocken. In dieser Situation wird die Handlung des Mailtippens reguliert von _____, wohingegen die Angstreaktion reguliert wird von _____.

a. Ihrem sympathischen Bereich; Ihrem parasympathischen Bereich

b. Ihrem parasympathischen Bereich; Ihrem sympathischen Bereich

c. Ihrem somatischen Nervensystem; Ihrem autonomen Nervensystem

d. Ihrem autonomen Nervensystem; Ihrem somatischen Nervensystem

21 Eine Studentin läuft im Naturkundemuseum durch eine Ausstellung mit dem Titel „Das lebende Gehirn". Die Ausstellung bringt sie von den äußeren Schichten des Hirns ins tiefste Innere. Welcher Route wird sie dabei folgen?

a. Cerebrum, limbisches System, Hirnstamm

b. Hirnstamm, limbisches System, Cerebrum

c. limbisches System, Cerebrum, Hirnstamm

d. Cerebrum, Hirnstamm, limbisches System

22 Im Gehirn fügen _____ und die darüber liegende Schicht, _____, sensorische Informationen zusammen, sie koordinieren zusammen Bewegungen und ermöglichen abstraktes, logisches Denken.

a. das Cerebrum; der zerebrale Cortex

b. der zerebrale Cortex; das Cerebrum

c. das Cerebellum; der zerebrale Cortex

d. der zerebrale Cortex; das Cerebellum

23 Ein Kind hat einen Wutanfall. Es erzählt seinen Eltern, dass er die Luft anhalten wird, bis er blau anläuft. Zum Glück wird ihn _____, die/der seine Atmung sowie den Herzschlag kontrolliert, daran hindern.

a. der Pons

b. die Medulla

c. die Amygdala

d. der Hippocampus

24 Die folgenden Teile des Gehirns befinden sich allesamt im Hirnstamm, BIS AUF

a. den Hypothalamus

b. die Medulla

c. die retikuläre Formation

d. den Pons

25 Während er die Funktionen des Hirnstamms diskutiert, stellt der Dozent fest, dass viele seiner Studierenden eingeschlafen zu sein scheinen. Das lässt ihn an _____ denken, die/der den zerebralen Cortex anregt, sobald neue Stimulationen auftreten – und das Gehirn sogar während des Schlafs in Alarmbereitschaft hält.

a. den Pons

b. die Medulla

c. das Cerebellum

d. die retikuläre Formation

26 Ein Arzt im Fernsehen spricht den kuriosen Fall von G.R., einem Patienten mit Hirnschädigung. G.R. glaubt, dass es noch immer 1970 ist und dass die letzten Olympischen Spiele in Mexiko abgehalten wurden, obwohl wir uns bereits im 21. Jahrhundert befinden. Bevor der Arzt preisgeben kann, welcher Bereich des Gehirns bei diesem Menschen geschädigt ist, vermuten Sie, dass es sich um _____ handelt.

a. den Thalamus

b. den Hypothalamus

c. den Hippocampus

d. die Medulla

27 Eine Schädigung dieses Bereiches des Gehirns kann einen beruhigenden Effekt auf „böswillige" Menschen haben und es wurde kürzlich nachgewiesen, dass der Bereich mit der Aneignung von Wissen hinsichtlich Bedrohung und Gefahr in Zusammenhang steht.

   a. die Amygdala

   b. der Thalamus

   c. der Hippocampus

   d. der Hypothalamus

28 Angenommen, Sie seien gebeten worden, kurz die Funktionsweise des auditorischen Cortex vorzustellen. Gehen Sie sicher, dass Sie Ihren ZuhörerInnen NICHT erzählen, dass

   a. der auditorische Cortex sich in den zwei Temporallappen befindet.

   b. der auditorische Cortex in jeder Hemisphäre Informationen von beiden Ohren empfängt.

   c. der auditorische Cortex der linken Hemisphäre nur Informationen von dem rechten Ohr empfängt.

   d. verschiedene Bereiche des auditorischen Cortex für das Sprachverständnis und die Sprachproduktion zuständig sind.

29 Der Großteil des zerebralen Cortex ist zuständig für

   a. die Sprache.

   b. das Verarbeiten sensorischer Information.

   c. das Koordinieren der Muskeln

   d. das Interpretieren und Integrieren von Information.

30 Nach einem Schlaganfall ist ein Mann nicht mehr in der Lage, seinen Alltag zu planen. Ihm fällt es schwer zu entscheiden, was er Amygdala Tag tun möchte. Sie nehmen an, dass vermutlich sein _____ verletzt wurde.

   a. visueller Cortex

   b. Assoziationscortex

   c. primäres motorisches Areal

   d. primäres sensomotorisches Areal

31 Im Gehirn dient der _____ als Relaisstation zwischen dem endokrinen System und dem zentralen Nervensystem.

   a. Thalamus

   b. Hippocampus

   c. Hypothalamus

   d. zerebrale Cortex

32 Die endokrinen Drüsen produzieren Hormone, die verschiedenste Körperfunktionen regulieren. Welche Paarung von Drüse und Funktion stimmt nicht?

   a. Schilddrüse; Metabolismus

   b. Nebenschilddrüse; Glukosemetabolismus

    c. Hypophysenvorderlappen; Reaktionen auf Stress

    d. Hypophysenhinterlappen; Uteruskontraktion

33 Ein junger Mann hat angefangen, durch erste Bartstoppeln und eine tiefere Stimme physisch reifer auszusehen und zu klingen. Diese Veränderungen können auf die Sekretionen der _____ zurückgeführt werden.

    a. Eierstöcke

    b. Bauchspeicheldrüse

    c. Hypophyse

    d. Nebenschilddrüse

3.3 Richtig oder falsch?

1 Einer der wichtigsten Vorteile der Entstehung von Sprache ist das Übermitteln von gesammeltem Wissen von einer zur nächsten Generation.

2 Die Wissenschaft von den Mechanismen der Vererbung ist die Genetik.

3 „Variation" umschreibt die unterschiedliche Nutzung desselben Lebensraums durch verschiedene Arten.

4 Durch geografische Trennung können neue Arten entstehen.

5 Gene oder Umwelt allein legen fest, wer wir sind und wohin wir uns entwickeln.

6 Das menschliche Genom enthält ungefähr vier Millionen Gene.

7 Interneurone sind eine Art von Neuron.

8 Ein Zufluss von Kalium sorgt dafür, dass eine Nervenzelle sich depolarisiert.

9 In der absoluten Refraktärzeit kann eine zusätzliche Stimulation, wie intensiv sie auch sein mag, kein weiteres Aktionspotential auslösen.

10 GABA ist der am meisten vorhandene Neurotransmitter im Gehirn.

11 Das Broca-Areal im Gehirn wird am meisten mit dem emotionalen Verhalten in Verbindung gebracht.

12 Der parasympathische Teil des Autonomen Nervensystems erhöht unter anderem die Herzfrequenz, schüttet Adrenalin aus und vermindert die Verdauungsfunktion des Darms.

13 Der Hirnstamm ist ein charakteristisches Merkmal bei allen Wirbeltieren.

14 Oberhalb der Medulla liegt die Brücke (Pons), die ankommende Informationen in andere Strukturen des Hirnstamms und Kleinhirns leitet.

15 Das Cerebellum fungiert als „Wächter" des Gehirns: Es regt den cerebralen Cortex an, die Aufmerksamkeit auf eine neue Situation zu richten und hält das Gehirn auch während des Schlafes aufmerksam.

16 Muskeln der unteren Körperhälfte werden von Neuronen im unteren Bereich des motorischen Cortex gesteuert.

17 Einer Patientin wird eine radioaktive Substanz verabreicht, die zum Gehirn gelangt und es erlaubt, sich ein detailliertes Bild des Gehirns in Aktion zu machen. An der Patientin wird ein MRI-Scan durchgeführt.

18 Das periphere Nervensystem besteht aus dem Hirn, dem Rückenmark und kranialen Nerven, die Sinnesrezeptoren des Körpers mit dem zentralen Nervensystem verbinden.

19 Das somatische Nervensystem gehört zu dem peripheren Nervensystem, das die Bewegungen der Skelettmuskulatur reguliert.

20 Die Amygdala ist ein Teil des limbischen Systems, der Emotionen, Aggressionen und die Bildung emotionaler Erinnerungen kontrolliert.

21 Eine der Funktionen des Hypothalamus besteht darin, die Homöostase aufrechtzuerhalten.

22 Bei den meisten Menschen wird die Sprache von der rechten Hemisphäre gesteuert.

23 Die analytische Arbeitsweise der linken Hemisphäre steht der holistischen Arbeitsweise der rechten Hemisphäre gegenüber.

24 Der Teil der Zelle, der ankommende Signale erhält, ist eine Anzahl von verästelten Fasern, die man „Dendriten" nennt.

25 Motorneurone leiten Botschaften von den Muskeln und Drüsen hin zum Zentralnervensystem.

26 In Abhängigkeit vom Rezeptormolekül hat ein Neurotransmitter einen exzitatorischen oder inhibitorischen Effekt.

3.4 Lückentext-Aufgaben

1 Die biologischen Einheiten der Vererbung werden _____ genannt. Sie sind verantwortlich für das Weitergeben von Eigenschaften und bestehen aus winzigen Sektionen aus _____.

2 Der relative Einfluss der Gene im Vergleich zur Umwelt auf Verhaltensmuster wird _____ genannt.

3 Wegen seiner Präzision und Klarheit nutzen ForscherInnen ein bildgebendes Verfahren, das als _____ bezeichnet wird. Es kombiniert den Nutzen von MRI mit PET-Scans, indem es Veränderungen des Blutflusses in Hirnzellen aufdeckt.

4 Das autonome Nervensystem ist in zwei Bereiche unterteilt. Der _____ kümmert sich um Notfallreaktionen und das Mobilisieren von Energie, der _____ überwacht Routinefunktionen im Körper, außerdem bewerkstelligt er die Konservierung und Wiederverfügbarmachung von Körperenergie.

5 Die beiden Hemisphären des Gehirns werden durch eine dicke Gewebeschicht aus Nervenfasern verbunden, deren Gesamtheit man _____ nennt.

6 Das _____ System produziert und sekretiert chemische Botenstoffe, die als Hormone an den Blutkreislauf abgegeben werden.

3.5 Essayfragen

1 Eines Tages gehen Sie mit Ihrer Nichte im Teenagealter in den Zoo und sie ist besonders von den Vögeln im Vogelhaus fasziniert. Sie fragt sie, warum die Vögel anscheinend alle unterschiedlich geformte Schnäbel haben. Erklären Sie anhand der Forschungen von Charles Darwin und Peter sowie Rosemary Grant, warum Tiere heutzutage so aussehen. Gehen Sie dabei auch auf die natürliche Selektion ein.

2 Erstellen Sie ein Diagramm von einem Neuron, bei dem Sie die Bestandteile kennzeichnen und beschreiben, wie es funktioniert. Fügen Sie Ihrer Beschreibung eine kurze Erklärung des Ruhe- und des Aktionspotentials bei. Erklären Sie dann, wie Information sich von Neuron zu Neuron überträgt. Wie unterscheidet sich die Übertragung im Nervensystem von der Informationsübertragung, die im endokrinen System stattfindet?

3 NeurowissenschaftlerInnen haben eine Vielzahl von Techniken entwickelt, um die Funktionsweisen des Gehirns zu erforschen und das Wechselspiel von Gehirn und Verhalten besser zu verstehen. Beschreiben Sie diese Methoden, zusammen mit den jeweiligen Vor- und Nachteilen. Warum sind diese neuen bildgebenden Verfahren so wichtig beim Verstehen der Hirnfunktionen und der Zusammenhänge mit dem Verhalten?

3.6 Lösungen

3.6.1 Antworten auf die Verständnisfragen

1 Die Grants beobachteten, dass infolge von Umweltveränderungen manchmal Finken mit großen Schnäbeln überleben und sich fortpflanzen konnten, während zu anderen Zeiten Finken mit kleinen Schnäbeln Vorteile besaßen.

2 Der Genotyp ist das zugrunde liegende genetische Material, das den Phänotyp definieren hilft, der aus den beobachtbaren Merkmalen des Organismus besteht.

3 Zwei entscheidende Fortschritte waren der aufrechte Gang und die Ausbildung des Großhirns.

4 Erblichkeit ist ein Maß des relativen Einflusses des Genmaterials auf die Eigenschaften und Verhaltensweisen eines Organismus.

5 Im Allgemeinen empfangen die Dendriten einlaufende Signale. Das Soma verarbeitet die Informationen aus den zahlreichen Dendriten und leitet sie an das Axon weiter.

6 Das Alles-oder-nichts-Gesetz lautet, dass die Stärke des Aktionspotenzials, sobald es einmal die Schwelle zum Feuern überschritten hat, konstant ist.

7 Neurotransmitter werden in den synaptischen Spalt freigesetzt, wenn synaptische Vesikel aufbrechen; die Neurotransmitter binden sich dann an Rezeptormoleküle des empfangenden Neurons.

8 GABA ist der häufigste inhibitorische Neurotransmitter im Gehirn.

9 fMRT ermöglicht es der Forschung, sowohl über Strukturen als auch Funktionen des menschlichen Körpers Aussagen zu machen.

10 Das autonome Nervensystem unterteilt man in das sympathische und das parasympathische Nervensystem.

11 Die Amygdala spielt eine Rolle bei der Emotionskontrolle und dem Aufbau emotionaler Gedächtnisspuren.

12 Die meisten Menschen weisen eine größere Aktivität in der linken [rechten] Hirnhälfte auf, wenn sie räumliche Beziehungen und Gesichtsausdrücke einschätzen.

13 Die Hypophyse produziert Hormone, die die Aktivität aller anderen endokrinen Drüsen beeinflussen.

14 Neurogenese ist die Entstehung neuer Neuronen.

3.6.2 Antworten auf die Multiple-Choice-Fragen

1	c	**12**	a	**23**	b
2	c	**13**	d	**24**	a
3	d	**14**	a	**25**	d
4	a	**15**	c	**26**	c
5	a	**16**	b	**27**	a
6	b	**17**	c	**28**	c
7	a	**18**	b	**29**	d
8	d	**19**	d	**30**	b
9	c	**20**	c	**31**	c
10	d	**21**	a	**32**	b
11	c	**22**	a	**33**	c

3.6.3 Antworten auf die „Richtig oder falsch?"-Fragen

1 Richtig	**10** Falsch	**19** Richtig
2 Richtig	**11** Falsch	**20** Richtig
3 Falsch	**12** Falsch	**21** Richtig
4 Richtig	**13** Richtig	**22** Falsch
5 Falsch	**14** Richtig	**23** Richtig
6 Falsch	**15** Falsch	**24** Richtig
7 Richtig	**16** Falsch	**25** Falsch
8 Richtig	**17** Falsch	**26** Richtig
9 Richtig	**18** Falsch	

3.6.4 Antworten zu den Lückentext-Aufgaben

1 Gene; Chromosomen

2 Vererbung

3 funktionelle Magnetresonanztomographie

4 Sympathikus; Parasympathikus

5 Corpus callosum

6 endokrine

3.6.5 Lösungshinweise zu den Essayfragen

1 Die von Charles Darwin hervorgebrachte Theorie der natürlichen Selektion geht davon aus, dass an die Umwelt gut angepasste Organismen mehr Nachkommen haben und daher länger überleben als Organismen, die weniger gut angepasst sind. Die Grants studierten Finken: ihre Gewohnheiten, ihre Umgebung und die Populationsgröße. Sie bemerkten, dass eine bestimmte Finkenart eine schreckliche Dürreperiode überlebte – und weshalb ihnen dies im Gegensatz zu anderen Finken gelang.

2 Gehen Sie auf Soma, Dendriten, Axone, Endknöpfchen, Synapsen, Neurotransmitter, elektrochemische Vorgänge sowie das Ruhe – und Aktionspotential ein. Auch die Glia- und Myelinscheide sollten Sie erwähnen. Das endokrine System ist ein Netzwerk aus Drüsen, dessen Hormone über den Kreislauf in den gesamten Körper gelangen. Das endokrine und das Nervensystem stehen bilden im Körper ein komplexes Kommunikationssystem.

3   NeurowissenschaftlerInnen wollen das Gehirn auf vielen verschiedenen Ebenen verstehen, von sichtbaren Strukturen bis hin zu den Eigenschaften der Nervenzellen. ForscherInnen haben eine Reihe verschiedener Möglichkeiten entwickelt, Läsionen herbeizuführen, anhand derer sich Funktionsweisen des Gehirns nachvollziehen lassen. Geben Sie Beispiele. Gehen Sie auf PET-Scans, MRI, EEG und fMRT sowie die transkranielle Magnetstimulation ein.

Sensorische Prozesse und Wahrnehmung

4

ÜBERBLICK

4.1 Verständnisfragen

1 Was ist der Proximalreiz?

2 Was ist der Gegenstand der Psychophysik?

3 Wie lautet die operationale Definition einer Absolutschwelle?

4 Welche zwei Prozesse tragen in der Signalentdeckungstheorie zu den Urteilen der Beobachter bei?

5 Was ist eine Unterschiedsschwelle?

6 Was ist Transduktion?

7 Was bedeutet im visuellen System „Akkommodation"?

8 Welche Anteile von Stäbchen und Zapfen finden sich in der Fovea?

9 Welche Stimulationsmuster lassen komplexe Zellen reagieren?

10 Welche Theorie des Farbensehens erklärt, warum man ein blaues Nachbild sieht, wenn man auf einen gelben Fleck geblickt hat?

11 Welche physikalische Eigenschaft des Schalls erzeugt eine Tonhöhenwahrnehmung?

12 Welche Rolle spielen Haarzellen im Gehörapparat?

13 Welche Theorie postuliert, dass die Wahrnehmung der Tonhöhe davon abhängt, an welcher Stelle der Basilarmembran die stärkste Stimulation erfolgt?

14 Welche Art von Zeitdifferenz würden Sie erwarten, wenn ein Ton von Ihrer rechten Seite her käme?

15 Welche wichtige Gehirnstruktur ist am Geruchssinn beteiligt?

16 Auf welche grundlegenden Geschmacksrichtungen reagieren die Geschmacksknospen?

17 Wie nimmt unsere Haut Temperatur wahr?

18 Welchem Zweck dient der Gleichgewichtssinn?

19 Was ist das Ziel der Filter-Kontrolltheorie?

20 Was ist mit reizinduzierter Aufmerksamkeit gemeint?

21 Was besagt das Gesetz der Geschlossenheit?

22 Welche visuellen Informationen lassen Sie erkennen, dass ein Mann auf Sie zukommt?

23 Wie funktioniert Konvergenz als Tiefenkriterium?

24 Was ist Formkonstanz?

25 Warum ist Phonemergänzung ein Beispiel für Top-down-Verarbeitung?

26 Was macht einen Stimulus mehrdeutig?

27 Was ist ein Set?

4.2 Multiple-Choice-Fragen

1 Die Prozesse _____ weisen Wahrgenommenem Bedeutung zu.

a. der Sinneswahrnehmung

b. der Wahrnehmungsorganisation

c. der Synthese

d. der Identifikation und des Wiedererkennens

2 Welche Aussage ist falsch? Die Absolutschwelle ...

a. ist das Minimum an physikalischer Energie, das eben noch eine sensorische Erfahrung hervorruft.

b. bzw. die Ergebnisse einer Untersuchung zur Absolutschwelle können in einer psychometrischen Funktion zusammengefasst werden.

c. gilt als jene Reizintensität, bei der ein sensorisches Signal bei der Hälfte der Darbietungen erkannt wird.

d. liegt bei Licht für das Erkennen eines Kerzenlichts in einer klaren Nacht bei 30 km.

3 PsychologInnen, die Wahrnehmungsprozesse erforschen, greifen meist auf die Signalentdeckungstheorie zurück, weil sie es möglich macht,

a. die Differenzschwelle einer Person zu senken.

b. sensorische Prozesse von Antworttendenzen zu unterscheiden.

c. herauszufinden, weshalb jemand zum „Nein"-Sagen neigt.

d. die einzig wahre Absolutschwelle herauszufinden.

4 Welches der folgenden Beispiele ähnelt am meisten dem sensorischen Prozess der Transduktion?

a. der Einsatz von Solarpanels, um Waschmaschinen mit Strom zu versorgen

b. die wachsende Sensibilität anderer Sinne, wenn einer der Sinne verloren geht

c. die Tendenz von Pflanzen, ihre Blätter der Sonne zuzuwenden

d. die Entwicklung eines Jugendlichen zu einem Erwachsenen

5 Wenn Lichtenergie von außen ins Auge trifft, trifft sie auf verschiedene Elemente des Auges. Die Abfolge lautet

a. Cornea, vordere Augenkammer, Pupille, Linse, Glaskörper, Retina

b. vordere Augenkammer, Linse, Pupille, Cornea, Glaskörper, Retina

c. Pupille, Glaskörper, Linse, Cornea, vordere Augenkammer, Retina

d. vordere Augenkammer, Cornea, Pupille, Retina, Glaskörper, Linse

6 Wenn Sie bei Nacht einen Stern direkt fixieren, trifft das Abbild vom Stern auf die Fovea der Retina und es fällt Ihnen schwer, den Stern scharf wahrzunehmen. Dies liegt daran, dass diese Region

a. dicht mit Stäbchen überzogen ist.

b. über keinerlei Stäbchen verfügt.

c. es Ihnen nicht ermöglichst, scharfzustellen.

d. der Bereich ist, wo die Sicht am schlechtesten ist.

7 Die Retina ...

a. enthält 120 Mio. Stäbchen.

b. wandelt Nervensignale in Lichtwellen um.

c. enthält 1,7 Mio. Zapfen.

d. besitzt Bipolarzellen, welche die Impulse vieler Ganglienzellen integrieren.

8 Welche Zellen gehören nicht der Retina an?

a. Bipolarzellen

b. Ganglienzellen

c. Vertikalzellen

d. Horizontalzellen

9 Nach einer Vorlesung zum Sehsinn denkt ein Student über das Gehörte nach. Er hat vergessen, welche Art von Zellen visuelle Informationen zum Gehirn überträgt und welche Zellen die Information innerhalb der Retina verteilen. Wenn er zu Hause ins Buch schaut, wird er feststellen, dass

a. bipolare Zellen und Ganglienzellen Signale innerhalb der Retina weiterleiten, während Horizontal- und Amakrinzellen Signale ans Gehirn weiterleiten.

b. Horizontal- und Amakrinzellen das Signal innerhalb der Retina verteilen, während bipolare Zellen das Signal zum Gehirn leiten.

c. Horizontalzellen das Signal ans Gehirn weiterleiten, während Amakrinzellen das Signal innerhalb der Retina verteilen.

d. Ganglienzellen das Signal zum Gehirn leiten, wohingegen Horizontal- und Amakrinzellen das Signal auf der Retina verteilen.

10 Die optischen Nerven sind für das Übertragen neuronaler Reize zum visuellen Zentrum des Gehirns zuständig. Im _____ treffen sie zum ersten Mal zusammen; danach verbleiben _____ Fasern jeder Retina auf der Körperseite, von der sie stammen.

a. optisches Gebiet; einige wenige

b. optisches Gebiet; die meisten

c. optisches Chiasma; alle

d. optisches Chiasma; die Hälfte

11 Welche Art von kortikaler Zelle wird NICHT von Hubel und Wiesel in ihren Studien zur visuellen Verarbeitung beschrieben, für die sie den Nobelpreis erhielten?

a. einfache

b. Zwischen-

c. komplexe

d. hyperkomplexe

12 Angenommen, Sie betreten einen Hörsaal, in dem eine Dozentin über negative Nachbilder spricht. Die Studierenden blicken auf eine weiße Fläche, aber als sie gefragt werden, was sie sehen, antworten sie, dass sie die amerikanische Nationalflagge sehen mit den Farben rot, weiß und blau. Offensichtlich haben sie davor auf eine Flagge mit den Farben _____ gesehen.

a. grün, schwarz und gelb

b. blau, weiß und rot

c. rot, orange und gelb

d. blau, indigo und violett

13 Thomas Young ging davon aus, dass es lediglich drei Farbrezeptoren gibt. Wie erklärte er sich, dass wir imstande sind, so viele Farben zu sehen?

a. Er fand dafür keine Erklärung, dies gelang erst viele Jahre später einem anderen Wissenschaftler.

b. Bei allen anderen Farben handelt es sich um additive oder subtrahierende Kombinationen der Farben, die er identifiziert hatte.

c. Unsere Gehirne „lernen", andere Farben wahrzunehmen, aber erst, nachdem sie Erfahrungen mit diesen drei Farben gemacht haben.

d. Bei all den anderen Farben handelt es sich um Nachbilder der drei Farben, die er identifiziert hatte.

14 Gegenwärtig wird unter anderem davon ausgegangen, dass beim Farbensehen

a. vier Arten von Farbzapfen in der Retina existieren, nicht drei.

b. Ganglienzellen die Informationen aus den Zapfenarten auf komplementäre Weise kombinieren.

c. Farbzapfen auf alle Wellenlängen des Lichts gleichermaßen reagieren.

d. farbblinde Menschen über ein inhibitorisches System verfügen, aber nicht über ein exzitatorisches.

15 Ein Kind liebt es, wenn der Klavierstimmer zu Besuch ist. Seine Stimmgabeln haben einen so klaren Klang. Das Kind ist sich dessen nicht bewusst, aber die Klarheit liegt daran, dass eine Stimmgabel einen klaren Ton erzeugt, der

a. viele Sinuswellen umfasst.

b. eine einzige Sinuswelle umfasst.

c. eine Frequenz und viele Amplituden umfasst.

d. alle möglichen Frequenzen umfasst.

16 Welche chronologische Reihenfolge der Schallwanderung von außen nach innen ist richtig (enthält nicht alle Bestandteile, die vom Schall durchwandert werden)?

a. Trommelfell, Basilarmembran, Hörnerv, Nucleus cochlearis, auditiver Cortex

b. Trommelfell, Basilarmembran, Hörnerv, Haarzellen, auditiver Cortex

c. Trommelfell, Basilarmembran, Nucleus cochlearis, Hörnerv, auditiver Cortex

d. Trommelfell, Haarzellen, Nucleus cochlearis, Hörnerv, auditiver Cortex

17 Angenommen, Sie würden einen Ton in einer hohen Frequenz hören. Gemäß der Theorie der Tonotopie

a. wird die gesamte Basilarmembran sehr schnell vibrieren.

b. kodiert die Rate, mit der die Neurone feuern, die Tonhöhe – Neurone werden also in sehr schneller Abfolge feuern.

c. sollte die Bewegung der Basilarmembran am Ende des Trommelfells (am weitesten entfernt vom ovalen und runden Fenster) am größten sein.

d. sollte die Bewegung der Basilarmembran am Beginn des Trommelfells (in unmittelbarer Nähe zum ovalen und runden Fenster) am größten sein.

18 Forschungen der Wahrnehmung von Tonhöhe haben gezeigt, dass

a. die Frequenztheorie am besten für Frequenzen über 5.000 Hz funktioniert.

b. die Theorie der Tonotopie unter 1.000 Hz am zutreffendsten ist .

c. zwischen 1.000 und 5.000 Hz sowohl die Theorie der Tonotopie als auch die Frequenztheorie anwendbar sind.

d. zwischen 1.000 und 5.000 Hz weder die Theorie der Tonotopie noch die Frequenztheorie anwendbar sind.

19 Welche Aussagen zum Geschmackssinn sind zutreffend?

a. Die Oberfläche der Zunge ist mit Papillen bedeckt.

b. Es gibt ein Transduktionssystem, das von allen Geschmacksklassen gemeinsam genutzt wird.

c. Das Geschmackssystem ist eines der empfindlichsten Systeme gegenüber Beschädigung.

20 Der Gleichgewichtssinn ...

a. erhält Informationen über die Beschleunigung und Verzögerung entlang der Sagittalachse von den Bogengängen.

b. erhält Informationen über Bewegung in jeder Richtung von Sacculus und Utriculus.

c. kann, wenn seine Informationen den Signalen des visuellen Systems widersprechen, zu Reisefieber führen.

d. erhält Informationen über Beschleunigung und Verzögerung entlang der Sagittalachse von Sacculus und Utriculus.

21 Meissner-Körperchen reagieren am besten, wenn die Haut _____; Merkel-Zellen sind am aktivsten wenn _____.

a. über etwas streicht; etwas Warmes die Haut berührt.

b. von etwas Warmem berührt wird; die Haut über etwas streicht

c. über etwas streicht; ein Objekt gleichmäßig Druck auf die Haut ausübt

d. den gleichmäßigen Druck von einem Objekt wahrnimmt, das die Haut berührt; ein Objekt über die Haut streicht

22 Menschen, denen von Bewegung schnell schlecht wird, wird in der Regel übel, wenn Signale ihres _____ Systems mit denen des _____ Systems in Konflikt stehen.

a. kinästhetischen; vestibulären

b. kinästhetischen; auditorischen

c. visuellen; auditorischen

d. visuellen; vestibulären

23 Ronald Melzacks Filter-Kontrolltheorie zum Schmerz basiert darauf,

a. dass Schmerz von der Mittelachse und vom Kopf aus körperabwärts ausstrahlt.

b. dass die Kontrollschrankentheorie nicht erklärt, weshalb manche Menschen keinen Schmerz empfinden.

c. dass Menschen häufig Schmerz empfinden, ohne dass es dafür eine physische Ursache gibt.

d. dass jede schmerzhafte Erfahrung sowohl emotionale als auch physische Auswirkungen hat.

24 In einem Experiment zur Aufmerksamkeit, das im Lehrbuch vorgestellt wird, versuchten ForscherInnen, Bilder zu konzeptionieren, die zielgesteuerte Selektion und reizinduzierte Aufnahme in Wettbewerb zueinander setzen. Die Ergebnisse legen nahe, dass

a. das Wahrnehmungssystem von Menschen so organisiert ist, dass Veränderungen in der Umgebung automatisch ausgeblendet werden.

b. zielgesteuerte Aufmerksamkeit stark genug ist, um anhaltend der Wirkung reizinduzierter Aufmerksamkeit zu widerstehen.

c. zumindest unter manchen Umständen zielgesteuerte Aufmerksamkeit gegenüber der reizinduzierten Aufmerksamkeit das Nachsehen hat.

d. es nicht möglich ist, eine Aufgabe zu entwickeln, bei der reizinduzierte Aufmerksamkeit und zielgerichtete Aufmerksamkeit in direktem Wettbewerb zueinander stehen.

25 Die Forschung legt nahe, dass wir uns bei visuellen Momentaufnahmen präzise Details nicht merken. Ein Grund für diese nicht ganz perfekte Repräsentation könnte es sein, dass

a. eine Grenzausdehnung beim Erinnern eine Rolle spielt.

b. die zeitliche Integration genutzt wird, obwohl dies gar nicht nötig wäre.

c. die räumliche Integration genutzt wird, wenn die zeitliche Integration nicht gebraucht wird.

d. das visuelle System nicht ausreichend entwickelt ist, um Details zu bemerken.

26 Die Fans lieben die neue Anzeigetafel im Basketballstadion. Bei jedem 3-Punkte-Wurf erwecken Blitzlichter auf der Anzeigetafel den Eindruck, dass ein imaginärer Ball aus dem Feld rollt. Die Fans werden Zeuge

a. der Ponzo-Illusion.

b. des Gesetzes der Nähe.

c. der relativen Bewegungsparallaxe.

d. des Phi-Phänomens.

27 Auf einer Kirmes fährt ein Jugendlicher Autoscooter. Im letzten Moment versucht er, den Zusammenprall mit einem anderen Wagen zu verhindern. Seine Fähigkeit abzuschätzen, wie schnell der andere Wagen sich nähert, basiert vor allem auf

a. der Geschwindigkeit, mit der Luftmoleküle auf sein Gesicht aufprallen.

b. der Geschwindigkeit, mit der sich das retinale Abbild des anderen Wagens vergrößert.

c. peripheren Hinweisreizen, die mit der Bewegungsparallaxe zusammenhängen.

d. der ansteigenden Geräuschkulisse, die von dem anderen Wagen ausgeht.

28 Zunächst hat ein Golfer Schwierigkeiten zu erkennen, ob ein großer Hügel sich vor oder hinter einem weit entfernten Loch befindet. Da der Hügel zum Teil eine Flagge verdeckt, die die Position des Lochs markiert, schlussfolgert er, dass das Loch weiter entfernt ist als der Hügel. Dieser visuelle Hinweisreiz wird bezeichnet als

a. retinale Querdisparation.

b. Interposition.

c. Linearperspektive.

d. Texturgradienten.

29 Die Ponzo-Illusion entsteht durch die Art und Weise, wie das visuelle System _____ interpretiert.

a. offensichtliche Bewegung

b. retinale Querdisparation

c. konvergierende Linien

d. Texturgradienten

30 Die Illusion, die durch den Ames'schen Raum entsteht, demonstriert, dass

a. die wahrgenommene Distanz sich auf die wahrgenommene Größe auswirkt.

b. Hinweisreize der Interposition stärker sind als Hinweisreize der Konvergenz.

c. Wahrnehmungskonstanten eine binokulare Wahrnehmung erfordern.

d. unmögliche Objekte nicht wirklich existieren.

31 Beim Benoten der Prüfung hatte die Dozentin wenig Schwierigkeiten, die schludrige Handschrift des Studenten zu entziffern, weil sie die Fragen zuvor gestellt und eine Vorstellung hatte, was der Student in etwa schreiben würde. Dieses Beispiel veranschaulicht die Bedeutung der

a. Top-down-Verarbeitung.

b. Bottom-up-Verarbeitung.

c. datengesteuerten Verarbeitung.

d. Phonemergänzung

4.3 Richtig oder falsch?

1 Gustav Fechner prägte den Begriff Psychophysik, bei dem es um die Beziehung zwischen der Intensität eines physischen Stimulus und der Ausprägung einer Sinneswahrnehmung geht.

2 Die Absolutschwelle ist der operationalen Definition zufolge das Stimulusniveau, bei dem ein sensorisches Signal zu 100 % entdeckt wird.

3 Absolutschwellen sind eindeutig festlegbar.

4 Bei einer Signalentdeckungsstudie wird ein Beobachter, der zum Jasagen neigt, eine hohe Anzahl an Treffern erzielen, aber auch die falschen Alarme werden gehäuft auftreten.

5 Die Umwandlung einer Energieform wie Licht in eine andere Form wie Nervenimpulse wird als sensorische Adaptation bezeichnet.

6 Sensorische Adaptation erhöht die Reaktionsbereitschaft des sensorischen Systems bei länger andauerndem Reizinput.

7 Wenn Sie einen Stift eine Armlänge entfernt halten und ihn dann langsam in Richtung Ihres Gesichtes bewegen, verändern die Ziliarmuskeln die Dicke der Linse im Auge, damit sich die Fokussierung des Stiftes entsprechend anpassen kann. Dieser Prozess wird Konvergenz genannt.

8 Zapfen arbeiten am besten tagsüber, wenn es hell und farbdurchflutet ist.

9 Während des Prozesses der Dunkeladaption werden die Zapfen allmählich empfindlicher als die Stäbchen.

10 Die Axone der inneren Hälfte jedes Auges kreuzen im optischen Chiasma zur anderen Cortexhälfte.

11 Der Farbeindruck kann auf drei grundlegenden Dimensionen beschrieben werden: Farbwert, Sättigung und Helligkeit.

12 Bei subtraktiver Farbmischung ergibt sich die wahrgenommene Farbe aus der Kombination der Wellenlängen verschiedener Farben.

13 Amakrinzellen integrieren Informationen aus der Retina, indem sie bipolare Zellen sowie Ganglienzellen untereinander verbinden.

14 David Hubel und Torsten Wiesel gewannen einen Nobelpreis für ihre Studien von rezeptiven Feldern der Zellen im visuellen Cortex.

15 Pastelltöne weisen eine mittlere Farbsättigung auf.

16 Laut Herings Gegenfarbtheorie liegen allen Farbwahrnehmungen zwei Systeme zugrunde, die jeweils entgegengesetzte Elemente beinhalten.

17   Ambivalenz ist wichtig, wenn man Wahrnehmung verstehen möchte, denn sie veranschaulicht, dass ein und dieselbe von den Sinnen aufgenommene Information im Zuge der Wahrnehmung und Identifikation auf vielfältige Weise interpretiert werden kann.

18   Die Temperaturwahrnehmung erfolgt mittels Rezeptorzellen, deren Funktionsweise einem Thermometer gleicht.

19   Merkel-Zellen reagieren am stärksten, wenn etwas über die Haut streicht.

20   Retinale Querdisparation beschreibt die Verschiebung der horizontalen Positionen korrespondierender Bilder in beiden Augen und liefert so Tiefeninformation.

4.4   Lückentext-Aufgaben

1   _____ bezieht sich auf das Stadium, in dem das Gehirn mithilfe bereits vorhandenen Wissens Informationen aus den Sinneskanälen integriert, um zu einer internalen Repräsentation eines externen Stimulus zu gelangen.

2   PsychologInnen, die Sinne und Wahrnehmung erforschen, unterscheiden zwischen dem _____ Stimulus, dem physischen Objekt in der Welt, und dem _____ Stimulus, dem optischen Abbild auf der Retina.

3   Die _____-Theorie ist ein systematischer Ansatz, um mit dem Problem von Reaktionsverzerrungen umzugehen. Er erlaubt VersuchsleiterInnen, die Rollen zu identifizieren und aufzuschlüsseln, die jeweils sensorische Stimuli und der individuelle Entscheidungsprozess spielen.

4   Der EMU zwischen Reizen steht in einem konstanten Verhältnis zur Intensität des Referenzreizes. Dies bezeichnet das _____ Gesetz.

5   Die _____ ist der Bereich im Auge, in dem auf dichtem Raum Zapfen angesiedelt sind. Es handelt sich um den Bereich des schärfsten Sehens.

6   Wenn Sie Musikinstrumente hören, geben die als _____ bezeichneten Dimensionen der auditorischen Sinneswahrnehmung die komplexen Komponenten einer Klangwelle wieder, was es Ihnen ermöglicht, den Klang einer Gitarre von dem einer Violine zu unterscheiden.

7   Die _____ Sinne geben Ihnen Auskunft darüber, in welcher Haltung Ihr Körper sich hinsichtlich der Schwerkraft befindet. Die _____ Sinne sorgen für ein konstantes Sinnesfeedback darüber, was der Körper während motorischer Aktivitäten ausführt.

8   Das _____-Phänomen ist eine Bewegungsillusion, bei dem ein oder mehr Lämpchen in einer bestimmten Abfolge an- und ausgehen, was als ein einziges, sich bewegendes Licht wahrgenommen wird.

9   Informationsquellen zur Tiefe, die von nur einem Auge abhängen, werden bezeichnet als _____.

4.5 Essayfragen

1 Warum ist es wichtig, sowohl Sinnesempfindungen als auch Wahrnehmung zu verstehen? In welchem Zusammenhang steht dies zu Bottom-up- und Top-down-Verarbeitung?

2 PsychophysikerInnen haben eine Reihe von Verfahren entwickelt, um das Erforschen der Beziehung von physischem Ereignis und psychologischer Erfahrung zu erleichtern. Zu welchen Erkenntnissen hinsichtlich sensorischer Schwellen hat das geführt? Gehen Sie auch kurz auf die Signalentdeckungstheorie ein. Wie kombinieren TheoretikerInnen Bottom-up und Top-down—Einflüsse, um aufzuzeigen, wie Perzepten Sinn verliehen wird? Diskutieren Sie auch die Reaktionsverzerrung.

3 Wie kommt es, dass Sie diese Frage sehen können? Nun, wo Sie so viel über den Sehsinn wissen, eine einfach zu beantwortende Frage! Zeichnen Sie den Prozess des Sehens nach, vom Moment, in dem Lichtenergie auf die Retina fällt, bis das Signal den visuellen Cortex im Gehirn erreicht. Gehen Sie auch auf das Konzept der rezeptiven Felder ein und die Arbeit von David Hubel und Torsten Wiesel, die ihnen einen Nobelpreis eingebracht hat.

4 Wie entsteht Klang? Welche psychologischen Dimensionen umfasst Klang? Erklären Sie kurz die Physiologie des Hörens. Wie gelingt es dem auditorischen System, die Geräuschquelle zu lokalisieren?

5 In ihren frühen Theorien argumentierten die GestaltpsychologInnen, dass das Wahrgenommene von Gesetzen der Organisation abhängt – einfachen Regeln, nach denen wir Umrisse und Formen wahrnehmen. Beschreiben Sie diese „einfachen" Regeln. Zeigen Sie dann, wie Wahrnehmungskonstanten auch zu unserer Sicht auf die Welt als unverändert, konstant und stabil beitragen – auch wenn uns manchmal Ambivalenzen und Illusionen hinters Licht führen.

4.6 Lösungen

4.6.1 Antworten auf die Verständnisfragen

1 Der Proximalreiz ist das optische Abbild auf der Retina.

2 Psychophysik ist das Studium der Beziehung zwischen physikalischen Stimuli und ihrer psychischen Erfahrung.

3 Eine Absolutschwelle ist als jene Reizintensität definiert, bei der in der Hälfte der Fälle ein sensorisches Signal durch eine Person bemerkt wird.

4 Urteile werden sowohl von sensorischen Prozessen als auch von einem Response Bias des Beobachters beeinflusst.

5 Eine Unterschiedsschwelle ist der kleinste physikalische Unterschied, der zwischen zwei Stimuli bemerkt werden kann.

6 Transduktion ist die Umwandlung einer Form physikalischer Energie in eine andere.

7 Akkommodation ist der Vorgang, bei dem die Dicke der Linse sich so verändert, dass entweder nahe oder ferne Objekte scharf gesehen werden.

8 Die Fovea besteht zu 100 Prozent aus Zapfen.

9 Komplexe Zellen reagieren auf Balken in bestimmten Ausrichtungen, die sich aber zusätzlich bewegen müssen.

10 Diese Erfahrung wird durch die Gegenfarbentheorie erklärt.

11 Töne verschiedener Frequenzen werden als unterschiedliche Tonhöhen wahrgenommen.

12 Haarzellen wandeln die mechanischen Vibrationen der Basilarmembran in Nervenimpulse um.

13 Die Ortstheorie verbindet Tonhöhenwahrnehmung mit dem Ort der Stimulation der Basilarmembran.

14 Der Ton sollte das rechte Ohr vor dem linken erreichen.

15 Nervenimpulse übertragen Geruchsinformationen zum Bulbus olfactorius im Gehirn.

16 Die Grundgeschmacksrichtungen sind süß, sauer, bitter, salzig und umami.

17 Es gibt unterschiedliche Rezeptortypen für Wärme- und Kälteempfinden.

18 Der Gleichgewichtssinn liefert Informationen über die Raumorientierung des Körpers unter Nutzung der Schwerkraft.

19 Die Filter-Kontrolltheorie versucht zu erklären, wie Schmerzempfindungen durch den psychologischen Kontext beeinflusst werden.

20 Manchmal ziehen Stimuli in der Umgebung – etwa der plötzliche Wechsel eines Scheinwerfers von rotem zu grünem Licht – Ihre Aufmerksamkeit auf sich.

21 Man neigt dazu, kleine Lücken auszufüllen, um Objekte als Ganzes wahrzunehmen.

22 Wenn jemand auf Sie zugeht, vergrößert sich das Abbild dieses Menschen auf Ihrer Retina.

23 Der Konvergenzwinkel ist größer, wenn ein Objekt näher ist.

24 Formkonstanz ist die Fähigkeit, die wahre Form eines Objekts wahrzunehmen, auch wenn sich die Form des Abbilds auf der Retina ändert.

25 Man setzt sein Wissen über Klänge und Wörter ein, um Informationen zu rekonstruieren, die in einem auditorischen Signal verloren gegangen ist.

26 Ein Stimulus ist ambivalent, wenn mehr als ein Objekt oder Ereignis in der Umgebung denselben proximalen Stimulus verursacht haben könnte.

27 Ein *Set* ist die zeitweilige Bereitschaft, einen Stimulus auf eine bestimmte Weise wahrzunehmen oder in einer bestimmten Weise darauf zu reagieren.

4.6.2 Antworten auf die Multiple-Choice-Fragen

1 d	**12** a	**23** c
2 a	**13** b	**24** c
3 b	**14** b	**25** a
4 a	**15** b	**26** d
5 a	**16** a	**27** b
6 b	**17** d	**28** b
7 a	**18** c	**29** c
8 c	**19** a	**30** a
9 d	**20** d	**31** a
10 d	**21** c	
11 b	**22** d	

4.6.3 Antworten auf die „Richtig oder falsch?"-Fragen

1 Richtig	**8** Richtig	**15** Richtig
2 Falsch	**9** Falsch	**16** Falsch
3 Falsch	**10** Richtig	**17** Richtig
4 Richtig	**11** Richtig	**18** Falsch
5 Falsch	**12** Falsch	**19** Falsch
6 Falsch	**13** Richtig	**20** Richtig
7 Falsch	**14** Richtig	

4.6.4 Antworten zu den Lückentext-Aufgaben

1 Wahrnehmungsorganisation

2 distalen; proximalen

3 Signalentdeckungs-

4 Weber'sche

5 Fovea

6 Klangfarbe

7 vestibulären; kinästhetischen

8 Phi-

9 monokulare Tiefenhinweise

4.6.5 Lösungshinweise zu den Essayfragen

1 Bei der Wahrnehmung handelt es sich um den gesamten Prozess der Kenntnisnahme von Objekten und Ereignissen in der Umgebung. Sinnesempfindungen bezeichnen den Prozess, durch den die Stimulation von Sinnesrezeptoren Impulse hervorbringen, die internale oder externale Erfahrungen repräsentieren. Bottom-up-Verarbeitung ist datengesteuert, sie geht von der Sinnesinformation aus der Umgebung aus. Top-down-Verarbeitung hingegen bezieht höhere mentale Prozesse mit ein und beeinflusst so die Wahrnehmung.

2 Nennen Sie eine Definition für Psychophysik, Absolutschwelle und Sinnesadaptation. Beschreiben Sie die Signalentdeckungstheorie, wobei Reaktionsverzerrungen nicht zu kurz kommen sollten. Definieren Sie Bottom-up sowie Top-down-Verarbeitung und wie sich diese Verarbeitungsstile auf die Entdeckung von Signalen auswirken. Die Signalentdeckungstheorie ermöglicht es, sensorische sowie entscheidungsbezogene Prozesse gleichzeitig auszuwerten. Erklären Sie, weshalb das von Bedeutung ist. Erklären Sie Unterschiedsschwellen.

3 Der Weg, den das Signal nimmt, umfasst die Pupille, die Linse und die Retina. Dabei kommt es zur Akkomodation. Erwähnen Sie die Ziliarmuskeln und das Fokussieren. Beschreiben Sie die Linse und wie sie sich mit dem Altern verändert. Gehen Sie auch auf Fotorezeptoren, die Fovea, den blinden Fleck und den optischen Nerv ein. Diskutieren Sie rezeptive Felder und die Entdeckung, dass unterschiedliche Zellen auf verschiedenen Ebenen des Sehsystems jeweils stärker auf eine bestimmte Art der visuellen Stimulation reagieren.

4 Gehen Sie auf die vier verschiedenen Energietransformationen ein, die Voraussetzung dafür sind, dass wir etwas hören. Beschreiben Sie, welche Teile des Ohrs jeweils beteiligt sind. Definieren Sie Tonhöhe, Lautstärke und Klangfarbe. Begründen Sie, warum diese Dimensionen für das Hören jeweils wichtig sind. Das Lokalisieren von Geräuschquellen setzt voraus, dass Objekte allein durch den Klang in Raum geortet werden können. Diskutieren Sie, wie das vonstatten geht.

5 Beschreiben Sie das Gesetz der Nähe, das Gesetz der guten Fortsetzung, das Gesetz des gemeinsamen Schicksals und das Gesetz der Geschlossenheit. Definieren Sie perzeptuelle Konstanz. Berücksichtigen Sie dabei Größe, Form und auch die Konstanz der Helligkeit. Diskutieren Sie, welchen Stellenwert die Untersuchung von Wahrnehmungstäuschungen einnimmt.

Bewusstsein und Bewusstseinsveränderungen

5

ÜBERBLICK

5.1 Verständnisfragen

1 Was sind vorbewusste Gedächtnisinhalte?

2 Warum werden laut Freud Informationen ins Unbewusste verdrängt?

3 Wie erhalten Forschende Denkprotokolle nach der Methode des Lauten Denkens?

4 Worin besteht die selektive Speicherfunktion des Bewusstseins?

5 Was versteht man unter einer kulturellen Konstruktion der Realität?

6 Welche Rolle spielt Bewusstsein bei der visuellen Suche?

7 Warum haben wir Jetlags?

8 Wie verändert sich das Gleichgewicht von NREM- und REM-Schlafphasen während der Nacht?

9 Welche beiden Funktionen kann der NREM-Schlaf erfüllen?

10 Was passiert mit einem Menschen, der unter Schlafapnoe leidet?

11 Was verstand Freud unter latenten Trauminhalten?

12 Welche Rolle spielen der Forschung zufolge genetische Faktoren bei der Hypnotisierbarkeit?

13 Welche zwei Arten von Meditation gibt es?

14 Wie definiert man Drogentoleranz?

15 Wie wirken sich Drogen wie Heroin im Gehirn aus?

16 Zu welcher Kategorie von Drogen gehört Nikotin?

5.2 Multiple-Choice-Fragen

1 Auch wenn Sie gerade nicht darüber nachgedacht haben, was Sie gestern Abend gegessen haben, weckt die entsprechende Frage Ihrer Freundin danach alle Erinnerungen an das Restaurant und die leckeren Spaghetti. Bei dieser Erinnerung handelt es sich um ein Beispiel für

a. unbewusste Prozesse.

b. vorbewusste Prozesse.

c. unbeachtete Informationen.

d. das Unterbewusstsein.

2 Eine Touristin hat Paris noch nie besucht. Als sie aus dem Zug steigt, war sie verwirrt. Überall Menschenmengen, in denen sie beinahe untergegangen wäre. Plötzlich merkte sie, dass jemand ihren Namen rief. Dieses Beispiel illustriert am besten

a. das Unterbewusstsein.

b. vorbewusste Erinnerungen.

c. unbeachtete Informationen.

d. unbewusste Prozesse.

3 Die Tatsache, dass Menschen automatisch den Kontext heranziehen, um bei ambivalenten Wörtern zwischen verschiedenen Bedeutungen eine Entscheidung zu fällen, stützt die Idee, dass

a. Freuds Konzept der Verdrängung zutreffend ist.

b. Sprachprozesse nicht bewusst beeinflusst werden können.

c. Prozesse, die unterhalb der Bewusstseinsschwelle ablaufen, das Verhalten beeinflussen können.

d. rationale Wesen Zugang haben zu allen Aktivitäten ihres Geistes.

4 Ein/e PsychologIn würde auf die Methode der Erlebnisstichprobe am ehesten zurückgreifen, um herauszufinden,

a. in welchem Maße Menschen tagträumen.

b. auf welche Strategien Menschen zurückgreifen, um Probleme zu lösen.

c. wie lange es dauert, bis Menschen auf Temperaturunterschiede reagieren.

d. wie Hunger sich auf die Fähigkeit auswirkt, neue Informationen zu behalten.

5 Das Vermögen des Bewusstseins, etwas zurückhalten zu können, führt dazu, dass Sie

a. Gefühle wie Angst oder Wut verstecken können.

b. entscheiden können, ob Sie ein schweres Objekt anheben können, ohne sich selbst wehzutun.

c. zwischen dem Geruch von Fisch und Kaffee unterscheiden können.

d. auf einer lauten Party ein Gespräch führen können.

6 Der Geburtstag Ihrer besten Freundin naht und Sie sollten ihr ein Geschenk kaufen. Ihre Fähigkeit, dabei zu berücksichtigen, welche Dinge sie bereits besitzt, wie sie auf Ihr Geschenk wohlmöglich reagiert und wie Sie ihr Geschenk bezahlen, wird durch die _____ Funktion des Bewusstseins ermöglicht.

a. selektive Behaltens-

b. vorbewusste

c. Planungs-

d. restriktive

7 Nachdem sie eine TV-Sendung über den Einsatz körperlicher Bestrafung durch Eltern gesehen haben, kommen ein Mann und seine Frau zu unterschiedlichen Schlussfolgerungen hinsichtlich der Effektivität von Bestrafung. Diese verschiedenen Perspektiven gehen vermutlich darauf zurück, dass sie jeweils

a. über verschiedene Konsensvalidierungen verfügen.

b. Realität kulturell anders konstruieren.

c. persönlich Realität anders konstruieren.

d. über ein Bewusstsein verfügen, das bestimmte Dinge zurückhält.

8 Wenn die eigene Realitätskonstruktion verhältnismäßig stabil bleibt, wird man vermutlich über _____ verfügen.

a. eine Konsensvalidierung

b. extreme Geselligkeit

c. eine erhöhte Aktivität der linken Hemisphäre

d. eine stabile Auffassung des eigenen Selbst

9 Eine Möglichkeit, die Funktionen des Bewusstseins zu studieren, besteht darin zu demonstrieren,

a. wie sich die Reaktionen bei Menschen ändern, wenn das normale Funktionieren bewusster Prozesse unterbunden wird.

b. dass Ideen unterdrückt werden.

c. dass bewusste Prozesse auf konsistente Weise leicht zu nutzen sind, unabhängig davon, wie vielen Stimuli ein Mensch sich zuwendet.

d. dass das Verhalten stärker von bewussten als von unbewussten Prozessen beeinflusst wird.

10 Ihre Aufgabe besteht darin, EEG-Aufnahmen an einer Patientin im Schlaflabor zu überwachen. Sie beobachten, dass die Hirnwellen der Patientin sich von 14Hz zu 8 – 12 Hz und dann zu 3- 7 Hz verändern. Welche Veränderungen könnten bei der Patientin wohlmöglich eingetreten sein?

a. Zunächst war die Patientin im Tiefschlaf, dann im leichten Schlaf und zuletzt wach.

b. Die Patientin ist nach und nach von Stufe 1 zu Stufe 3 vorangeschritten.

c. Zunächst war die Patientin wach, dann entspannt und dann in einem Schlaf der Stufe 1.

d. Die Patientin war die ganze Zeit über wach, während ihre Gehirnwellen erhoben wurden.

11 Bei den Schlafspindeln, die während des Schlafens auftreten, handelt es sich um kurze Salven elektrischer Aktivität von _____ Hz.

a. 1 bis 2

b. 3 bis 7

c. 8 bis 12

d. 12 bis 16

12 Der melodische Singsang Ihrer Dozentin haben Sie einschlafen lassen. Auch wenn Ihre KommilitonInnen sie nicht sehen können, Schlafspindeln haben angefangen, sich in Ihrem Gehirn zu bilden. Sie sind vermutlich in Stufe

a. 1.

b. 2.

c. 3.

d. 4.

13 Die EEG-Aufzeichnung eines Patienten im Schlaflabor zeigt, dass sich die Gehirn-wellen auf 1 bis 2 Hz verlangsamt haben. Außerdem haben sich Atmung und Herzschlag verlangsamt. Vermutlich erlebt der Patient

a. Stufe 1 des non-REM-Schlafs.

b. ein Gefühl von Angst.

c. die Stufen 3 und 4 des Schlafs.

d. paradoxe Schlaflosigkeit.

14 Menschen haben in der Regel _____ REM-Schlafphasen in der Nacht, und diese Perioden _____ sich hinsichtlich der Länge bei jedem Schlafzyklus.

a. 4 bis 6; verringern

b. 4 bis 6; vergrößern

c. 10; verringern

d. 10, vergrößern

15 Die meiste Zeit des Schlafs verbringt ein Mensch

a. mit Träumen.

b. im REM-Schlaf.

c. im paradoxen Schlaf.

d. im non-REM-Schlaf.

16 ForscherInnen, die untersucht haben, inwieweit der tägliche REM-Schlaf und non-REM-Schlaf mit dem Altern verändert, haben herausgefunden, dass

a. die Menge an REM-Schlaf über die Jahre beträchtlich zunimmt.

b. die Menge an non-REM-Schlaf sich über die Jahre stärker zurückentwickelt als der REM-Schlaf-Schlaf.

c. die Menge an REM-Schlaf-Schlaf über die Jahre beträchtlich abnimmt.

d. die Menge REM-Schlaf-Schlaf über die Jahre mehr oder weniger konstant bleibt, wohingegen non-REM-Schlaf leicht zunimmt.

17 Erkennbar an periodischem Schlaf zur Tageszeit, handelt es sich bei _____ um eine Schlafstörung, die recht häufig mit _____ kombiniert auftritt, einem kom-pletten Verlust der Muskelkontrolle, der zu plötzlichen Stürzen führt.

a. Insomnie; Schlafapnoe

b. Schlafapnoe; Narkolepsie

c. Kataplexie; Narkolepsie

d. Narkolepsie; Kataplexie

18 ForscherInnen glauben, dass Narkolepsie

a. in Zusammenhang mit verschiedenen Persönlichkeitsstörungen steht.

b. an einer Sauerstoffunterversorgung liegt.

c. einen genetischen Ursprung hat.

d. durch Kataplexie verursacht wird.

19 In einer Klinik für Menschen mit Schlafstörungen erfährt ein Mann, dass er an Schlafapnoe leidet. Als er weitere Informationen erbittet, wird man ihm vermutlich all dies erzählen, bis auf die Tatsache, dass

a. die meisten Menschen einige Apnoe-Episoden in der Nacht haben.

b. sie bei Kindern so gut wie nie auftritt.

c. beim Auftreten der Apnoe der Körper anfängt, Notfallhormone auszuschütten, durch die der Mensch aufwacht und wieder zu atmen anfängt.

d. etwa 2 Prozent der Frauen und 4 Prozent der Männer betroffen sind.

20 Eine neue Mitbewohnerin weiht Sie ein, dass sie an Somnambulismus leidet. Sie sollten damit rechnen, dass sie wahrscheinlich

a. im Schlaf spricht.

b. im Schlaf umhergeht.

c. Albträume hat.

d. während des Schlafens zu atmen aufhört.

21 Ein sechsjähriges Kind wacht plötzlich auf und ist durcheinander, außerdem schreit es panisch. Ein Beispiel für

a. Somnambulismus.

b. Schlafapnoe.

c. Narkolepsie.

d. Pavor nocturnus.

22 Ein Mädchen hat einen Traum, in dem sie große Ängste durchsteht, als Aliens aus dem Weltall sie entführen. Aber dann entkommt sie in ein wunderschönes Sonnensystem und überglücklich, als sie zur Königin dieser neuen Welt ernannt wird. Das Auftreten starker Emotionen und Sinneseindrücke in diesem Traum lässt darauf schließen, dass

a. er während des non-REM-Schlafs aufgetreten ist.

b. während des REM-Schlafs aufgetreten ist.

c. entweder im non-REM-Schlaf oder im REM-Schlaf aufgetreten ist.

d. weder im non-REM-Schlaf noch im REM-Schlaf aufgetreten ist.

23 Sigmund Freud beschrieb Träume folgendermaßen. Nur eine Umschreibung stammt nicht von ihm:

a. „transitorische Psychosen"

b. „allnächtliche Verrücktheit"

c. „Königsweg zum Unbewussten"

d. „unzensierte Visionen"

24 Der Verzerrungsprozess, bei dem sich die versteckte Bedeutung eines Traums in das verwandelt, was vom Träumer erinnert wird, bezeichnete Freud als

a. manifesten Inhalt.

b. latenten Inhalt.

    c. Traumwunsch.

    d. Traumarbeit.

25 Eine Therapeutin blickt durch die Freudianische Brille auf die Traumarbeit. Wenn sie Träume interpretiert, wird sie

    a. sich vermutlich hinsichtlich der Wirkungen von Traumarbeit keine Sorgen machen.

    b. sich vermutlich vom latenten Inhalt zum manifesten Inhalt zurückarbeiten.

    c. glauben, dass die Träume Ausdruck der unbewussten Wünsche des Klienten oder der Klientin sind.

    d. glauben, dass Träume universelle Symbole enthalten, nicht aber idiosynkratische.

26 Welche der folgenden Aussagen kommt dem Modell der Aktivierungs-Synthese-Hypothese von Hobson und McCarley am nächsten?

    a. Träume haben ihren Ursprung in einem unbewussten Wunsch oder Motiv.

    b. Träume resultieren aus neuronalen Signalen im Hirnstamm, die im Hirn Cortex-Areale stimulieren.

    c. Ein Traum entsteht lediglich, wenn jemand einen ungelösten Konflikt oder ein Problem aufweist.

    d. Der latente Inhalt ist bei der Interpretation von Träumen wichtiger als der manifeste Inhalt.

27 Durch Studien konnte hinreichend belegt werden, dass sich zirkadiane Rhythmen auf Spitzenleistungen auswirken. Der Einfluss sorgt dafür, dass Menschen mit verschiedenen Chronotypen in der Regel in unterschiedlichen Phasen des Tages zu einer Spitzenleistung aufgelegt sind. Diese Regel trifft zu auf

    a. sportliche und kognitive Aufgaben.

    b. lediglich sportliche Aufgaben.

    c. Aufgaben, die auf einer komplexen Logik basieren.

    d. lediglich kognitive Aufgaben.

28 Was verbindet Schlaf und Hypnose miteinander?

    a. Schlaf und Hypnose werden beide von derselben Hirnregion reguliert.

    b. Schlaf und Hypnose entsprechen sich in praktisch jeder Hinsicht.

    c. Menschen müssen eingeschlafen sein, ehe sie auf hypnotische Induktionen reagieren können.

    d. Schlaf spielt bei der Hypnose keine Rolle.

29 Studien zur Hypnose haben im Allgemeinen die Annahme untermauert, dass

    a. man durch Hypnose persönliche Kontrolle an jemand anderen abtritt.

    b. ein/e erfahrene/r HypnotiseurIn in der Lage ist, alle Menschen gleichermaßen zu hypnotisieren.

    c. es sich bei der Hypnose nicht um eine Art „Placebo-Reaktion" handelt.

    d. Hypnose in der Regel beim Kontrollieren von Schmerz keine Wirkung zeigt.

30 Jüngeren Studien zufolge stehen Variationen von _____ in einem Zusammenhang zu individuellen Unterschieden hinsichtlich der Hypnotisierbarkeit.

    a. Noradrenalin

    b. Serotonin

    c. GABA

    d. COMT

31 Hypnotische Analgesie bezeichnet

    a. den Einsatz von Hypnose zur Reduktion von Ängstlichkeit.

    b. hypnotische Techniken, die darauf abzielen, Angst zu lindern.

    c. den Einsatz von Hypnose zur Schmerzlinderung.

    d. die Tendenz, dass hypnotisierte Menschen schmerzempfindlicher sind.

32 Anders als bei der konzentrativen Meditation lernt jemand, der Achtsamkeitsmeditation praktiziert,

    a. die Aufmerksamkeit auf ihren oder seinen Atem zu richten und diesen zu regulieren.

    b. sich weniger von Außeneinflüssen stimulieren zu lassen.

    c. anderen dabei zu helfen, sich körperlich entspannt zu fühlen und eine Auszeit vom Stress zu nehmen.

    d. das Bewusstsein zu verändern, um Selbsterkenntnis und Wohlbefinden zu fördern.

33 Eine an Sucht leidende Frau stellt fest, dass Drogen anfangs einen beträchtlichen Einfluss auf ihre Wahrnehmung hatten, während sie inzwischen immer größere Dosierungen benötigt, um dieselbe Wirkung zu erzielen. Die Süchtige macht die Erfahrung von

    a. zurückgehenden Symptomen.

    b. psychologischer Abhängigkeit.

    c. Toleranz.

    d. Intoleranz.

34 Ein Arbeiter erzählt seinem Freund, dass es ihn nach Alkohol gelüstet und dass er es kaum abwarten kann heimzukehren, um einige Bierflaschen zu leeren. Anscheinend hat der Arbeiter _____ Alkohol entwickelt.

    a. eine Toleranz für

    b. eine physiologische Abhängigkeit von

    c. eine Suchtproblematik mit

    d. eine psychologische Abhängigkeit von

35 Welche der folgenden Drogen gehört einer anderen Gruppe an als die anderen?

    a. LSD

    b. Cannabis

    c. PCP

    d. Morphin

36 Halluzinogene Drogen wirken in der Regel auf das Gehirn ein, indem sie _____ regulieren.

a. Cannabinoide

b. THC

c. den Neurotransmitter Serotonin

d. den Neurotransmitter Acetylcholin

37 Beruhigungsmittel wirken unter anderem dadurch, dass sie die neuronale Kommunikation an Synapsen erleichtern, an denen der Neurotransmitter _____ im Einsatz ist.

a. Serotonin

b. Dopamin

c. Noradrenalin

d. GABA

38 Nikotin im Hirn

a. sorgt dafür, dass dieselben Regionen angesprochen werden, die auch durch Beruhigungsmittel aktiviert werden.

b. scheint keine natürlichen Chemikalien nachzuahmen, die das Hirn absondert.

c. stimuliert Rezeptoren, die einem ein gutes Gefühl verschaffen, wenn man ein lohnenswertes Ziel erreicht hat.

d. täuscht Rezeptorstellen so, dass sie reagieren, als sei das Rauchen schlecht für den Organismus – obwohl RaucherInnen aufgrund ihrer Nikotinabhängigkeit das Rauchen fortsetzen.

5.3 Richtig oder falsch?

1 Freud nahm an, dass Unakzeptables verdrängt, also aus dem Bewusstsein entfernt wird.

2 Freuds „Entdeckung" des Unbewussten war der Resultat einer langen Denkertradition, die sich mit dem menschlichen Verstand beschäftigte.

3 Es gibt eine Reihe unbewusster Prozesse, die selten – wenn überhaupt – das Bewusstsein beeinträchtigen.

4 Das Introspektionsverfahren stellt die aktuellste Form der Bewusstseinsforschung dar.

5 Die persönliche Konstruktion der Realität und die kulturelle Konstruktion der Welt beeinflussen sich wechselseitig.

6 Zur Erforschung von Bewusstsein benutzen Forscher oft Paradigmen, die bewusste und unbewusste Prozesse in Beziehung zueinander setzen.

7 Wenn man Anton fragt, wer zuletzt Fußball-Weltmeister geworden ist, muss er einen Moment nachdenken, bevor er die richtige Antwort gibt. PsychologInnen, die das Bewusstsein untersuchen, würden sagen, dass es sich bei der Information um eine vorbewusste Erinnerung handelt.

8   Ein Denkprotokoll kann genutzt werden, um mentale Strategien und Wissensrepräsentationen zu dokumentieren, auf die ProbandInnen während der Bearbeitung einer Aufgabe zurückgreifen.

9   Innerhalb einer Kultur ist es wahrscheinlich, dass jeder dieselben persönlichen Konstruktionen von Realität teilt.

10   Ostwärts zu reisen verursacht einen größeren Jetlag als Flüge gen Westen.

11   Nach einer Nacht ohne REM-Schlaf hat man in der darauf folgenden Nacht mehr REM-Schlaf.

12   Man träumt nur während des REM-Schlafs.

13   Das EEG-Muster während des REM-Schlafs ähnelt dem eines Menschen, der bei Wachbewusstsein ist.

14   Das Modell der Aktivierungs-Synthese-Hypothese von Hobson und McCarley ist am nützlichsten als Erklärung für Prozesse, die bei der Hypnose ablaufen.

15   Während der Achtsamkeitsmeditation lernt man, Gedanken und Erinnerungen durch den Geist ziehen zu lassen, ohne auf sie zu reagieren.

16   Psychoaktive Substanzen sind Chemikalien, die mentale Prozesse und Verhalten beeinflussen, indem sie das Bewusstsein vorübergehend verändern.

17   Streng genommen kann jemand eine psychologische Abhängigkeit und einen Suchtdruck für eine Droge empfinden, ohne eine Abhängigkeit zu entwickeln.

18   Sucht ist das Ergebnis von Toleranz und physiologischer Abhängigkeit.

19   Cannabinoide binden im Gehirn an Serotonin.

20   Barbiturate gehören zu den Beruhigungsmitteln.

21   Alkohol kann in geringen Dosen zu einer Erhöhung der Reaktionsgeschwindigkeit führen.

5.4   Lückentext-Aufgaben

1   _____ sind Erinnerungen, die dem Bewusstsein nur zugänglich sind, nachdem etwas Ihr Bewusstsein auf sie gelenkt hat.

2   In einer Studie tragen ProbandInnen Geräte, die ihnen signalisieren, wann sie ihre Gefühle und Gedanken berichten sollen. Dabei kommt die Methode der _____ zur Anwendung.

3   Ein Kind, das plötzlich in einem Zustand größter Anspannung aufwacht und dabei häufig auch einen panischen Schrei ausstößt, erlebt einen _____.

4 ForscherInnen sind der Ansicht, dann man Menschen je nach bevorzugten Schlaf- und Wachgewohnheiten _____ zuordnen kann.

5 Ein Drogensüchtiger braucht von seiner Droge eine immer größere Dosis, um in den erwünschten Zustand zu gelangen. Dies steht in Zusammenhang mit physiologischer Abhängigkeit und wird bezeichnet als _____.

5.5 Essayfragen

1 Schon wieder hat Ihre Dozentin Sie mit einer Frage aufgeschreckt, als Sie in Gedanken ganz woanders waren. Sie versuchen, sich aus der Affäre zu ziehen, haben damit aber keinen Erfolg. Damit Sie der Frage auf die Schliche kommen, bittet Ihre Dozentin Sie, ein Essay über das Bewusstsein zu schreiben. Dafür sollen Sie zunächst bewusste mit unbewussten Prozessen vergleichen, um dann vorbewusste Erinnerungen und das Unbewusste zu erläutern. Es soll ersichtlich sein, wozu wir Bewusstsein benötigen.

2 Eines Nachts träumen Sie, Sie seien ein/e weltberühmte/r SchlafforscherIn. Beschreiben Sie, was Sie durch ihre Schlafstudien gelernt haben. Gehen Sie auf zirkadiane Rhythmen ein, die physiologischen Veränderungen, die den Schlaf begleiten, und geben Sie Beispiele für die verschiedenen Schlafstörungen.

3 Beschreiben Sie Träume. Welche Theorien versuchen zu erklären, weshalb Menschen träumen? Gehen Sie auf die Bedeutung des REM-Schlaf-Schlafs ein. Was ist ein luzider Traum und wie verhält er sich zu den besagten Theorien?

4 In jeder Kultur gibt es Menschen, die die Grenzen des Bewusstseins ausdehnen und veränderte Bewusstseinszustände erfahren wollen. Welche Möglichkeiten bestehen hinsichtlich des Ausdehnens der normalen Bewusstseinsgrenzen? Beschreiben Sie die Möglichkeiten und bringen Sie in Ihren Ausführungen Informationen über luzides Träumen, Hypnose, Meditation und psychoaktive Drogen unter.

5 Obwohl es viele positive Einsatzgebiete für psychoaktive Drogen gibt wie die Behandlung psychischer Störungen, nutzen viele Menschen Drogen, die ihnen nicht verschrieben wurden, um ihre physische und psychologische Gesundheit zu verbessern. Diskutieren Sie die physiologischen und psychologischen Folgen des Drogenkonsums, indem Sie sowohl illegale wie auch legale psychoaktive Substanzen einbeziehen. Vergessen Sie nicht, die vier Kategorien psychoaktiver Substanzen aufzuführen.

5.6 Lösungen

5.6.1 Antworten auf die Verständnisfragen

1 Ein Gedächtnisinhalt ist vorbewusst, wenn er gegenwärtig nicht Teil des Bewusstseinsinhalts ist, aber leicht dazu werden könnte.

2 Freud vermutete, dass einige Ideen oder Motive ins Unbewusste verdrängt werden können, sofern sie als ausreichend bedrohlich wahrgenommen werden.

3 Forscherinnen und Forscher fordern Probandinnen und Probanden dazu auf, ihre Gedanken zu äußern, während sie bestimmte Aufgaben ausführen.

4 Das Bewusstsein ermöglicht Ihnen, klare Entscheidungen darüber zu treffen, welche Informationen Sie ins Gedächtnis zu übernehmen versuchen sollten.

5 Eine kulturelle Konstruktion der Realität ist eine Weltsicht, die von den meisten Angehörigen einer bestimmten Menschengruppe geteilt wird.

6 Um nach Objekten zu suchen, die aus einer Kombination mehrerer Merkmale bestehen, müssen Menschen selektiv, also auch bewusst, Aufmerksamkeit aufbringen.

7 Jetlag kommt zustande, weil der innere zirkadiane Rhythmus nicht mit der Umgebungszeit synchronisiert ist.

8 In der frühen Nacht hat man vergleichsweise mehr NREM-Schlaf, in der späten Nacht dagegen mehr REM-Schlaf.

9 NREM-Schlaf dient der Konservierung und Konsolidierung des Gedächtnisses.

10 Schlafapnoe ist eine Schlafstörung, bei der die Betroffenen während des Schlafens kurzzeitig aufhören zu atmen.

11 Der latente Trauminhalt ist die zugrunde liegende Bedeutung, die von der Traumzensur verborgen worden ist.

12 Frühere Zwillingsstudien legten nahe, dass die Hypnotisierbarkeit eine genetische Komponente besitzt; die Forschung hat inzwischen mit der Identifikation spezifischer Gene begonnen, die diesem Einfluss zugrunde liegen.

13 Manche Menschen praktizieren konzentrative Meditation, andere dagegen achtsame Meditation.

14 Drogentoleranz bezeichnet den Umstand, dass ein Mensch immer größere Mengen derselben Droge benötigt, um einen gleichbleibenden Effekt zu erzielen.

15 Drogen wie Heroin legen sich an dieselben Rezeptoren des Gehirns an wie die endogenen Opiate.

16 Nikotin ist ein Beispiel für ein Stimulans.

5.6.2 Antworten auf die Multiple-Choice-Fragen

1	b	**7**	c	**13**	c
2	c	**8**	d	**14**	b
3	c	**9**	a	**15**	d
4	a	**10**	c	**16**	c
5	d	**11**	d	**17**	d
6	c	**12**	b	**18**	c

19	b	26	b	33	c
20	b	27	a	34	d
21	d	28	d	35	d
22	b	29	c	36	c
23	d	30	d	37	d
24	d	31	c	38	c
25	c	32	d		

5.6.3 Antworten auf die „Richtig oder falsch?"-Fragen

1	Richtig	8	Richtig	15	Richtig
2	Falsch	9	Falsch	16	Richtig
3	Richtig	10	Richtig	17	Richtig
4	Falsch	11	Richtig	18	Richtig
5	Richtig	12	Falsch	19	Falsch
6	Richtig	13	Richtig	20	Richtig
7	Richtig	14	Falsch	21	Richtig

5.6.4 Antworten zu den Lückentext-Aufgaben

1 Vorbewusste Erinnerungen

2 Erfahrungsstichprobe

3 Pavor nocturnus

4 Chronotypen

5 Toleranz

5.6.5 Lösungshinweise zu den Essayfragen

1 Bewusstsein ist ein ambivalenter Begriff. Geben Sie für Folgendes eine Definition: Bewusstsein, unbewusste Prozesse, vorbewusste Erinnerungen und das Unbewusste. Erläutern Sie den Nutzen des Bewusstseins, beispielsweise seine Rolle beim Überleben oder die individuelle sowie kulturelle Konstruktion von Realität.

2 Wir haben eine innere Uhr, nach der sich unser Körper richtet. Diskutieren Sie zirkadiane Rhythmen. Hängen sie von externen Hinweisreizen ab? Gehen Sie auch auf Ereignisse ein, die zirkadiane Rhythmen stören können. Schließen Sie Schlafzyklen ein und erwähnen Sie jede einzelne Phase des Schlafs und wie sie in den Zyklus gehört. Geben Sie Beispiele für Schlafstörungen wie Insomnie, Narkolepsie oder Albträume.

3 Wann treten Träume am häufigsten auf? Stellen Sie zwei Theorien vor, die beschreiben, weshalb wir träumen und erklären Sie den REM-Schlaf-. Wofür steht REM-Schlaf und inwieweit unterscheidet sich dieser paradoxe Schlafzustand im Bezug auf das Träumen vom NREM-Schlaf? Definieren Sie luzide Träume und diskutieren Sie den Gedanken, dass diese Menschen ermöglichen, „über unkontrollierbare Ereignisse Kontrolle auszuüben".

4 Veränderte Bewusstseinszustände transzendieren die normalen Grenzen der Bewusstseinserfahrung. Definieren und beschreiben Sie luzides Träumen. Diskutieren Sie Hypnose und Suggestibilität. Meditation hilft, die Selbstwahrnehmung zu verfeinern. Erklären Sie, wie ihr das gelingt. Wie wirken Drogen auf das Bewusstsein? Erwähnen Sie Toleranz und Abhängigkeit.

5 Geben Sie eine Definition für psychoaktive Drogen und beschreiben Sie die vier Kategorien. Führen Sie für jede Kategorie Beispiele für den gesetzlich zulässigen Einsatz von Drogen und für illegale sowie ungesunde Anwendungsgebiete. Beschreiben Sie psychologische Abhängigkeit, physiologische Abhängigkeit, Sucht und Toleranz sowie Entzugserscheinungen.

Lernen und Verhaltensanalyse

6

ÜBERBLICK

6.1   Verständnisfragen

1 Was ist mit der Unterscheidung von Lernen und Leistung gemeint?

2 Wie definiert man „Habituation"?

3 Warum betonte Watson das Studium beobachtbaren Verhaltens?

4 Was ist eines der Hauptziele der Verhaltensanalyse?

5 Welche Rolle spielen Reflexe in der klassischen Konditionierung?

6 Welcher Unterschied besteht zwischen UCS und CS?

7 Was bedeutet Reizdiskrimination?

8 Warum ist Kontingenz in der klassischen Konditionierung so wichtig?

9 Worin besteht die konditionierte Reaktion, wenn klassische Konditionierung eine Rolle in der Drogenabhängigkeit spielt?

10 Was macht Geschmacksaversionslernen als konditionierte Reaktion ungewöhnlich?

11 Was versteht man unter dem Gesetz des Effekts?

12 Wie beeinflussen Verstärkung und Bestrafung die Wahrscheinlichkeit des Auftretens von Verhaltensweisen?

13 Welche Rolle spielen diskriminative Reize in der operanten Konditionierung?

14 Welcher Unterschied besteht zwischen fixierten Quotenplänen und fixierten Intervallplänen bei der Verstärkung?

15 Was bedeutet „Shaping"?

16 Wofür steht Instinktverschiebung?

17 Welche Folgerungen zog Tolman aus seiner grundlegenden Arbeit?

18 Welche Belege zeigen, dass Tauben die Konzepte „gleich versus verschiedenartig" lernen können?

19 Was bedeutet mittelbare Verstärkung?

20 Warum sollte man den Fernsehkonsum von Kindern im Kontext von Beobachtungslernen betrachten?

6.2   Multiple-Choice-Fragen

1 Lernen kann als Prozess nur stattfinden durch

    a. Versuch und Irrtum.

    b. positive und negative Konsequenzen.

    c. klassisches Konditionieren.

    d. Erfahrung.

2 Sie enthalten Ihrem Hund Futter vor, bevor Sie ihm beibringen, sich auf Kommando hinzusetzen. Futter erhält er erst, wenn er sich auf den Boden setzt, nachdem sie seinen Rücken berührt haben. Recht bald setzt Ihr Hund sich zuverlässig hin. Skinner zufolge ist das Verhalten Ihres Hundes darauf zurückzuführen,

a. dass er das Futter möchte.

b. dass er sich extrem hungrig fühlt.

c. dass er über eine angeborene Intelligenz, eine Problemlösefähigkeit und Motivation verfügt.

d. Entzug und den Einsatz des Futters als Verstärker.

3 Eine Forscherin sieht sich als Verhaltensanalytikerin. Sie erforscht die Psychologie des Lernens, wobei sie auf Menschen und Tiere als Versuchsobjekt zurückgreift. Wahrscheinlich ist die Forscherin der Ansicht, dass

a. es wenig konsistente Gesetzmäßigkeiten gibt, denen das Verhalten von Tieren unterliegt.

b. die Lerngesetze universell sind, also auf alle Tierarten (Menschen eingeschlossen) zutreffen.

c. Menschen sich von anderen Tierarten unterscheiden und eigenen Lerngesetzen gehorchen.

d. es eine kleine Überlappung von Lerngesetzen gibt, die sowohl auf Menschen als auch auf Tiere zutreffen.

4 B. F. Skinner argumentierte, dass alles Verhalten verstanden werden kann im Sinne von

a. internen mentalen Zuständen eines Organismus.

b. genetischer Vorbestimmung.

c. einfachen Formen des Lernens aus Umweltstimuli.

d. einer Interaktion zwischen Motivation und Persönlichkeit.

5 Klassisches Konditionieren ist eine Form des Lernens, bei der ein Organismus eine neue Assoziation lernt zwischen

a. einem Stimulus und einer Reaktion.

b. einer Reaktion und einem Stimulus.

c. zwei Reaktionen.

d. zwei Stimuli.

6 Welche der folgenden Verhaltensweisen ist am wahrscheinlichsten durch den Prozess des klassischen Konditionierens erlernt worden?

a. Blinzeln, wenn Licht ins Auge fällt

b. Vom Fahrrad fallen, wenn Sie über ein Hindernis fahren

c. Zusammenzucken, wenn Sie den Bohrer beim Zahnarzt hören

d. Nießen, wenn etwas Sie in Ihrer Nase irritiert

7 All diese Aussagen zur Karriere von Ivan Pavlov sind zutreffend BIS AUF

a. Er gewann einen Nobelpreis für seine Arbeit zur Verdauung.

b. Seine Beobachtung klassischen Konditionierens war einem Zufall geschuldet.

c. Er war lediglich im Feld der Psychologie ausgebildet.

d. Ihm gelang die Entwicklung einer Forschungsstrategie zur Untersuchung von Konditionierung.

8 Angenommen, Sie würden eins von Pavlovs frühen Experimenten zum klassischen Konditionieren beobachten. Was passiert als nächstes, nachdem einem Hund ein Geschirr angelegt wurde?

a. Ein Ton erklingt und dann läutet eine Glocke.

b. Wenn der Hund eine Orientierungsreaktion zeigt, erhält er Futter.

c. Ein Ton erklingt und der Hund erhält etwas Futter.

d. Wenn der Hund bellt, erhält er einen elektrischen Stromstoß.

9 In einem typischen Experiment zum klassischen Konditionieren wird ein konditionierter Stimulus

a. wiederholt gepaart mit der unkonditionierten Reaktion (UCR).

b. wiederholt gepaart mit dem konditionierten Stimulus (CS).

c. nicht mit einem anderen Stimulus gepaart.

d. wiederholt gepaart mit dem unkonditionierten Stimulus (UCS).

10 Beim klassischen Konditionieren wird jeder Stimulus, der auf natürliche Weise ein reflexives Verhalten herbeiführt, als _____ Stimulus bezeichnet, und das hervorgerufene Verhalten nennt man _____ Reaktion.

a. reflexiver; Orientierungs-

b. konditionierter; unkonditionierter

c. konditionierter; konditionierter

d. unkonditionierter; unkonditionierter

11 Beim klassischen Konditionieren stellt die Natur die _____-Verbindung zur Verfügung, und Konditionierung sorgt für die _____-Verbindung.

a. UCS-CS; UCR-CR

b. UCS-UCR; CS-CR

c. UCR-CR; UCS-CS

d. CS-CR; UCS-UCR

12 Sie fühlen sich rundum wohl, während Sie im Seminarraum sitzen, aber als die Dozentin überraschend eine Abfrage ankündigt, spüren Sie unmittelbar, wie Ihr Puls zu rasen beginnt und wie sich ihr Magen zusammenzieht. Ihre Reaktion auf die Ankündigung der Dozentin ist vermutlich ein/e

a. konditionierte Reaktion.

b. unkonditionierte Reaktion.

c. Orientierungsreaktion.

d. unkonditionierter Stimulus.

13 Ein Kind wird von einem Hund gebissen, als es eine Zeitung ausliefern möchte. Als es sich am nächsten Tag dem Haus nähert, fühlt es sich ängstlich, obwohl es den Hund nirgendwo erblicken kann. Der CS ist in diesem Fall der

a. bellende Hund.

b. der Schmerz, nachdem es vom Hund gebissen wurde.

c. der Schmerz, den das Kind fühlt, als es sich an den Biss erinnert.

d. der Anblick des Hauses.

14 Bei der Spurenkonditionierung ...

a. wird der konditionierte Stimulus beseitigt, bevor man den unkonditionierten Stimulus präsentiert.

b. werden sowohl der konditionierte Stimulus als auch der unkonditionierte Stimulus zur gleichen Zeit präsentiert.

c. wird der unkonditionierte Stimulus beseitigt, bevor man den konditionierten Stimulus präsentiert.

d. werden sowohl der konditionierte Stimulus als auch die konditionierte Reaktion zur selben Zeit präsentiert.

15 Während Sie versuchen, in der Bibliothek zu lernen, werden Sie von zwei Studierenden abgelenkt, die sich darüber streiten, welches CS-UCS-Zeitintervall am effektivsten ist. Eine Studentin behauptet, dass eine Sekunde oder weniger am besten sei, der Student ist der Meinung, dass längere Intervalle von fünf bis fünfzehn Sekunden am besten funktionieren. Schlussendlich mischen Sie sich in die Unterhaltung ein und sagen:

a. Je kürzer das Intervall, desto besser.

b. Je länger das Intervall, desto besser.

c. Das optimale Intervall hängt am meisten von der Person ab, die konditioniert wird.

d. Das optimale Intervall hängt am meisten von der Reaktion ab, die konditioniert wird.

16 „Beim klassischen Konditionieren ist es wie beim Witzeerzählen, es kommt auf das Timing an." Hiermit meint der Autor des Lehrbuchs, dass

a. die konditionierte Reaktion und die unkonditionierte Reaktion zeitlich nahe genug beieinander liegen müssen, um als verbunden wahrgenommen zu werden.

b. die konditionierte Reaktion und die unkonditionierte Reaktion zeitlich weit genug auseinander liegen müssen, um als unverbunden wahrgenommen zu werden.

c. der konditionierte Stimulus und der unkonditionierte Stimulus zeitlich weit genug auseinander liegen müssen, um als unverbunden wahrgenommen zu werden.

d. der konditionierte Stimulus und der unkonditionierte Stimulus zeitlich nah genug beieinander liegen müssen, um als verbunden wahrgenommen zu werden.

17 Konditionierung ist in der Regel am effektivsten in einem _____-Paradigma, während sie in einem _____-Paradigma schwach abschneidet.

    a. verzögerten; Spuren-

    b. Spuren-; verzögerten

    c. Rückwärts; verzögerten

    d. verzögerten; Rückwärts

18 Ein Mädchen konditioniert ihren Hund zu blinzeln, indem sie ihm in die Augen pustet, kurz nachdem sie „Blinzel" gesagt hat. Leider durchkreuzt ihr Papagei ihre Pläne und sagt den ganzen Tag, wenn das Mädchen nicht zu Hause ist, „Blinzel". Als sie zurückkommt, sagt sie zum Hund „Blinzel", aber er gehorcht nicht. Anscheinend

    a. steht der Hund nun unter der Kontrolle des Papageis.

    b. ist es zu einer Spontanremission gekommen.

    c. hat sich das Verhalten des Hundes generalisiert.

    d. hat Extinktion stattgefunden.

19 Der Prozess der _____ erweitert die Bandbreite an Stimuli, auf die eine konditionierte Reaktion erfolgt, wohingegen _____ die Bandbreite an Stimuli, auf die eine konditionierte Reaktion erfolgt, verringert oder schmälert.

    a. Extinktion; Spontanremission

    b. Spontanremission; Extinktion

    c. Stimulusdiskriminierung; Stimulusgeneralisierung

    d. Stimulusgeneralisierung; Stimulusdiskriminierung

20 Ein Forscher verbindet in einem Konditionierungsexperiment einen Ton von 1200 Hz mit einem elektrischen Schock. In manchen Durchgängen spielt er einen Ton von 1000 oder 1500 Hz ab, ohne dass ein Schock folgt. Das Verfahren, das er anwendet, ähnelt der Methode, mit der _____ angestrebt wird.

    a. Blockieren

    b. Spurenkonditionierung

    c. Stimulusdiskriminierung

    d. Stimulusgeneralisierung

21 In Robert Rescorlas Experiment legten die einem Kontingenztraining ausgesetzten Hunde ein Verhalten an den Tag,

    a. bei dem sie bei Anwesenheit des Tons häufiger sprangen als die Hunde in der Zufallsgruppe.

    b. bei dem sie bei Anwesenheit des Tons seltener sprangen als die Hunde in der Zufallsgruppe.

    c. bei dem sie bei Anwesenheit des Tons genauso häufig sprangen wie die Hunde in der Zufallsgruppe.

    d. von dem Schock, den der Ton verursachte, traumatisierter waren als die Hunde in der Zufallsgruppe.

22 Die Ergebnisse der Studie von Robert Rescorla zur Bedeutung der Kontingenz im klassischen Konditionieren stehen in Analogie zur Alltagssituation, dass Menschen

a. die Alarmanlage an Autos ignorieren, weil sie sich bei der Vorhersage von Einbruchsversuchen nicht als verlässlich erwiesen haben.

b. eine Tür benutzen, auf der „Kein Zutritt" steht, wenn sie andere beim Nutzen der Tür beobachten.

c. anhand des Bauchgefühls Wettervorhersagen treffen.

d. Horoskopen Glauben schenken, die auf Zufallstreffern basieren.

23 Angenommen, Tiere im Labor würden lernen, dass ein Ton Nahrungszufuhr ankündigt. Dann wird als zweiter konditionierter Stimulus ein Licht hinzugefügt und es folgen zusätzliche Durchgänge zusammen mit dem Futter. Wenn die Tiere nun in einem Durchgang ausschließlich dem Licht ausgesetzt sind, werden sie

a. beim Licht mehr Speichelfluss entwickeln als in der Bedingung, in der die Tiere außerdem einem Ton ausgesetzt waren.

b. beim Licht genauso viel Speichelfluss entwickeln wie in der Bedingung, in dem sie lediglich einem Ton ausgesetzt waren.

c. beim Licht Speichelfluss entwickeln, aber weniger schnell als in der Tonbedingung.

d. auf das Licht nicht mit Speichelfluss reagieren.

24 Nachdem Watson und Rayner beim kleinen Albert konditionierte Angst erzeugt hatten, fanden sie heraus, dass

a. sich seine Angst auf andere pelzartige Objekte generalisierte.

b. er stark masochistische Tendenzen entwickelt hatte.

c. es recht einfach war, die experimentell konditionierte Angst zu entfernen.

d. er nur vorgegeben hatte, Angst zu haben.

25 Wenn Menschen Drogen wiederholt unter denselben Bedingungen zu sich nehmen, reagiert der Körper mit Gegenmaßnahmen, die darauf abzielen, eine Homöostase wiederherzustellen. In der Terminologie des klassischen Konditionierens handelt es sich bei diesen Gegenmaßnahmen gegenüber der Droge um _____, und das Setting, in dem die Droge eingenommen wird, ist _____.

a. die konditionierte Reaktion; die unkonditionierte Reaktion

b. den konditionierten Stimulus; die kompensatorische Reaktion

c. die unkonditionierte Reaktion; der konditionierte Stimulus.

d. den unkonditionierten Stimulus; die unkonditionierte Reaktion

26 Jemand mit einer Drogensucht setzt sich seinen Schuss immer im Hause seiner Freundin. Am Tag, als sie sich trennen, injiziert er sich seine gewohnte Dosis Heroin, aber in diesem Fall befindet er sich bei sich zu Hause. Basierend auf den Forschungsergebnissen von Shepard Siegel

a. besteht eine höhere Wahrscheinlichkeit, dass der Süchtige überdosiert.

b. besteht eine geringere Wahrscheinlichkeit, dass der Süchtige überdosiert.

c. wird sich die Wirkung von den anderen Malen nicht unterscheiden.

d. wird die Sucht des Drogensüchtigen abnehmen.

27 Ein junger Mann mag nicht das Gefühl, betrunken zu sein. Wenn er Alkohol trinkt, hält er sich aus diesem Grund stets zurück. Ausgehend von den Ergebnissen Shepard Siegels ist davon auszugehen, dass

a. er es auch vermeidet, unter freiem Himmel zu trinken.

b. er nur mit guten Freunden trinkt.

c. er es vermeidet, neben dem Trinken auch zu rauchen.

d. er es vermeidet, an ungewohnten Plätzen zu trinken.

28 Angenommen, Sie würden eine Ratte dahingehend konditionieren, dass sie auf einen zuvor neutralen Stimulus mit Schmerz reagiert. Basierend auf der Arbeit von John Garcia und Robert Koelling wird Ihnen das Hervorrufen der Schmerzreaktion vermutlich am ehesten misslingen, wenn Sie _____ als neutralen Stimulus einsetzen.

a. süßes Wasser

b. Lärm

c. ein helles Licht

d. ein helles Licht und Lärm

29 Ein Lehrer schickt eine Schülerin aus dem Klassenzimmer, weil sie die Mitschülerinnen ablenkt. Er sagt ihr, dass sie in fünfzehn Minuten ins Klassenzimmer zurückkehren kann und dass er von ihr erwartet, dass sie sich nach ihrer Rückkehr still verhält. Doch nach ihrer Zwangspause stört sie den Unterricht noch mehr. Was können Sie aus diesem Beispiel schließen?

a. Der Lehrer hat Bestrafung eingesetzt, um das Verhalten der Schülerin unter Kontrolle zu halten.

b. Das Verhalten der Schülerin ist ein Beispiel für positive Bestrafung.

c. Das Verhalten der Schülerin ist ein Beispiel für negative Bestrafung.

d. Der Lehrer dachte, er würde bestrafen, dabei hat er in Wirklichkeit das Verhalten der Schülerin verstärkt.

30 Eine Tennisspielerin hat gelernt, dass ein Lupfer aussichtsreich ist, wenn ihre Gegnerin nah am Netz steht. Wenn sie registriert, dass ihre Gegnerin sich dem Netz nähert, ist das _____, der/die sie einen gelupften Ball schlagen lässt.

a. eine Dreifachkontingenz

b. ein diskriminativer Stimulus

c. eine konditionierte Reaktion

d. ein sekundärer Gewinn

31 Eine Frau hält sich an ihre Neujahrsvorsätze. Jeden Morgen fertigt sie eine Liste an mit den Dingen, die sie an dem Tag erledigen möchte. Dann fängt sie an, die Dinge zu erledigen, wobei sie sich zunächst den Sachen widmet, zu denen sie am wenigsten Lust hat. Die attraktivsten Dinge erledigt sie ganz am Schluss. Die Frau macht sich _____ zunutze.

a. Shaping durch schrittweise Annäherung.

b. einen Verstärkerplan.

c. Theorie des Reaktionsentzugs.

d. eine biologische Einschränkung.

32 Jeden Abend ruft ein Callcentermitarbeiter zur Essenszeit an und versucht, ihnen Dinge anzudrehen, die sie nicht benötigen. Im Durchschnitt gelingt ihm das bei jedem 72. Anruf. An Freitagen gönnt er sich abends ein saftiges Steak, um sich zu belohnen. Sein Erfolg folgt einem _____ der Verstärkung, sein Belohnungsessen ist den _____ zuzurechnen.

a. fixierten Intervallplan; variablen Quotenplänen

b. fixierten Quotenplan; variablen Intervallplänen

c. variablen Quotenplan; fixierten Intervallplänen

d. variablen Intervallplan; fixierten Quotenplänen

33 Ein Lehrer lässt in seinem Kurs während des Semesters fünf unangekündigte Prüfungen schreiben. Wenn Sie jeden Tag vor dem Kurs Ihre Notizen durchgehen, werden Sie gemäß einem _____ verstärkt.

a. fixierten Intervallplan

b. FR-1-Plan

c. variablen Intervallplan

d. FR-5-Plan

6.3 Richtig oder falsch?

1 Gelerntes Verhalten beinhaltet keine Veränderungen, die schlichtweg mit physischer Reifung einhergehen.

2 Die Forschungen von Robert Rescorla untermauerten Pavlovs Idee, dass klassisches Konditionieren mit einer Paarung von konditioniertem Stimulus und unkonditioniertem Stimulus auskommt.

3 Die Forschung hat bestätigt, dass Menschen, die an einer Drogensucht leiden, an einer Überdosis sterben können, obwohl sie ihre gewohnte Dosis unterschritten haben.

4 Das Erlernen von Geschmacksaversionen braucht unter Umständen lediglich einen einzigen Durchgang.

5 Operantes Konditionieren ist eine Art des Lernens, bei der die Wahrscheinlichkeit eines Verhaltens durch Verändern der damit einhergehenden Konsequenzen variiert.

6 Positive Verstärker erhöhen die Wahrscheinlichkeit eines Verhaltens, wohingegen negative Verstärker die Wahrscheinlichkeit eines Verhaltens verringern.

7 Das Anschnallen zu lernen, weil man den nervigen Ton vermeiden möchte, mit dem einen das Auto ansonsten an das Versäumnis erinnert, ist ein Beispiel für negative Verstärkung.

8 Bestrafung hat im Wesentlichen denselben Effekt auf Verhalten wie negative Verstärkung.

9 Verhalten, das durch partielle Verstärkerpläne erlernt wurde, ist Extinktionen gegenüber weniger robust als Verhalten, dem kontinuierliche Verstärkung zugrunde liegt.

10 Angenommen, Sie wären ein Verkäufer, dessen Gehalt einzig und allein davon abhängt, wie viele Gegenstände Sie jede Woche verkaufen. Da einige Wochen besser laufen als andere, wird das Salär vermutlich einem fixierten Quotenplan folgen.

11 Bei einem fixierten Intervallplan gibt es einen Verstärker für die erste Reaktion nach einem zuvor festgelegten Zeitintervall.

12 Angenommen, Sie hätten sich entschieden, Shaping zu nutzen, um einer Ratte das Betätigen eines Hebels beizubringen. Damit das Shaping Erfolg hat, sollten Sie sichergehen, dass Sie sich jegliche Verstärkung für den Moment aufsparen, wenn die Ratte den Hebel komplett herunterdrückt.

13 Verhalten, das durch Instinktverschiebungen beeinflusst wird, übersteuern Verhaltensveränderungen, die durch operantes Konditionieren zustande gekommen sind.

14 Studien von Edward Tolman zeigten, dass lediglich Menschen in der Lage sind, interne kognitive Landkarten zu formen.

6.4 Lückentext-Aufgaben

1 Der Unterschied zwischen dem, was gelernt wurde, und dem, was jemand wirklich ausführt, gilt als

2 Wenn Sie spätabends Fernsehen, mag es Ihnen passieren, dass Sie beim Anschauen eines Werbespots für Fast-Food vermehrten Speichelfluss wahrnehmen. Geht es im Werbespot hingegen um Hundefutter, wird Ihnen das nicht passieren. Dies liegt an _____, einem Konditionierungsprozess, bei dem ein Organismus anders auf Reize zu reagieren lernt, die sich vom konditionierten Stimulus unterscheiden.

3 Skinner bezeichnete die Abfolge von diskriminativem Reiz, Verhalten und Konsequenz als _____ und war der Ansicht, sie könne die meisten der menschlichen Verhaltensweisen erklären.

4 Bei einem _____ erfolgt der Verstärker nach einer Reihe von Reaktionen.

5 In klassischen Studien mit Tieren setzten Keller und Marion Breland operante Konditionierungstechniken für das Training ein. Auch wenn Tiere sich operante Reaktionen perfekt aneigneten, machten diese schrittweise einem Fehlverhalten Platz, was einer als _____ bezeichneten Tendenz zugeschrieben wurde.

6 ForscherInnen, die _____ studieren, verfolgen die Entwicklung kognitiver Fähigkeiten im Vergleich verschiedener Spezies – und sie untersuchen, welche Fähigkeiten Tiere und Menschen teilen.

6.5 Essayfragen

1 Beschreiben Sie die Hauptmerkmale eines typischen Experiments zur klassischen Konditionierung, einschließlich der vier Zeitphasen, die Pavlov genutzt haben könnte. Unterscheiden Sie zwischen Extinktion, Spontanremission und Stimulusgeneralisierung. Vergleichen Sie anschließend Pavlovs Sichtweise zur Kontiguität mit jüngeren Erklärungen zur Konditionierung.

2 Diskutieren Sie, weshalb klassisches Konditionieren ein nützliches Modell ist, um emotionale Verhaltensweisen wie Angst und Drogensucht zu erklären.

3 Was ist das Gesetz des Effekts? Diskutieren Sie, was mit Verstärkungskontingenzen gemeint ist und erklären Sie, wie Verstärkung und Bestrafung sich auf die Wahrscheinlichkeit eines Verhaltens auswirken. Beschreiben Sie den Unterschied zwischen variablen Quoten- und variablen Intervallplänen der Verstärkung.

4 Instinktverschiebung und das Lernen von Geschmacksaversionen sind zwei interessante Ergebnisse der Forschung an Tieren, die PsychologInnen dazu bewogen haben, die Allgemeingültigkeit der Konditionierungsprinzipien für jedweden Reiz, der Gegenstand einer Studie werden könnte, in Frage zu stellen. Definieren und vergleichen Sie diese beiden Phänomene. Beschreiben Sie, wie sie jeweils entdeckt wurden und welche theoretische Relevanz sie aufweisen.

5 Diskutieren Sie, was ForscherInnen über die kognitiven Fähigkeiten von Tieren herausgefunden haben. Widmen Sie dabei besonderes Augenmerk den kognitiven Landkarten und konzeptuellem Verhalten.

6.6 Lösungen

6.6.1 Antworten auf die Verständnisfragen

1 Die Unterscheidung zwischen Lernen und Leistung berücksichtigt, dass das Verhalten (hier die Leistung) eines Menschen nicht immer alles Gelernte widerspiegelt.

2 Habituation ist eine Abschwächung der Verhaltensreaktion eines Organismus bei wiederholtem Auftreten eines Stimulus.

3 Er argumentierte, dass die persönlichen Erfahrungen eines Menschen zu subjektiv seien, um mit wissenschaftlicher Strenge erforscht zu werden.

4 Verhaltensforscher versuchen, Gemeinsamkeiten beim Lernen zu entdecken, die bei allen Tierarten und beim Menschen auftreten.

5 Die klassische Konditionierung beginnt mit Verhaltensweisen (wie Speicheln), die Reflexreaktionen auf unkonditionierte Stimuli (wie die Gabe von Futter) sind.

6 Der UCS ist der unkonditionierte Stimulus (unconditioned stimulus), der auch ohne Konditionierung eine Reaktion auslöst; der CS ist der konditionierte Stimulus (conditioned stimulus), der als Ergebnis einer Konditionierung eine Reaktion auslöst.

7 Reizdiskrimination bedeutet, dass der Organismus gelernt hat, eine konditionierte Reaktion auf einen kleineren Bereich konditionierter Stimuli auszulösen, als es normalerweise der Fall wäre.

8 Es reicht nicht, dass CS und UCS zeitlich nahe beieinanderliegen (Kontiguität); der UCS muss aus dem Auftreten des CS vorhersagbar sein (Kontingenz; Wenn-dann-Relation).

9 Die CR ist die kompensatorische Reaktion des Körpers auf die Effekte der Droge.

10 Geschmacksabneigungen entwickeln sich nur bei einem gepaarten Auftreten von CS und UCS und selbst bei einer großen zeitlichen Verzögerung zwischen CS und UCS. Sie bleiben häufig nach nur einer Erfahrung bestehen.

11 Das Gesetz des Effekts besagt, dass eine Reaktion, auf die befriedigende Konsequenzen folgen, wahrscheinlicher wird; eine Reaktion, auf die unbefriedigende Konsequenzen folgen, wird dagegen unwahrscheinlicher.

12 Verstärkung macht Verhaltensweisen wahrscheinlicher; Bestrafung macht sie unwahrscheinlicher.

13 Tiere lernen, dass Verhaltensweisen nur im Kontext bestimmter Stimuli Konsequenzen (Verstärkung oder Bestrafung) aufweisen – diese Stimuli sind die diskriminativen Stimuli.

14 In FR-Plänen wird immer dann ein Verstärker gegeben, wenn der Organismus eine festgelegte Anzahl von Reaktionen gezeigt hat. In FI-Plänen wird dagegen ein Verstärker gegeben, wenn der Organismus nach einer festgelegten Zeit zum ersten Mal eine Reaktion zeigt.

15 Shaping ist eine Methode, mit der ein Organismus eine Verhaltensweise durch aufeinanderfolgende Annäherungen lernen kann.

16 Instinktverschiebung ist die Tendenz erlernten Verhaltens, sich mit der Zeit in Richtung instinktiver Verhaltensweisen zu bewegen.

17 Tolman schloss, dass seine Ratten kognitive Pläne für die Labyrinthgrundrisse entwickelten.

18 Tauben können lernen, auf einen Kreis zu picken, bei dem die Farbe sich verändert hat.

19 Mittelbare Verstärkung liegt vor, wenn das Verhalten eines Menschen wahrscheinlicher wird, nachdem er oder sie die Verstärkung des Verhaltens eines anderen Menschen beobachtet hat.

20 Die Forschung deutet darauf hin, dass Kinder, die Zeugen einer großen Zahl aggressiver Handlungen werden, selbst lernen aggressiv zu sein.

6.6.2 Antworten auf die Multiple-Choice-Fragen

1 d	**12** a	**23** d
2 d	**13** d	**24** a
3 b	**14** a	**25** c
4 c	**15** d	**26** a
5 d	**16** d	**27** d
6 c	**17** d	**28** a
7 c	**18** d	**29** d
8 c	**19** d	**30** b
9 d	**20** c	**31** c
10 c	**21** a	**32** c
11 b	**22** a	**33** c

6.6.3 Antworten auf die „Richtig oder falsch?"-Fragen

1 Richtig	**6** Falsch	**11** Richtig
2 Falsch	**7** Richtig	**12** Falsch
3 Richtig	**8** Falsch	**13** Richtig
4 Richtig	**9** Falsch	**14** Falsch
5 Richtig	**10** Falsch	

6.6.4 Antworten zu den Lückentext-Aufgaben

1 Unterschied zwischen Lernen und Leistung.

2 Reizdiskrimination

3 Dreifachkontingenz

4 fixierten Quotenplan

5 Instinktverschiebung

6 komparative Kognitionen

6.6.5 Lösungshinweise zu den Essayfragen

1 Identifizieren Sie den unkonditionierten Stimulus (UCS), konditionierten Stimulus (CS), die unkonditionierte Reaktion (UCR) und die konditionierte Reaktion (CR), erklären Sie dann die Verbindungen. Erklären Sie, wie die CR sich allmählich mit den Durchgängen etabliert. Diskutieren Sie den Vorgang des Lernens. Beschreiben Sie die verzögerte Konditionierung, die Spurenkonditionierung, die Rückwärtskonditionierung und die simultane Konditionierung. Identifizieren Sie das am weitläufigsten verwendete Paradigma. Diskutieren Sie die Extinktion, Spontanremission und Generalisierung. Gehen Sie darauf ein, inwiefern klassische Konditionierung komplexer ist, als Pavlov ursprünglich gedacht hatte.

2 Es gibt viele Umstände, unter denen wir uns wundern, warum wir solch eine starke emotionale Präferenz oder Aversion einer Sache gegenüber verspüren. Erklären Sie, wie dieses Phänomen sich zum klassischen Konditionieren verhält. Diskutieren Sie, wie jemand dem Paradigma des klassischen Konditionierens zufolge teilweise eine Sucht entwickeln kann. Schließen Sie die kompensatorische Reaktion in Ihrer Antwort mit ein.

3 Das Gesetz des Effekts geht davon aus, dass ein Verhalten, auf das zufriedenstellende Konsequenzen folgen, wahrscheinlicher wird, während ein Verhalten, das unangenehme Konsequenzen nach sich zieht, weniger wahrscheinlich wird. Diskutieren Sie Kontingenzen, Eigenschaften von Verstärkern und Verstärkerpläne. Identifizieren Sie den stärksten Plan. Geben Sie ein Beispiel, wie er die Wahrscheinlichkeit eines Verhaltens erhöhen könnte.

4 Instinktverschiebung meint, dass sich das erlernte Verhalten bei Tieren in Richtung instinktiven Verhaltens verschiebt, was die Bemühungen operanter Konditionierung übersteuert. Geschmacksaversion scheint ein adaptives Verhalten zu sein, das Tiere sowie Menschen davon abhält, ein Nahrungsmittel, das einmal zu Übelkeit geführt hat, erneut zu sich zu nehmen. Dafür genügt eine einmalige Erfahrung. Gehen Sie darauf ein, wie es jeweils zur Entdeckung kam und wie sich diese Information zur operanten Konditionierung verhält.

5 Kommen Sie auf das räumliche Gedächtnis, räumliche kognitive Landkarten und die drei Funktionen, denen räumliche kognitive Landkarten dienen, zu sprechen. Diskutieren Sie auch die Fähigkeit, Objekte zu kategorisieren, die manche Tierarten besitzen.

Gedächtnis

7

ÜBERBLICK

7.1 Verständnisfragen

1 Was ist der Unterschied zwischen explizitem und implizitem Gebrauch des Gedächtnisses?

2 Angenommen, Sie sind geübt im Jonglieren. Beruht Ihre Fertigkeit mehr auf dem deklarativem oder auf dem prozeduralen Gedächtnis?

3 Sie können sich plötzlich nicht mehr an das Passwort für Ihren E-Mail-Zugang erinnern. Welcher Gedächtnisprozess ist am wahrscheinlichsten für diese Schwierigkeit verantwortlich?

4 Warum glauben Forscher, dass das ikonische Gedächtnis eine große Kapazität besitzt?

5 Wie groß wird gegenwärtig die Kapazität des Kurzzeitgedächtnisses geschätzt?

6 Was versteht man unter dem Begriff Chunking?

7 Aus welchen Komponenten besteht das Arbeitsgedächtnis?

8 Geben die Umstände des Abrufs oder des Wiedererkennens generell zusätzliche Hinweisreize?

9 Warum erinnern Sie sich auf einer Party womöglich am besten an die erste Person, mit der Sie gesprochen haben?

10 Was bezeichnet der Begriff der transferadäquaten Verarbeitung im Hinblick auf das Gedächtnis?

11 Sie lernen diese Woche für Ihren Deutschkurs die Ballade „Die Bürgschaft" von Friedrich von Schiller auswendig. Danach können Sie das Gedicht der letzten Woche nicht mehr aufsagen. Ist dies ein Beispiel für proaktive oder retroaktive Interferenz?

12 Wie könnten Sie sich mithilfe der Methode der Orte an die Reihenfolge der Elemente im Periodensystem erinnern?

13 Worum geht es bei der Bewertung des Lernens?

14 Welche Beziehung besteht zwischen Kategorien und Konzepten?

15 Was behauptet die Exemplar-Theorie der Kategorisierung?

16 Welche drei Prozesse verursachen laut Frederic Bartlett Verzerrungen im rekonstruktiven Gedächtnis?

17 Wie demonstrierten Elizabeth Loftus und ihre KollegenInnen Falschinformationseffekte?

18 Welche Schlussfolgerung zog Karl Lashley über den Ort des Engramms?

19 Was ergab die Forschung über die Schädigung des impliziten Gedächtnisses bei Amnesiepatienten?

20 Was haben PET-Studien über die Basis von Enkodierung und Abruf episodischer Information im Gehirn ergeben?

7.2 Multiple-Choice-Fragen

1 Auf ihrem Weg zum 25. Jubiläum ihres Schulabschlusses fragt ein Mann seine Ehefrau, ob sie sich an den Namen des Klassenclowns in ihrem Abschlussjahrgang erinnern kann. Dies illustriert am besten

a. die Teilberichtsmethode.

b. die Ersparnismethode.

c. das prozedurale Gedächtnis.

d. einen expliziten Gebrauch des Gedächtnisses.

2 Welcher der folgenden Fehler ist am ehesten das Ergebnis einer production compilation?

a. Nach der Landeshauptstadt von Nordrhein-Westfalen gefragt, antworten Sie „Köln".

b. Sie müssen eigentlich noch bei der Post vorbei, aber als Sie Ihren gewohnten Heimweg einschlagen, vergessen Sie dies.

c. Nach einem Chinesischkurs vergessen Sie, wie das Futur II im Russischen gebildet wird.

d. Es fällt Ihnen schwer, das Drehbuch für ein Theaterstück zu lernen, an dem Sie mitwirken.

3 Beim Joggen im Park fällt Ihnen eine Familie auf, die auf der Wiese picknickt. Wenn sie ihren Blick von der Familie abwenden, wird das Picknickbild

a. augenblicklich verschwunden sein.

b. für etwa eine halbe Sekunde bleiben.

c. für etwa drei Sekunden bleiben.

d. für etwa fünf Sekunden bleiben.

4 In George Sperlings klassischer Studie zum ikonischen Gedächtnis, wurden ProbandInnen Felder mit drei Reihen gezeigt, in denen sich Buchstaben und Ziffern befanden. Im _____ Verfahren versuchten sie, sich an möglichst viele der Items zu erinnern. Im _____ Verfahren sollten sie lediglich eine Reihe erinnern.

a. mnemonischen; Ersparnis

b. linkshemisphärischen; rechtshemisphärischen

c. holistischen; analytischen

d. Ganzberichts-; Teilberichts-

5 Um herauszufinden, ob das ikonische Gedächtnis ein großes Fassungsvermögen hat, musste der Forscher George Sperling

a. das Abschneiden der ProbandInnen in der Teilberichtsmethode mit dem der ProbandInnen in der Ganzberichtsmethode vergleichen.

b. herausfinden, wie ProbandInnen in der Ganzberichtsmethode abschnitten.

c. das Abschneiden von ProbandInnen in der Ganzberichtsmethode mit früheren Studien zum Gedächtnis vergleichen.

d. das Abschneiden von ProbandInnen bei ikonischen Gedächtnisaufgaben mit dem Abschneiden von ProbandInnen bei eidetischen Bildaufgaben vergleichen.

6   Verglichen mit eidetischer Vorstellungskraft lässt sich über das ikonische Gedächtnis sagen, dass

   a. es mehr dem Betrachten einer Fotografie gleicht.

   b. Erinnerungen dort für sehr viel längere Zeit verbleiben.

   c. Erinnerungen dort für sehr viel kürzere Zeit verbleiben.

   d. es einem ermöglicht, sich an spezifische Details eines Bildes zu erinnern, das nicht mehr präsent ist.

7   Wenn jemand Sie fragen würde, wie viele Fenster sich in Ihrem Haus befinden, rufen Sie sich möglicherweise ein mentales Abbild Ihres Hauses ins Gedächtnis, um die Frage beantworten zu können. Der Perspektive von Alan Baddeley nach zu urteilen würde auf die Komponente _____ im Arbeitsgedächtnis zurückgegriffen, um das mentale Abbild abzurufen.

   a. der zentralen Exekutive

   b. des Navigationspiloten

   c. des visuell-räumlichen Notizblocks

   d. der phonologischen Schleife

8   Die Entscheidung, welchen Abschnitten einer Psychologievorlesung man seine Aufmerksamkeit schenkt, ist Aufgabe _____ im Arbeitsgedächtnis.

   a. der phonologischen Schleife

   b. des Navigationspiloten

   c. des visuell-räumlichen Notizblocks

   d. der zentralen Exekutive

9   Endel Tulving schlug als Erster die Unterscheidung des deklarativen Gedächtnisses in _____ Gedächtnis vor.

   a. episodisches und semantisches

   b. ikonisches und echoisches

   c. implizites und explizites

   d. semantisches und prozedurales

10   Im Laufe seines Lebens hat ein Physiker viele mathematische Gleichungen und Fakten gelernt. Diese Informationen werden vor allem in seinem _____ Gedächtnis aufbewahrt.

   a. semantischen

   b. prozeduralen

   c. episodischen

   d. sensorischen

11   Eine Studentin schreibt einen Geschichtstest. In einer Frage geht es um ein Attentat, das den Ersten Weltkrieg auslöste. Sie weiß, dass sie den Namen des Ermordeten kennt, kann ihn aber nicht abrufen. Eine nützliche Strategie bestünde für sie darin,

   a. eine ausführliche Liste anzulegen mit allen Namen, die sie kennt.

   b. zu versuchen, sich an den Kontext zu erinnern, in dem sie den Namen lernte.

    c. sich schnell der nächsten Frage im Test zuzuwenden.

    d. den erstbesten Namen hinzuschreiben, der ihr einfällt – auch, wenn sie sich nicht sicher ist.

12 Erinnerungen sind am besten abrufbar, wenn der Kontext des Abrufs dem der Enkodierung gleicht. Dies gilt als

    a. Ebenen der Verarbeitungstiefe-Effekt.

    b. Enkodierspezifität.

    c. serieller Positionseffekt.

    d. kontextuelle Unterscheidbarkeit.

13 In einem Experiment von Endel Tulving und Donald Thomson, das im Lehrbuch beschrieben wird, erhielten die Versuchspersonen zum Auswendiglernen eine Liste mit Wortpaaren, wobei ihnen gesagt wurde, sie müssten lediglich das zweite Wort eines jeden Paares behalten. Danach wurden sie gebeten, entweder auf einer neuen Liste jedes dieser Zweitwörter wiederzuerkennen oder sich anhand des ersten Wortes des Wortpaars an das jeweilige Wort zu erinnern. Das Ergebnis war, dass die Versuchspersonen

    a. Wörter besser erinnern konnten, wenn sie zu einer selbst generierten Liste gehörten.

    b. die Zweitwörter besser abrufen konnten, nachdem sie die jeweiligen Erstwörter zur Verfügung gestellt bekamen.

    c. bei den Wiedererkennungs- und den Abrufaufgaben gleichermaßen erfolgreich abschnitten.

    d. beim Erinnern erfolgreicher waren, wenn der Kontext des Erinnerns verändert wurde.

14 In einem im Lehrbuch vorgestellten Experiment lernten TaucherInnen Wortlisten entweder am Strand oder unter Wasser. Als die Behaltensleistung getestet wurde, erinnerten die TaucherInnen sich besser an Wortlisten, wenn sie

    a. unter Wasser waren.

    b. am Strand waren.

    c. unter Wasser waren, sofern sie die Wortlisten unter Wasser gelernt hatten.

    d. unter Wasser waren, sofern sie die Wortlisten am Strand gelernt hatten.

15 GedächtnistheoretikerInnen sind der Ansicht, dass sich Primacy- und Recency-Effekte am besten hinsichtlich _____ erklären lassen.

    a. ihrer Motivation

    b. ihrer Unterscheidbarkeit

    c. ihrer Aufmerksamkeit

    d. ihrer Proportionalität

16 Ausgehend von dem, was Sie über den seriellen Positionseffekt und Unterscheidbarkeit wissen, sollten Sie bei der Vorbereitung auf den Test zu diesem Kapitel

    a. mehr Zeit aufgewendet haben, den Anfang des Kapitels zu lernen – und versucht haben, ihn von anderen Teilen des Kapitels unterscheidbar zu machen.

b. mehr Zeit aufgewendet haben, den Mittelteil des Kapitels zu lernen – und versucht haben, ihn von anderen Teilen des Kapitels unterscheidbar zu machen.

c. mehr Zeit aufgewendet haben, das Ende des Kapitels zu lernen – und versucht haben, ihn von anderen Teilen des Kapitels unterscheidbar zu machen.

d. für alle Teile gleichviel Zeit aufgewendet und versucht haben, die Unterscheidbarkeit der einzelnen Teile zu minimieren.

17 In einer Studie, die im Lehrbuch vorgestellt wird, probierten Versuchspersonen, unter zwei Bedingungen Buchstabenlisten zu lernen. In einer Bedingung waren die Buchstabenpaare jeweils durch zwei Ziffern voneinander getrennt, die gelesen werden sollten, die zwischen den Buchstaben auf dem Computerbildschirm erschienen. In der anderen Bedingung hatte das erste Paar vier Ziffern und das letzte Paar hatte null Ziffern. Die ForscherInnen fanden heraus, dass

a. die Erinnerung an die frühen Items auf der Liste schlechter ist, wenn diese Items mehr voneinander getrennt worden sind.

b. die Erinnerung für Items der Liste mit einem proportionalen Abstand besser ausfällt.

c. der Recency-Effekt auftrat, weil die letzten Items nicht sehr unterscheidbar waren.

d. das Unterscheidbarmachen der Items wenig Einfluss auf das Abschneiden der Versuchspersonen hatte.

18 Eine Forscherin widmet sich dem Gedächtnis. Wenn es an die Erhebung dessen geht, was noch erinnert wird, sollte die Forscherin daran denken, dass

a. die Tiefe der Verarbeitung davon abhängen wird, welche Art von Einschätzung des Untersuchungsmaterials die Versuchspersonen vornehmen sollen.

b. jede Verarbeitungsebene mehr oder weniger dieselben Resultate hervorbringen wird.

c. implizite Erinnerungen nicht gemessen werden können.

d. Tests für implizite und explizite Erinnerungen tendenziell zu ähnlichen Ergebnissen führen.

19 Angenommen, Sie würden an einer Studie zum impliziten Gedächtnis teilnehmen. Wenn der Forscher eine _____-Aufgabe einsetzt, um herauszufinden, ob Sie mit dem Wort „Rakete" reagieren, dann wird man Ihnen die Buchstaben _____ als Reiz zeigen.

a. Wortstammergänzungs; „Lektom"

b. Identifizierungs; „Rak_____"

c. Fragmentergänzungs; „R_k_t_"

d. Wortstammergänzungs-; „Rak_____"

20 ForscherInnen, die das implizite Gedächtnis studieren, haben die Beziehung zwischen Enkodieren und Abruf erforscht, haben Priming verwendet, das auf physischen oder konzeptuellen Eigenschaften beruht. Sie kamen zu dem Schluss, dass

a. physisches Priming am besten funktioniert.

b. Priming am besten funktioniert bei der Wortstammergänzungsaufgabe.

c. es nicht von der initialen Enkodierung abhängt, welche Form des Primings am besten funktioniert.

d. das Priming am besten funktioniert, wenn die Prozesse des Enkodierens und Abrufs zueinanderpassen.

21 Was hiervon ist ein Beispiel für proaktive Interferenz?

a. Sie sprechen Ihren neuen Partner aus Versehen mit dem Namen Ihres alten Partners an.

b. Sie sprechen Ihre alte Partnerin aus Versehen mit dem Namen Ihrer neuen Partnerin an.

c. Nach dem Spanischlernen fällt es Ihnen schwer, sich an italienische Verben zu erinnern, die Sie davor gelernt haben.

d. Nachdem Sie Badminton gelernt haben, stellen Sie fest, dass beim Tennis ihre starke Rückhand ruiniert ist.

22 Ein Student versucht zum ersten Mal, sich die verschiedenen Teile eines Neurons einzuprägen. Wenn Sie hierbei die Strategie elaborierenden Wiederholens einsetzt, wird sie

a. die Komponenten eines Neurons so häufig wie möglich aufschreiben.

b. über die verschiedenen Teile des Neurons so viel lesen, wie ihr in die Hände fällt.

c. die verschiedenen Bestandteile des Neurons im Geiste wiederholen, nachdem sie etwas über sie gelesen hat.

d. sich vorstellen, dass das Neuron ein Mensch ist und dass die Körperteile den Bestandteilen des Neurons entsprechen.

23 Beim Lernen einer Liste, die später erinnert werden soll, assoziiert jemand jeden Gegenstand mit einer Folge von Reimen wie „Eins ist Heinz", „Zwei ist ein Schrei", „Drei ist Brei", „Vier ist ein Stier". Welche Mnemotechnik kommt hier zum Einsatz?

a. Die Methode der Orte (method of loci)

b. Die Wäscheleinemethode (peg-word method)

c. Das Metagedächtnis

d. Gefühl, etwas zu wissen

24 Den durchschnittlichen oder typischsten Vertreter einer konzeptuellen Kategorie nennt man

a. Schema.

b. Prototyp.

c. Exemplar.

d. Engramm.

25 Ein Kind nimmt ein Restaurant als einen Ort wahr, wo man hingeht, wenn man hungrig ist, wo man das Essen an einem Schalter bestellt, wo Mama dafür bezahlt, ehe man es erhält und wo man nach dem Essen auf dem Spielplatz spielt. Diese mentale Repräsentation eines Restaurants, die sich mit dem Alter vermutlich verändern wird, ist ein Beispiel für ein/-e/-n

a. Schema.

b. Engramm.

c. Prototypen.

d. Gedächtnishierarchie.

26 Als Sie versuchen, einem Freund die Rugbyregeln zu erläutern, fällt Ihnen auf, dass Sie Bezeichnungen aus dem American Football verwenden, mit dem Sie sich am besten auskennen. Wie nannte Bartlett diesen rekonstruktiven Prozess?

a. Assimilation

b. Nivellierung

c. Schärfen

d. Akkomodation

27 In einer Studie, die im Lehrbuch vorgestellt wird, wurden Collegeschülerinnen und –schüler gebeten, Handlungen entweder auszuführen oder sich bei der Ausführung vorzustellen. Bei einem späteren Gedächtnistest fanden die ForscherInnen heraus, dass die Studierenden

a. manchmal der festen Überzeugung waren, Handlungen ausgeführt zu haben, die sie sich nur vorgestellt hatten.

b. sich nur an das Ausführen bizarrer Handlungen erinnerten.

c. sich nur an das Ausführen einfacher Handlungen erinnerten.

d. dazu neigten zu glauben, sie hätten sich Handlungen, die sie tatsächlich ausführten, nur vorgestellt.

28 In einer Studie von Elizabeth Loftus et al. Zum Gedächtnis von Augenzeugen wurde Versuchspersonen ein Autounfall gezeigt. Bei einer Testung eine Woche später zeigte sich, dass die Erinnerungen daran, ob man nach dem Unfall zersprungenes Glas gesehen hatte, am meisten davon beeinflusst waren,

a. ob jemand Bilder vom Unfall gesehen hatte.

b. ob man danach fragte, bei welchem Auto eine Glasscheibe gebrochen war.

c. welche Worte man benutzte, um den Aufprall der beiden Fahrzeuge zu charakterisieren.

d. was andere Augenzeuginnen und Augenzeugen berichteten.

29 Welche der folgenden Strategien wäre dem Lehrbuch nach am besten geeignet, sich wichtige Informationen anzueignen?

a. etwas lernen und dann direkt danach eine Form von Wissensabfrage durchführen

b. etwas immer wieder lernen und dann zu einem späteren Zeitpunkt eine Wissensabfrage durchführen

c. einen Test absolvieren, dann die falschen Antworten studieren, um den Test anschließend zu wiederholen

d. in einer Gruppe mit KommilitonInnen lernen und sich den Lernstoff anschließend in der Runde gegenseitig präsentieren

30 Lashleys Scheitern beim Versuch herauszufinden, wo die Gedächtnisspur sich befindet, mag der Tatsache geschuldet sein, dass

a. er nicht tief genug im Gehirn danach suchte und sich stattdessen auf den Kortex beschränkte.

b. selbst in einfachen Situationen eine Reihe verschiedener Gedächtnisarten beteiligt sind.

c. er statt menschlichen Versuchspersonen Ratten untersuchte.

d. er für den Lernvorgang ein zu einfaches Verhaltensmaß wählte.

31 Welche Hirnstruktur weist den engsten Zusammenhang auf mit dem prozeduralen Gedächtnis, durch Wiederholung gelernten Erinnerungen und klassisch konditionierten Verhaltensweisen auf?

a. Amygdala

b. Hippocampus

c. Cerebellum

d. Striatum

32 Ihr Großvater scheint ein großes Talent dafür zu haben, sich an Farben und Gerüche aus seiner Kindheit zu erinnern. Für diese Erinnerungen ist ein Bereich des Gehirns zuständig, den man _____ nennt.

a. Cerebellum

b. Striatum

c. zerebralen Kortex

d. Amygdala

33 Im Rahmen eines Seminars hält eine Studentin ein Referat über die Alzheimer-Krankheit. Sie händigt ein Quiz mit Wahr/Falsch-Antworten aus. Bei welcher der folgenden Aussagen wissen Sie, dass sie falsch ist?

a. Die Krankheit betrifft mehr als 50 Prozent der über 55-Jährigen.

b. In den Frühstadien kann das einzig beobachtbare Symptom eine Gedächtnisverschlechterung sein.

c. Zum ersten Mal wurden die Symptome der Alzheimer-Krankheit im Jahr 1906 beschrieben.

d. Hirne von gestorbenen Alzheimer-Patientinnen und –Patienten wiesen Abweichungen ungewöhnliche Ablagerungen fanden, die man als Plaques bezeichnet.

34 Endel Tulving et al. haben, indem sie eine Positronen-Emissions-Tomographie zum Studium des episodischen Gedächtnisses einsetzten, gezeigt, dass

a. das episodische Gedächtnis dem deklarativen Gedächtnis gleicht.

b. der Hippocampus zuständig für die Unterdrückung episodischer Erinnerungen ist.

c. Prozesse des Enkodierens und Abrufens in jeweils unterschiedlichen Regionen des Gehirns zu lokalisieren sind.

d. sich männliche und weibliche Gehirne voneinander unterscheiden.

7.3   Richtig oder falsch?

1   Als Sperling seine klassische Gedächtnisstudie durchführte, fand er heraus, dass Versuchspersonen das Erinnern mit der Teilberichtsmethode leichter fiel als mit der Ganzberichtsmethode.

2   Eine gute Möglichkeit, sich die Telefonnummer einer Freundin einzuprägen, besteht darin, sich die Ziffern im Geiste immer wieder aufzusagen.

3   Eine Forscherin, die sich dafür interessiert, wie es um die Arbeitsgedächtnisspanne eines Menschen bestellt ist, wird die Versuchsperson vermutlich bitten, sich eine sehr lange Liste mit Items einzuprägen und das Wiedererkennen dieser Items dann über mehrere Durchgänge testen.

4   Bei episodischen Erinnerungen handelt es sich um spezifische Ereignisse, die Sie persönlich erfahren haben.

5   Die Theorie der Verarbeitungstiefe (Levels-of-Processing Theory) geht davon aus, dass das Erinnern mit zunehmender Tiefe der Verarbeitung schwieriger wird.

6   Sie haben Schwierigkeiten, sich an den Titel des Musicals „My Fair Lady" zu erinnern, bis jemand anfängt „The rain in Spain" zu singen. Der Hinweis ist ein Beispiel für Priming.

7   Der Versuch, sich eine Liste mit allen Präsidenten der USA einzuprägen, ist ein Beispiel für eine implizite Verwendung des Gedächtnisses.

8   Der berühmte Gedächtnisforscher Hermann Ebbinghaus war sich selbst seine einzige Versuchsperson; er nahm sich der Studienaufgaben selbst an und erhob sein eigenes Abschneiden.

9   Sie sind sich sicher, dass Sie im Geschichtskurs gefragt werden, wann die Schlacht in Waterloo stattgefunden hat, deshalb sagen Sie sich immer wieder die Zahl 1815 vor, während Sie in den Seminarraum gehen. Diese Wiederholung ist ein Beispiel für elaborierende Wiederholung.

10   Die Wäscheleinemethode ist ein Mittel, sich die Reihenfolge einer Liste mit Namen oder Objekten einzuprägen, indem man sie mit Orten assoziiert, die einem vertraut sind.

11   „3-gegen-3-Basketball", „hellblau" und „Tiere" sind gute Beispiele für Kategorien auf der Basisebene.

12   Die physikalische Gedächtnisspur für Informationen im Gehirn bezeichnet man als Engramm.

13   Die Alzheimer-Krankheit ist eine biologische Bedingung, unter der die Gedächtnisfunktion allmählich zusammenbricht.

7.4 Lückentext-Aufgaben

1 Wenn Informationen durch Gedächtnisprozesse zugänglich gemacht werden, ohne dass es dafür einer bewussten Anstrengung bedarf, nennt man das _____, während eine bewusste Anstrengung beim Enkodieren und Wiederverfügbarmachen von Informationen durch Gedächtnisprozesse als _____ bezeichnet wird.

2 Das Gedächtnis, in dem Vorgehensweisen für Handlungen abgespeichert sind, nennt man _____ Gedächtnis, wohingegen das Gedächtnis für Fakten und Ereignisse als _____ Gedächtnis bezeichnet wird.

3 Informationen einzelne Items zu entnehmen und sie auf der Basis von Ähnlichkeit oder einem anderen Organisationsprinzip zu gruppieren, gilt als

4 Die phonologische Schleife, der visuell-räumliche Notizblock, die zentrale Exekutive und der episodische Puffer sind vier Komponenten des _____.

5 Erinnerungen sind am besten zugänglich, wenn die zum Zeitpunkt des Abrufs erhaltenen Hinweise denen zum Zeitpunkt des Enkodierens entsprechen. Dieses Prinzip gilt als _____.

6 Jemand erhält eine Liste mit Items, die er sich einprägen soll. Gemäß _____-Effekt sollte das Erinnern von Items vom Beginn und vom Ende der Liste leichter fallen als das Erinnern von Items aus dem Mittelteil.

7 Wenn vergangene Erinnerungen das Enkodieren und Abrufen neuer Informationen erschweren, haben Sie _____ Interferenz erlebt.

8 ForscherInnen haben beim Enkodieren episodischer Informationen eine sehr hohe Hirnaktivität in _____ ausgemacht.

7.5 Essayfragen

1 Eines Tages erzählt einer Ihrer Freunde, er habe das Gefühl, sein Gedächtnis zu verlieren. Als sie ihn fragen, welches Gedächtnis er zu verlieren glaubt, schaut er sie entgeistert an und meint: „Gedächtnis ist Gedächtnis." Ihr Lächeln lässt ihn erahnen, dass er gleich etwas lernen wird. Helfen Sie Ihrem Freund, die verschiedenen Gedächtnisarten zu unterscheiden – schließen Sie das explizite und das implizite, das deklarative und das prozedurale, das ikonische sowie das Kurzzeit- und Langzeit-Gedächtnis ein.

2 Beschreiben Sie die Prozesse des Enkodierens, Aufbewahrens und des Abrufs. Definieren Sie jeden dieser Prozesse und diskutieren Sie, inwieweit sie ineinander verzahnt sind.

3 PsychologInnen, die das sensorische und das Kurzzeitgedächtnis untersuchen, haben sich eine harte Nuss ausgesucht, weil Informationen nicht sehr lange in diesen Systemen verbleiben. Geben Sie ein detailliertes Beispiel einer Studie, die in den jeweiligen Bereichen durchgeführt wurde, und beschreiben Sie dann die Merkmale des sensorischen und des Kurzzeitgedächtnisses, wobei Sie auch die vier Komponenten des Arbeitsgedächtnisses berücksichtigen sollten.

4 Im Zoo stehen Sie vor dem Elefantengehege. Dumbo, der Elefant, steht in dem Ruf, über ein ziemlich gutes Gedächtnis zu verfügen. Das bedeutet vermutlich, dass Dumbo Informationen aus dem Langzeitgedächtnis abrufen kann. Beschreiben Sie vor dem Hintergrund der Aussage, „ein gutes Gedächtnis zu haben", die Rolle von Hinweisreizen für das Gedächtnis. Erklären Sie außerdem, wie wichtig die Passung von Enkodieren und Abruf ist.

5 Ihre beste Freundin steckt ständig in Schwierigkeiten, weil sie vergisst, ihre Hausaufgaben zu machen, Hausarbeiten abzugeben oder Dinge für ihre Mutter zu besorgen. Sie kommt außerdem immer zu spät, weil sie andauernd irgendwas vergisst, das sie an dem Tag benötigt. Sie haben im Psychologiekurs etwas über das Gedächtnis erfahren. Welche Techniken zum Verbessern des Enkodierens und Abrufens können Sie mit ihr teilen?

7.6   Lösungen

7.6.1   Antworten auf die Verständnisfragen

1 Expliziter Gedächtnisgebrauch erfordert bewusste Anstrengung, impliziter Gedächtnisgebrauch hingegen nicht.

2 Ihre Fertigkeit resultiert mehr aus dem prozeduralen Gedächtnis.

3 Weil Sie Ihr Passwort zuvor enkodiert und gespeichert haben, liegt Ihr Problem wahrscheinlich im Abruf der Gedächtnisinhalte.

4 Vergleiche zwischen der Ganz- und Teilberichtsmethode deuten darauf hin, dass man für einen kurzen Augenblick Zugang zu allen Informationen eines Displays hat.

5 Forscher glauben, dass die Kapazität des Kurzzeitgedächtnisses bei etwa drei bis fünf Items liegt.

6 Chunking ist die Gruppierung von Items in bedeutungstragende Gruppen.

7 Das Arbeitsgedächtnis umfasst die phonologische Schleife, den visuell-räumlichen Notizblock, die zentrale Exekutive und den episodischen Puffer.

8 Das Wiedererkennen liefert im Allgemeinen mehr Hinweisreize.

9 Dies wäre ein Beispiel für den Primacy-Effekt beim serial recall.

10 Transferadäquate Verarbeitung geht davon aus, dass das Sicherinnern am besten glückt, wenn die Art der Verarbeitung bei der Enkodierung zur Art der Verarbeitung beim Abruf passt.

11 Diese Umstände geben ein Beispiel für retroaktive Interferenz, weil die neue Information es erschwert hat, sich an ältere Information zu erinnern.

12 Angefangen beim Wasserstoff würden Sie jedes Element mit einer Stelle entlang eines vertrauten Weges assoziieren.

13 Bewertungen des Lernens bestehen in Einschätzungen von Menschen, wie gut sie sich Informationen bereits angeeignet haben.

14 Konzepte sind die mentalen Repräsentationen der Kategorien, die wir bilden.

15 Die Exemplar-Theorie geht davon aus, dass man neue Objekte kategorisiert, indem man sie mit den im Gedächtnis gespeicherten Beispielexemplaren vergleicht.

16 Bartlett definierte die Prozesse der Nivellierung, Akzentuierung und Assimilation.

17 Loftus und ihre Kollegschaft zeigten, dass man auch falsche Informationen aus der Zeit nach dem Ereignis in seine Erinnerungen einschließt, wenn man sich an Ereignisse zu erinnern versucht.

18 Lashley schlussfolgerte, dass Engramme nicht in bestimmten Regionen existieren, sondern jeweils im ganzen Gehirn verteilt sind.

19 Die Forschung deutet darauf hin, dass wichtige Teile des impliziten Gedächtnisses bei Menschen mit einer Amnesie des expliziten Gedächtnisses oft verschont bleiben.

20 PET-Scans zeigen, dass verschiedene Hirnareale beim Enkodieren und Abrufen überproportional aktiv sind – der linke präfrontale Cortex beim Enkodieren und der rechte präfrontale Cortex beim Abrufen.

7.6.2 Antworten auf die Multiple-Choice-Fragen

1 d	**13** b	**25** a
2 b	**14** c	**26** a
3 b	**15** b	**27** a
4 d	**16** b	**28** c
5 a	**17** b	**29** a
6 c	**18** a	**30** b
7 c	**19** d	**31** c
8 d	**20** d	**32** c
9 a	**21** a	**33** a
10 a	**22** d	**34** c
11 b	**23** b	
12 b	**24** b	

7.6.3 Antworten auf die „Richtig oder falsch?"-Fragen

1 Richtig	**6** Richtig	**11** Falsch
2 Richtig	**7** Falsch	**12** Richtig
3 Falsch	**8** Richtig	**13** Richtig
4 Richtig	**9** Falsch	
5 Falsch	**10** Falsch	

7.6.4   Antworten zu den Lückentext-Aufgaben

1   implizites Gedächtnis; explizites Gedächtnis

2   prozedurales; deklaratives

3   Chunking.

4   Arbeitsgedächtnisses

5   Enkodierspezifität

6   seriellem Positionierungs-

7   proaktive

8   dem linken präfrontalen Kortex

7.6.5   Lösungshinweise zu den Essayfragen

1   Beim Gedächtnis handelt es sich um die Fähigkeit, Informationen zu enkodieren, aufzubewahren und abzurufen. Diskutieren Sie den Unterschied zwischen Abruf von Informationen durch den Einsatz bewusster Bemühungen und ohne den Einsatz dieser Anstrengung. Diskutieren Sie das Gedächtnis für Fakten und Ereignisse gegenüber dem Gedächtnis für Handlungsweisen. Definieren Sie das ikonische Gedächtnis. Erklären Sie, welche Rolle das Kurzzeitgedächtnis spielt und wie es mit dem Arbeitsgedächtnis verbunden ist. Beschreiben Sie dann die Rolle, die das Langzeitgedächtnis beim Enkodieren, Aufbewahren und beim Abruf spielt.

2   Es geht hier um einen Überblick von Gedächtnisprozessen mit einer kurzen Beschreibung, was die einzelnen Begriffe meinen, wofür sie wichtig sind und womit sie interagieren. Zum Beispiel: „Wenn Information angemessen enkodiert wird, wird sie im Speicher für eine lange Zeit aufbewahrt." Um enkodieren zu können, müssen wir erst abrufen, was wir wissen. Um abzurufen, müssen wir zunächst in der Lage sein, Informationen effektiv zu enkodieren und aufzubewahren. Die Frage zielt auf die Komplexität der Interaktionen ab.

3   Definieren Sie das sensorische Gedächtnis einschließlich des ikonischen Gedächtnisses. Diskutieren Sie die Forschung von George Sperling. Definieren Sie das Kurzzeitgedächtnis und die Gedächtniskapazität. Diskutieren Sie die erhaltende Wiederholung und das Experiment von Peterson und Peterson. Definieren Sie Chunking und gehen Sie auf die vier Komponenten des Arbeitsgedächtnisses ein, die Baddeley vorgeschlagen hat.

4   Definieren und diskutieren Sie die folgenden Konzepte: Erinnern und Wiedererkennen, die Bedeutung episodischer und semantischer Erinnerungen beim Abruf; die Enkodierspezifität; das kontextabhängige Gedächtnis und den seriellen Positionseffekt. Schließen Sie eine kurze Beschreibung der Theorie der Verarbeitungstiefe sowie der transfer-adäquaten Verarbeitung ein.

5   Diskutieren Sie Hinweisreize und die Bedeutung des Kontexts. Beschreiben Sie, wie Verarbeitungsebenen mit dem Projekt zusammenhängen, sich selbst besser zu organisieren. Diskutieren Sie elaborierendes Wiederholen und Memotechniken, wobei Sie hier einige Beispiele für besonders effektive Techniken anführen sollten.

Kognitive Prozesse

ÜBERBLICK

8

8.1 Verständnisfragen

1 Was war Donders Ziel, als er Probandinnen und Probanden verschiedene experimentelle Aufgaben ausführen ließ?

2 Welcher Unterschied besteht zwischen seriellen und parallelen Prozessen?

3 Welche Arten von Prozessen erfordern gewöhnlich keine Aufmerksamkeitsressourcen?

4 Welche Beziehung besteht zwischen dem Kooperationsprinzip und dem Hörerbezug?

5 Angenommen, Sie sollen „schicker Duft" und „langer Bart" sagen. Wieso ist es wahrscheinlicher, dass Sie bei einem Versprecher „dicker Schuft" als „banger Lart" sagen?

6 Wie können Sie Inferenzen in den Vorstellungen anderer Menschen entdecken?

7 Welche sprachlichen Fähigkeiten unterscheiden Menschen Forscherinnen und Forschern zufolge von anderen Spezies?

8 Was besagt die Hypothese des linguistischen Relativismus?

9 Wie ähnlich sind die Prozesse der physischen und der mentalen Rotation?

10 Was hat die Forschung über die Aktivität von Gehirnregionen beim Erzeugen visueller Vorstellungen ergeben?

11 Wenn Sie sich selbst in einer Szene vorstellen, kommt es dann darauf an, wo Sie sich in dem Raum platzieren?

12 Was wird beim Problemlösen als Algorithmus bezeichnet?

13 Was bedeutet es, eine funktionale Fixierung zu überwinden?

14 Nennen Sie zwei wichtige Kriterien, anhand derer man Ideen oder Werke als kreativ einschätzen kann?

15 Was geschieht, wenn Menschen dem Effekt der glaubhaftigkeitsbasierten Urteilsneigung (belief-bias effect) unterliegen?

16 Welche Rolle spielt das Gedächtnis beim induktiven Schließen?

17 Wieso verlassen sich Menschen auf Heuristiken, wenn sie Urteile abgeben?

18 Mit welcher Heuristik könnten Sie die Frage beantworten, wie alt der älteste lebende Mensch ist?

19 Warum spielen Rahmungen eine so große Rolle in der Psychologie der Entscheidungsfindung?

20 Worin besteht der Unterschied zwischen satisficers und maximizers?

8.2 Multiple-Choice-Fragen

1 Angenommen, wir schrieben das Jahr 1868 und Sie würden im Labor von F.C. Donders arbeiten, einem holländischen Physiologen. Während Sie ihm bei seinen Studien mentaler Prozesse assistieren, könnten Sie vermutlich beobachten,

a. wie er Versuchspersonen bittet, Introspektion anzuwenden und eigene Gedankenprozesse zu reflektieren.

b. wie er die Zeitspanne misst, die Versuchspersonen benötigen, um eine Reihe experimenteller Aufgaben auszuführen.

c. wie er Versuchspersonen auffordert, beim Lösen mentaler Probleme laut auszusprechen, was sie gerade denken.

d. wie er mithilfe seiner übersinnlichen Fähigkeiten versucht herauszufinden, was Versuchspersonen gerade denken.

2 Die wesentliche Vorannahme, auf die F.C. Donders seine Methode zum Untersuchen mentaler Prozesse gründete, war,

a. dass es individuelle Unterschiede hinsichtlich der Verfahren gibt, durch die Menschen mentale Probleme lösen.

b. dass zusätzliche mentale Schritte dazu führen, dass jemand zum Ausführen einer Aufgabe mehr Zeit benötigt.

c. dass die mentalen Prozesse von Kindern sich qualitativ von den mentalen Prozessen Erwachsener unterscheiden.

d. Versuchspersonen ihre eigenen mentalen Prozesse bewusst gemacht werden können.

3 Normalerweise stellt es jemanden vor keine großen Herausforderungen, beim Auto fahren Musik zu hören und gleichzeitig ein Gespräch zu führen. Wenn das Wetter sehr schlecht ist, kann es jedoch sein, dass der Fahrer die Musik ausstellt und Mitreisende bittet, ruhig zu sein, damit er sich konzentrieren kann. Es ist davon auszugehen, dass die schlechten Fahrbedingungen

a. die Reaktionszeit verringern.

b. an die mentalen Ressourcen eine zusätzliche Anforderung stellen.

c. den Einsatz kontrollierter Prozesse ausschalten.

d. die Erfordernisse zur Verhaltensselektion beseitigen.

4 Eine Basisannahme von ForscherInnen, die mentale Prozesse untersuchen, ist, dass

a. serielle Verarbeitung eine Form der parallelen Verarbeitung ist.

b. die absolute Zeit, die mentale Verarbeitung in Anspruch nimmt, unabhängig vom Detailgrad der einzelnen Aufgaben ist.

c. dass sich die Reaktionszeit effektiv verringern lässt, wenn zusätzliche mentale Aufgaben hinzugefügt werden.

d. Menschen über begrenzte Ressourcen verfügen, die über verschiedene mentale Aufgaben aufzuteilen sind.

5 In einer im Lehrbuch beschriebenen Demonstration werden Menschen gebeten zu beurteilen, ob Zahlenpaare sich physisch unterscheiden. Normalerweise ist es für Menschen wegen _____ Prozesse, die störend einwirken, schwieriger, diese Urteile zu fällen, wenn die Zahlen _____.

a. automatischer; weit auseinander liegen

b. kontrollierter; weit auseinander liegen

c. kontrollierter; nah beieinander liegen

d. automatischer; nah beieinander liegen

6 Jemand neben Ihnen fragt Sie etwas Doppeldeutiges. PsychologInnen, die Sprache untersuchen, würden sagen, dass Sie, um reagieren zu können, mehr Informationen _____ benötigen.

a. zur Satzbedeutung

b. zur sprecherseitigen Äußerungsbedeutung

c. zum Hörerbezug (audience design) und zur Satzbedeutung

d. zur Person, die Ihnen die Frage stellt,

7 Auf den Philosophen H. Paul Grice zurückgehend, ist _____ eine übergreifende Regel des Hörerbezugs.

a. das Kooperationsprinzip

b. glaubhaftigkeitsbasierte Urteilsneigung

c. linguistischer Determinismus

d. das Maximieren struktureller Ambivalenz

8 Ein Kollege versucht stets, Diskussionen zu dominieren, indem er monologisiert. Leider schweift er die meiste Zeit ab, würzt seine Beiträge mit Doppeldeutigkeiten oder verwendet Begriffe, für deren Verständnis man ein Wörterbuch bräuchte. Er verletzt gegen die Maxime, die Grice _____ nannte.

a. Art und Weise

b. Quantität

c. Qualität

d. Relation

9 Sie haben die Aufgabe, mithilfe der SLIP-Technik bei einer Kommilitonin oder einem Kommilitonen Spoonerismen hervorzurufen. Wenn Sie dieses Verfahren anwenden, werden Sie sie oder ihn bitten,

a. einen Zungenbrecher so schnell wie möglich wiederholt aufzusagen.

b. Wörter zu erkennen, die kurz auf einem Bildschirm gezeigt werden.

c. still Wortpaare zu lesen, um Wortpaare später laut auszusprechen.

d. sich eine Wortliste anzuschauen, um diese Liste später zu erinnern.

10 In einem Verfahren zum Hervorrufen von Spoonerismen werden Versuchspersonen gebeten, leise Listen mit Wortpaaren zu lesen, die die Klangstruktur der angestrebten Spoonerismen modellieren. Anschließend sollen sie Wortpaare laut aussprechen. Solche Studien haben ergeben, dass

a. es fast nicht möglich ist, idiomatische Spoonerismen zu erzeugen.

b. Spoonerismen wahrscheinlicher sind, wenn der Fehler ein echtes Wort ergibt.

c. Fehler beim Vermischen von Idiomen verbreiteter sind, wenn die Idiome nicht dieselbe zugrundeliegende Bedeutung teilen.

d. es keine Beziehung zwischen Fehlern und der Produktion realer Wörter gibt.

11 Der Satz „Die Schwestern von Angelika und Carmen werden eintreffen" illustriert _____ Ambiguität.

a. lexikalische

b. konstante

c. pseudo

d. strukturelle

12 Angenommen, Sie hätten soeben den Satz „Der Mann in der letzten Reihe hat grüne Haare" gelesen. Werden die Begriffe „Mann" und „Haar" ausgehend von der Forschung zu propositionalen Repräsentationen im Gedächtnis zusammen repräsentiert?

a. Ja, denn diese Wörter gehören derselben Proposition an.

b. Ja, denn diese Wörter weisen starke, Sinn ergebende Assoziationen auf.

c. Nein, denn im Satz sind sie durch viele andere Wörter getrennt.

d. Das lässt sich nicht eindeutig sagen, denn propositionale Repräsentationen können nicht erforscht werden.

13 Welche Aussage charakterisiert am besten die Ergebnisse der Studien zur Behauptung linguistischer Relativität?

a. Sprache kann, unter gewissen Voraussetzungen, einen Einfluss auf das Denken haben.

b. Trotz Jahren der Forschung wurde bisher keine Studie durchgeführt, die auf Denkunterschiede gestoßen ist, die man auf Sprachunterschiede zurückführen kann.

c. Es ist klar, dass Sprachunterschiede sich auf Denkprozesse stärker auswirken, als Sprachunterschiede Kulturdifferenzen beeinflussen.

d. Bis jetzt konnten ForscherInnen keine Methode finden, wie sich die Hypothese linguistischer Relativität testen lässt.

14 Eine Studie, die Forschungsliteratur zum Inhalt von Lügen einer Review unterzog, fand heraus, dass die Berichte von LügnerInnen im Vergleich zu Menschen, die die Wahrheit sagen,

a. weniger Details enthalten.

b. exakte Details enthalten.

c. mehr Details enthalten.

d. in Seemannsgarn ausarten.

15 In einer im Lehrbuch beschriebenen Studie lasen Versuchspersonen Passagen, die sie in eine Szenerie versetzten, in der Objekte um sie herum verteilt waren. Sie lasen zum Beispiel: „Direkt hinter Ihnen befindet sich auf Augenhöhe ist eine verschnörkelte Lampe, die am Balkon angebracht ist." Wenn sie gebeten wurden, sich an Details der Szene zu erinnern,

a. verwandten Versuchspersonen mehr Zeit darauf, sich an Objekte zu erinnern, die sich in der Szene vor ihnen befanden.

b. verwandten Versuchspersonen mehr Zeit darauf, sich an Objekte zu erinnern, die sich in der Szene hinter ihnen befanden.

c. wirkte sich die räumliche Position nicht darauf aus, wie die Versuchspersonen reagierten.

d. konnten die Versuchspersonen sich nicht an Objekte erinnern, die sich hinter ihnen befanden.

16 ForscherInnen, die räumliche mentale Modelle untersuchten, haben Versuchspersonen gebeten, basierend auf Textmaterial mentale Repräsentationen von Settings zu entwickeln. Wenn die Versuchspersonen dann im Anschluss gebeten werden, diese mentalen Modelle zu verwenden, um Fragen über Objekte im Setting zu beantworten,

a. wird das Abschneiden von der Reihenfolge beeinflusst, in der Objekte präsentiert werden.

b. beeinflusst der Ort, an dem Versuchspersonen ein Objekt in ihren mentalen Modellen lokalisieren, die Zugangsgeschwindigkeit zur Information.

c. können Versuchspersonen Objekte, die sich in ihren mentalen Modellen nicht im Blickfeld befinden, schneller lokalisieren.

d. sind wenige Versuchspersonen in der Lage, die korrekte Antwort zu geben, was darauf schließen lässt, dass nur einige wenige Versuchspersonen mentale Modelle bilden.

17 In einem experimentellen Psychologieseminar sehen die Studierenden, wie eine Ratte sich in einem Labyrinth, das nur ein Abbiegen nach links ermöglicht, vom Start- zum Zielpunkt begibt. Das Verhalten der Ratte veranschaulicht den Studierenden das Problemlösen. In diesem Zusammenhang entspricht das Labyrinth dem/der

a. Problemraum.

b. Anfangszustand.

c. Menge an Operatoren.

d. Zielzustand.

18 Angenommen, Sie würden einen komplexen Tanz lernen, aber wären mit den Details der Bewegung überfordert. Wenn Sie mithilfe der Forschung Ihren Tanz verbessern wollten, sollten Sie

a. alle Anweisungen zur technischen Umsetzung ignorieren und den Tanz intuitiv angehen.

b. nur das einüben, was am einfachsten zu tanzen ist.

c. jeden Schritt einzeln einstudieren, bis jede Komponente der Bewegungsroutine weniger Ressourcen in Anspruch nimmt.

d. Denkprotokolle einsetzen, damit Ihnen die Anforderungen der Bewegung klarer werden.

19 Das Rätsel mit den zwei Mönchen im Lehrbuch illustriert, dass

a. funktionale Fixiertheit sich ungünstig auf das Problemlösen auswirkt.

b. die Art und Weise, wie ein Problem repräsentiert ist, sich auf die Schwierigkeit auswirkt.

c. Menschen dazu neigen, solche Schlussfolgerungen für valide zu halten, denen sie zustimmen.

d. ein mentales Set die Geschwindigkeit des Problemlösens erhöhen kann.

20 Sie betreten den Seminarraum, als der vorherige Kurs gerade dabei ist, den Raum zu verlassen. Einige Sätze auf der Tafel fallen Ihnen ins Auge: „Alle Dozenten arbeiten hart. Ich bin ein Dozent. Ich arbeite hart." Sie erkennen sofort, dass es sich um _____ handelt.

a. induktives Schließen

b. eine Heuristik

c. einen Syllogismus

d. linguistische Kopräsenz

21 Die Forschung legt nahe, dass glaubhaftigkeitsbasierte Urteilsneigung existiert,

a. wenn ein Konflikt zwischen zwei Arten mentaler Prozesse vorliegt, die beim deduktiven Schließen zur Anwendung kommen.

b. wenn kein Modell aus der realen Welt vorliegt, um Schlussfolgerungen zu validieren.

c. wenn jemand keine persönlichen Erfahrungen mit den logischen Elementen im Syllogismus hat.

d. wenn demjenigen, der das Urteil fällt, in der Vergangenheit logische Fehler unterlaufen sind.

22 Wenn Sie induktives Schließen anwenden,

a. gehen Sie davon aus, dass die zwei Annahmen korrekt sind.

b. treffen Schlüsse mit hoher Wahrscheinlichkeit, aber nicht mit Sicherheit zu.

c. besteht die Aufgabe darin zu entscheiden, ob eine gegebene Schlussfolgerung zutreffend ist.

d. folgen Schlussfolgerungen zwingend aus den Annahmen.

23 Wenn Sie sich in der Vergangenheit verfahren haben, haben Sie eher angehalten und nach dem Weg gefragt, als dass Sie versucht hätten, sich auf einer Karte zurechtzufinden. Nun haben Sie sich wieder einmal verfahren und entschließen sich, an einem Tabakladen zu halten und nach dem Weg zu fragen. Ihr Verhalten illustriert am besten

a. induktives Schließen.

b. logisches Problemlösen.

c. Effekt glaubhaftigkeitsbasierter Urteilsneigung.

d. analoges Problemlösen.

24 Ihre Dozentin versucht, Sie und Ihren Kurs zum analogen Problemlösen anzuregen. Wenn er Ihnen ein entsprechendes Problem präsentiert, erhöhen Sie Ihre Chancen, das Problem erfolgreich zu lösen, wenn Sie

a. Hinweise, die zur Verfügung gestellt wurden, ignorieren.

b. auf zurückliegende Erfahrungen mit ähnlichen Problemen zurückgreifen.

c. Analogien so abstrakt wie möglich wählen.

d. sich nicht von der dem Problem zugrunde liegenden Struktur ablenken lassen.

25 Der Prozess, durch den Sie Meinungen formen, zu Schlussfolgerungen gelangen und kritische Evaluationen von Menschen und Ereignissen vornehmen, gilt als _____; der Prozess des Selektierens und Zurückweisens von Optionen ist bekannt als _____.

a. Problemlösen; Framing

b. Framing; Problemlösen

c. Entscheidungsfindung; Beurteilung

d. Beurteilung; Entscheidungsfindung

26 Was hiervon ist ein Beispiel für Urteilen?

a. Er wählte Chemie als Leistungskurs.

b. Sie kaufte das günstigere Kleid, obwohl ihr das andere besser gefiel.

c. Sie glaubte nicht, dass die Hochzeit ein Erfolg würde.

d. Er nahm den Nachmittagsflug, weil er nonstop war.

27 Was hiervon ist ein Beispiel für Entscheidungsfindung?

a. Sie entschied sich für den Job, bei dem sie weniger verdiente, aber mehr Karrierechancen sah.

b. Er hatte das Gefühl, dass der Lehrer aufgeblasen, arrogant und egozentriert war, genau wie er selbst.

c. Beim Frühstück liebt sie es, frische Früchte zu essen.

d. Auch wenn es nicht stimmte, erzählte er Leuten, dass er das Gymnasium aufgrund der Armut seiner Eltern nicht besuchen konnte.

28 Was hiervon kann man der Verfügbarkeitsheuristik zuordnen?

a. Menschen überschätzen den Wohlstand einer Person, nachdem sie eine absurd hohe Schätzung gehört haben.

b. Menschen neigen dazu, das Alter von Männern mit Bart zu überschätzen.

c. Wale hält man irrtümlicherweise für Fische, weil sie Fische ähneln.

d. Studierende, die auf dem Campus leben, unterschätzen das Durchschnittsalter der Bevölkerung.

29 Die Verfügbarkeitsheuristik empfiehlt uns, dass wir, wenn wir Menschen von der Schwere des Problems der Obdachlosigkeit überzeugen wollen,

a. Metaphern verwenden sollten, um die Zahl der Obdachlosen zu illustrieren.

b. die Notlage einer einzelnen Familie dramatisieren sollten.

c. Bilder zeigen sollten von Einrichtungen, wo Obdachlose Hilfe suchen.

d. Menschen auffordern sollten, sich in die Lage einer obdachlosen Person zu versetzen.

30 Ein Problem beim Einsatz der Repräsentativitätsheuristik besteht darin, dass

a. es dem Einsatz induktiven Schließens zuwiderläuft.

b. man keine Informationen aus der Vergangenheit nutzt, die hilfreich sein könnten.

c. Urteile, die auf Ähnlichkeit basieren, allgemein nicht vernünftig sind.

d. sie einen dazu verleiten könnte, anderen Arten relevanter Informationen zu ignorieren.

31 Eine auf der Ankerheuristik basierende Verzerrung entsteht, wenn

a. einen das Erinnern vergangener Ereignisse in eine Depression stürzt.

b. jemand für ein Objekt keine anderen potentiellen Verwendungen sieht.

c. Urteile in übertriebenem Maße von anfänglichen Schätzungen beeinflusst werden.

d. Urteile auf typischen Mitgliedern einer Kategorie basieren.

32 Im Kontext der Entscheidungsfindung ist ein Frame

a. eine bestimmte Beschreibung einer Wahlmöglichkeit.

b. eine falsche Alternative oder ein Köder.

c. die Schuld für eine schlechte Entscheidung, die man jemand anderem zuweist.

d. eine relevante Erinnerung.

33 An einem Samstagabend gehen Sie und eine Freundin zur Videothek, um sich eine DVD auszuleihen. Sie sehen sich die DVD-Regale an, bis Sie beim erstbesten Cover hängenbleiben. Ihre Freundin hingegen klappert alle Regale ab, bis sie überzeugt ist, die beste gefunden zu haben. Hinsichtlich der Entscheidungsfindung sind Sie ein _____ und sie ist eine _____.

a. Satisficer; Maximizerin

b. Entscheider; Prokrastinatorin

c. Maximizer; Satisficerin

d. entscheidungsfreudige Person; wenig entscheidungsfreudige Person

8.3 Richtig oder falsch?

1 Prozesse sind seriell, wenn sie sich zeitlich überlappen; sie sind parallel, wenn sie nacheinander stattfinden.

2 H. Paul Grice zufolge ist das Kooperationsprinzip eine übergreifende Regel des Hörerbezugs (audience designs). SprecherInnen sollten Äußerungen hervorbringen, die zum Setting und der Bedeutung der momentanen Konversation passen.

3 Beim Sprachverständniss bezieht strukturelle Ambiguität sich auf eine Situation, in der ein Wort zwei Bedeutungen hat.

4 Gemäß der linguistischen Relativitätshypothese von Sapir und Whorf hat die Struktur einer Sprache, die jemand spricht, einen Einfluss auf die Art und Weise, wie sie oder er über die Welt denkt.

5 Beim Problemlösen ergibt sich aus dem Anfangszustand und dem Zielzustand der Problemraum.

6 Die Aufgabe, ein Scheckbuch zu bilanzieren, ist ein gutes Beispiel für ein wohl-definiertes Problem.

7 Heuristiken sind kognitive Strategien, die immer die richtige Antwort für ein bestimmtes Problem bereithalten.

8 „Funktionale Fixiertheit" ist der Begriff, der sich auf die Unfähigkeit bezieht, eine neue Verwendung für ein Objekt zu finden, dass man zuvor bereits mit einem anderen Zweck assoziiert hat.

9 Ein Test der logischen Fähigkeiten umfasst eine Reihe von Problemen, bei denen zwei oder mehr Aussagen oder Vorannahmen präsentiert werden und es die Auf-gabe des Prüflings ist, zu einer Schlussfolgerung zu gelangen. Diese Art von Prob-lem ist ein Beispiel für induktives Schließen.

10 Menschen, die sich mit analogem Problemlösen beschäftigen, werden versuchen, sich an ähnliche Probleme zu erinnern, denen sie in der Vergangenheit ausgesetzt waren – und an Lösungen, die sich als erfolgreich erwiesen haben.

11 Beim Problemlösen kann es Zeiten geben, in denen ein „mental set" hilfreich ist, während es sich in anderen Zeiten eher nachteilig auswirkt.

12 Eine Frau hat sechs Kinder – drei Jungen (J) und drei Mädchen (M). Der Reprä-sentativitätsheuristik nach würden Sie eher annehmen, dass sie diese Kinder in der M-J-M-J-J-M-Reihenfolge bekommen hat als in der J-J-J-M-M-M-Reihenfolge, weil Ihre zurückliegenden Erfahrungen mit Geburtsreihen dies nahelegen.

13 Referenzpunkte sind wichtig für die Entscheidungsfindung.

14 Studien zu der Art und Weise, wie Entscheidungen eingerahmt werden, legen nahe, dass Rahmungen zugunsten der Gewinne zu besseren Entscheidungen führen als Rahmungen zugunsten der Verluste.

15 Von all den Entscheidungen, die wir in unseren Leben fällen, äußern wir das größte Bedauern hinsichtlich unserer Ausbildungs- und Berufswahl, weil es in diesem Bereich wenige Alternativen gibt, aus denen wir wählen können.

8.4 Lückentext-Aufgaben

1 Das Einbeziehen von Sprachproduktion, Quantität, Qualität, Relation und der Art und Weise sind Maximen, die _____ entstammen.

2 Ein/e _____ ist ein Sprachfehler, bei dem der Anfang von zwei oder mehr Wör-tern in einer Phrase oder einem Satz vertauscht wird.

3 Studien haben nahegelegt, dass die Bedeutungsrepräsentation mit Basiseinheiten beginnt, die man _____ nennt. Es handelt sich dabei um die Hauptideen von Äußerungen.

4 In unseren Gesprächen mit anderen ergänzen wir fehlende Informationen häufig, indem wir bereits vorhandene Glaubenssätze und Theorien zurate ziehen. Diese logischen Annahmen nennt man

5 In der formalen Definition eines Problems sind _____ die Schritte, auf die Sie zurückgreifen, um von einem Anfangs- zu einem Zielzustand zu gelangen.

6 Eine Versuchsperson in einer Studie zum Problemlösen wird gebeten, seine Gedanken bei der Bearbeitung der Aufgabe zu äußern. Der oder die Versuchsleiterin nutzt ein Verfahren, das man _____ nennt.

7 Menschen neigen dazu, solche Schlussfolgerungen für valide zu halten, für die sie auf ein Alltagsmodell zurückgreifen können – Schlussfolgerungen, bei denen dies nicht möglich ist, halten sie eher für ungültig. Wenn Ihr bereits vorhandenes Wissen, Ihre Einstellungen oder Werte den Prozess des Schließens stören, indem Sie so beeinflusst wurden, dass sie ungültige Argumente akzeptieren, sind Sie dem _____ zum Opfer gefallen.

8 Ein _____ ähnelt einem Problem aus dem Lehrbuch, bei dem Anfangs- sowie Zielzustand und Operatoren klar definiert sind, wohingegen einem _____ unter Umständen ein klar definierter Anfangs- oder Zielzustand oder klar umrissene Operatoren fehlen.

8.5   Essayfragen

1 Vor mehr als 125 Jahren entwarf der holländische Physiologe F. C. Donders eine neue Methode, um die „Geschwindigkeit mentaler Prozesse" zu studieren. Beschreiben Sie das Grundprinzip dieser Methode, vergleichen Sie dann den Einsatz dieser Methode mit Techniken, mit deren Hilfe PsychologInnen heutzutage mentale Prozesse untersuchen, einschließlich der Verwendung von Reaktionszeit und mentalen Prozessen.

2 Beschreiben Sie, wie KognitionspsychologInnen Prozesse wie das Problemlösen oder die Sprachverwendung auf Prozesskomponenten herunterbrechen. Gehen Sie auf serielle und parallele sowie kontrollierte und automatische Prozesse ein, um zu erklären, wie komplexe mentale Prozesse ausgeführt werden.

3 Menschen, die Sprache verwenden, bringen sie selbst hervor und verstehen sie. Wie passen SprecherInnen ihre Äußerungen an, damit sie auf bestimmte Hörerschaften zugeschnitten sind? Beschreiben Sie die vier Maximen von Grice und fügen Sie Beispiele bei, wie kooperative Sprechende diese mit Leben füllen. Erklären Sie das Konzept des gemeinsamen Wissenshintergrunds.

4 Eine Ihrer Freundinnen hat ein Problem. Sie hat ein Referat übernommen zum Thema Problemlösen und logisches Denken, aber sie weiß nicht, womit sie anfangen soll. Sie schlagen ihr vor, damit zu beginnen, wie Probleme definiert sind, wie ForscherInnen Problemlösen untersuchen können und warum Menschen

Schwierigkeiten haben, Probleme zu lösen. Dann könnte sie deduktives und induktives Schließen gegenüberstellen und aufzeigen, wie Menschen Heuristiken verwenden, wenn sie Urteile und Entscheidungen treffen. Geben Sie einen Überblick, was das Referat Ihrer Freundin beinhalten könnte.

8.6 Lösungen

8.6.1 Antworten auf die Verständnisfragen

1   Donders Ziel war es, die Geschwindigkeit der mentalen Prozesse durch das Entwickeln von Aufgaben zu bestimmen, die sich nur bei spezifischen Prozessen voneinander unterschieden.

2   Serielle Prozesse finden nacheinander statt; parallele Prozesse überschneiden einander zeitlich.

3   Automatische Prozesse benötigen normalerweise keine Aufmerksamkeit.

4   Das Kooperationsprinzip benennt einige der Dimensionen, an die sich Sprecher halten sollten, wenn sie eine Äußerung an einen bestimmten Hörer richten.

5   Spoonerismen werden wahrscheinlicher, wenn die Verwechslung („Versprecher") wieder je ein in der Sprache bestehendes Wort ergibt.

6   Wenn die Repräsentationen eines Menschen mehr Informationen als die von einem Text bereitgestellten Propositionen enthalten, kann man daraus schließen, dass Inferenzen vorliegen.

7   Menschen können Äußerungen mit komplexer grammatischer Struktur hervorbringen und verstehen.

8   Die Hypothese des linguistischen Relativismus besagt, dass die Struktur der Sprache eines Menschen seine Weltsicht prägt.

9   Die gleichmäßige Geschwindigkeit der mentalen Rotation legt nahe, dass dieser Vorgang dem der physischen Rotation sehr ähnlich ist.

10   Hirnforschung mit bildgebenden Verfahren deutet auf eine starke Überschneidung zwischen den für die Wahrnehmung und den für die Bildung visueller Vorstellungen benutzten Hirnregionen hin.

11   Die Forschung zeigt, dass es leichter anzugeben ist, was sich in der vorgestellten Szenerie vor einem befindet, als was sich hinter einem befindet.

12   Ein Algorithmus ist eine Schritt-für-Schritt-Prozedur, die eine korrekte Lösung für eine bestimmte Art von Problem garantiert.

13   Sie haben eine funktionale Fixierung überwunden, wenn Sie fähig sind, eine neue Funktion für ein Objekt zu finden, das Sie zuvor mit einem anderen Zweck assoziiert haben.

14   Ideen und Produkte werden häufig als kreativ beurteilt, wenn sie sowohl neu als auch den Umständen angemessen sind.

15 Wenn Menschen dem Effekt der glaubhaftigkeitsbasierten Urteilsneigung unterliegen, dann bewerten sie Schlussfolgerungen aufgrund ihrer Glaubhaftigkeit in der Wirklichkeit statt nach ihrer logischen Beziehung zu Prämissen.

16 Menschen wenden induktives Schließen häufig an, indem sie Analogien bilden zwischen den Merkmalen gegenwärtiger Umstände und vergangenen Erfahrungen in ihrem Gedächtnis.

17 Heuristiken liefern abgekürzte Verfahren für häufige und schnelle Beurteilungen.

18 Wahrscheinlich würden Sie die Ankerheuristik benutzen – Sie starten mit einem plausiblen Ankerwert (z. B. 100 Jahre alt) und passen diesen an.

19 Rahmungen spielen eine große Rolle, weil sie zum Beispiel festlegen, ob Menschen an die Gewinne oder Verluste denken, die jeweils mit bestimmten Umständen verbunden sind.

20 Bei der Entscheidungsfindung wählen satisficers oft die erste Option, die gut genug ist; maximizers wägen stetig Möglichkeiten ab und versuchen, die absolut beste zu finden.

8.6.2 Antworten auf die Multiple-Choice-Fragen

1	b	**12**	a	**23**	d
2	b	**13**	a	**24**	b
3	b	**14**	a	**25**	d
4	d	**15**	b	**26**	c
5	d	**16**	b	**27**	a
6	b	**17**	a	**28**	d
7	a	**18**	c	**29**	b
8	a	**19**	b	**30**	d
9	c	**20**	c	**31**	c
10	b	**21**	a	**32**	a
11	d	**22**	b	**33**	a

8.6.3 Antworten auf die „Richtig oder falsch?"-Fragen

1	Falsch	**6**	Richtig	**11**	Richtig
2	Richtig	**7**	Falsch	**12**	Richtig
3	Falsch	**8**	Richtig	**13**	Richtig
4	Richtig	**9**	Falsch	**14**	Falsch
5	Falsch	**10**	Richtig	**15**	Falsch

8.6.4   Antworten zu den Lückentext-Aufgaben

1   dem Kooperationsprinzip von Grice

2   Spoonerismus

3   Propositionen

4   Inferenzen

5   Operatoren

6   Denkprotokoll

7   Effekt glaubhaftigkeitsbasierter Urteilsneigung

8   wohldefiniertes Problem; schlecht definiertes Problem

8.6.5   Lösungshinweise zu den Essayfragen

1   Donders erfand eine Reihe mentaler Aufgaben, bei denen er der Ansicht war, dass sie eine unterschiedliche Zahl geistiger Schritte erforderten. Seine Grundannahme, dass ein Mehr an mentalen Schritten auch mehr Zeit in Anspruch nimmt, liegt auch heutzutage ein Großteil der Kognitionsforschung zugrunde. Nennen Sie ein Beispiel für diese Technik, eine Erklärung der Reaktionszeit und ein Beispiel für ein Einsatzgebiet sowie den Nutzen in der heutigen Erforschung mentaler Prozesse und Ressourcen.

2   Beziehen Sie sich in Ihrer Antwort auf „mentale Prozesse und Ressourcen". KognitionspsychologInnen nehmen sich nacheinander einzelner Blöcke an, um zu sehen, woraus der jeweilige Block sich zusammensetzt und wie sie zusammenpassen. Eine kurze Beschreibung von kontrollierten und automatischen Prozessen sowie der Reaktionszeit sollte hier erfolgen. Beispiele aus dem Problemlösen oder der Sprachverwendung können angeführt werden, sind jedoch nicht zwingend erforderlich.

3   Gehen Sie kurz auf die Maximen von Grice ein – Quantität, Qualität, Relation und die Art und Weise. Eine akkurate Sprecherin oder ein akkurater Sprecher kennt die Zuhörenden und wird das, was er sagt, an das anpassen, was die oder der Zuhörende wahrscheinlich schon weiß und daher verstehen kann. Gehen Sie auf Herbert Clarks Ideen bezüglich Hörern und dem gemeinsamen Wissenshintergrund.

4   Definieren Sie Problemlösen im Hinblick auf Problemräume und –prozesse. Definieren Sie gleichermaßen Algorithmen und Denkprotokolle. Setzen Sie sich mit der Idee auseinander, dass wir neue Lösungen leichter finden können, wenn wir uns der alten bewusst sind und nicht viele Ressourcen benötigen, um uns an hilfreiche Ansätze zu erinnern. Ihre Antwort sollte auf Definitionen induktiven und deduktiven Schließens eingehen und wie sie sich gegenseitig ergänzen.

Intelligenz und Intelligenzdiagnostik

9

ÜBERBLICK

9.1 Verständnisfragen

1 Welche übergreifenden Ideen trug Sir Francis Galton zur Erforschung der Intelligenz bei?

2 Wie könnte eine Forscherin oder ein Forscher bestimmen, ob ein Test über Kriteriumsvalidität verfügt?

3 Warum ist es wichtig, Normen für Tests aufzustellen?

4 Welche Maße wurden ursprünglich zur Berechnung des Intelligenzquotienten benutzt?

5 Welche Arten von Untertests hat David Wechsler eingeführt, um den IQ zu messen?

6 Welche Faktoren legen die Diagnose einer geistigen Behinderung nahe?

7 Durch welche Dimensionen wird Hochbegabung in der „Drei-Ringe"-Konzeption definiert?

8 Warum glaubte Spearman an den g-Faktor, die allgemeine Intelligenz?

9 Welche drei Arten von Intelligenz postuliert Sternbergs triarchische Theorie?

10 Welche Art von Intelligenz könnte in Gardners Theorie darüber bestimmen, ob jemand ein erfolgreicher Bildhauer werden könnte?

11 Unter welchen Umständen begannen Goddard und andere mit IQ-Vergleichen zwischen Gruppen?

12 Warum ist es unangebracht, mit Erblichkeitsschätzungen Behauptungen über Rassenunterschiede beim IQ aufzustellen?

13 Welche Lebensumstände werden von einer Vorschulbetreuung beeinflusst?

14 Warum könnten diagnostische Bewertungen negative Folgen für bestimmte Gruppen von Menschen haben?

15 Warum könnte Diagnostik eine Rolle in der Gestaltung schulischer Erziehung spielen?

16 Warum könnten Testergebnisse zu Etiketten werden, die weitreichende Folgen haben?

9.2 Multiple-Choice-Fragen

1 Sie sitzen in Ihrer Zeitmaschine und überlegen sich, welches Datum und welchen Ort Sie einstellen möchten. Sie wollen zu dem Zeitpunkt und an den Ort reisen, an dem Diagnostik zum ersten Mal breitflächig eingesetzt wurde. Sie reisen _____ Jahre zurück, in das Land _____.

    a. 100; Amerika

    b. 11; Frankreich

    c. 200; England

    d. 4.000; China

2 Sir Francis Galton hätte vermutlich jeder dieser Aussagen zugestimmt, bis auf den Satz, dass

a. Intelligenz nicht quantifizierbar ist.

b. intellektuelle Unterschiede zwischen Menschen einer Normalverteilung folgen.

c. geistige Fähigkeiten anhand objektiver Tests erhoben werden können.

d. statistische Verfahren angewendet werden können, um den Verwandtschaftsgrad zwischen zwei Eigenschaften zu messen.

3 Als die Korrelation der Retest-Reliabilität erhoben wird, ergibt sich der Wert 0.02. Sie können davon ausgehen, dass

a. der Test in hohem Maße reliabel ist.

b. der Test bei eintausend Durchläufen insgesamt zweimal reliabel sein würde.

c. die Personen, die zum ersten Testlauf die höchsten und niedrigsten Testergebnisse erzielten, beim zweiten Testlauf identisch abschnitten.

d. der Test nicht reliabel ist.

4 Welcher der folgenden Begriffe passt beim Thema Reliabilitätsmaße nicht zu den anderen?

a. Retest

b. Parallelformen

c. Konstrukt

d. Konsistenz

5 Angenommen, eine Forscherin wollte herausfinden, ob ein Test hinsichtlich seiner internen Konsistenz reliabel ist. Das beste Vorgehen wäre es,

a. zu zwei verschiedenen Zeitpunkten derselben Personengruppe denselben Test auszuhändigen.

b. wechselnde Parallelformen des exakt gleichen Tests zweimal einzusetzen.

c. das Abschneiden der geraden und ungeraden Items miteinander zu vergleichen.

d. Teilnehmende sorgsam auf das Ausfüllen des Tests vorzubereiten.

6 In den Begrifflichkeiten der Diagnostik ist ein Test, der misst, was der oder die UrheberIn des Tests messen möchte,

a. reliabel.

b. valide.

c. standardisiert.

d. invariant.

7 Bei den folgenden Begriffen handelt es sich um Validitätsarten. Eine Ausnahme ist

a. der Test-Retest.

b. der Inhalt.

c. das Konstrukt.

d. das Kriterium.

8 Zuerst stöhnten die Studierenden und dann machte sich ein Seufzer der Erleichterung breit, als die Dozentin ihren Fehler bemerkte. Im Test sollte es eigentlich um romantische Novellen gehen, aber versehentlich verteilte sie Prüfungsfragen, die für einen anderen Kurs bestimmt waren, in dem sie mittelalterliche Poesie unterrichtete. Es liegt auf der Hand, dass die Fragen über keinerlei _____ verfügten.

a. Reliabilität

b. Kriteriumsvalidität

c. Vorhersagevalidität

d. Konstruktvalidität

9 Nachdem eine Personalerin fünfzig ProduktionshelferInnen für das neue Werk einstellt, gibt sie allen ein Test, bei dem es um die Fähigkeit geht, Geräte zusammenbauen zu können. Wenn sie später das Abschneiden beim Test mit den durchschnittlich von den jeweiligen HelferInnen zusammengebauten Geräten korreliert, würde sie die _____ des Tests erheben.

a. Inhaltsvalidität

b. interne Konsistenz

c. Kriteriumsvalidität

d. Split-Half-Reliabilität

10 Im Allgemeinen wäre es am ehesten richtig zu sagen, dass ein Test

a. , der nicht reliabel ist, auch nicht valide ist.

b. valide sein kann, ohne zwangsläufig auch reliabel zu sein.

c. nicht reliabel sein kann, ohne dass er gleichzeitig auch valide wäre.

d. nicht sowohl reliabel als auch valide sein kann.

11 Da Sie selbst kreativ sind, haben Sie sich entschlossen, einen Kreativitätstest zu entwickeln. Wenn Sie für den Test die Normen entwickeln, sollten Sie sichergehen, dass die Mitglieder der Vergleichsgruppe

a. der getesteten Personengruppe gleichen.

b. der getesteten Personengruppe so wenig wie möglich gleichen.

c. nicht unter denselben Bedingungen getestet werden.

d. erwiesenermaßen außerordentlich kreativ sind.

12 Ein Kind wird von Alfred Binet getestet. Ihr Testergebnis legt nahe, dass ihr Intelligenzalter bei 5 Jahren liegt. Was bedeutet das?

a. Ihr Ergebnis gleicht dem durchschnittlichen Abschneiden einer Gruppe von Fünfjährigen.

b. Sie ist 5 Jahre alt.

c. Sie weist vermutlich ein Entwicklungsdefizit auf.

d. Aus der Tatsache, dass ihr Intelligenzalter 5 Jahre beträgt, lassen sich keine weiteren Rückschlüsse ziehen.

13 Sie werden gebeten, für eine Ihrer Freundinnen den IQ-Wert zu erheben. Wenn Sie auf Termans Verständnis des IQs zurückgreifen, würden Sie

a. das Intelligenzalter zum Lebensalter hinzuaddieren und das Ergebnis durch 100 dividieren.

b. 110 zum Intelligenzalter addieren und das Ergebnis durch das Lebensalter dividieren.

c. das Intelligenzalter durch das Lebensalter dividieren und das Ergebnis mit 100 multiplizieren.

d. das Lebensalter zum Intelligenzalter addieren und das Ergebnis mit 100 multiplizieren.

14 Bei einem sechsjährigen Jungen wurde soeben ein Intelligenzalter von 5 Jahren abgeleitet. Wie hoch ist sein IQ, wenn man Termans Formel zu Rate zieht?

a. 83

b. 100

c. 125

d. Er lässt sich aus den gegebenen Informationen nicht ableiten.

15 Beim WAIS-IV, dem WISC-IV und dem WPPSI-III handelt es sich um

a. Wechsler-Intelligenztests für Erwachsene verschiedener Altersstufen.

b. Untertests der Erwachsenenversion der Wechsler-Intelligenzskalen.

c. Intelligenz-Tests, die vor kurzem revidiert wurden, um auch in Gruppen eingesetzt werden zu können.

d. Intelligenz-Tests, die gemein haben, dass sie für alle Altersstufen IQ-Skalen-Gesamttestwerte ergeben.

16 Hinsichtlich der Wechsler-Intelligenzskalen sind die folgenden Aussagen bis auf eine Ausnahme zutreffend. Die Ausnahme lautet:

a. Der WISC-IV ist für Kinder zwischen sechs und sechzehn Jahren geeignet.

b. Der WPPSI-IV ist für Kinder zwischen 2,5 und 7,25 Jahren geeignet.

c. Der WAIS-IV greift auf dieselben Fragen zurück wie die fünfte Auflage des Stanford-Binet-Tests.

d. Der WAIS-IV kann für Kinder sowie Erwachsene eingesetzt werden.

17 Wenn man die jüngste Auflage des Stanford-Binet-Tests verwendet und jemand einen IQ-Wert von 109 erzielt, bedeutet das, dass die Person

a. schlechter abschnitt als 50 Prozent der Teilnehmenden am Test.

b. einen „normalen" IQ hat.

c. einen überdurchschnittlichen IQ hat.

d. Entwicklungsdefizite aufweist.

18 Ein/-e PsychologIn, die/der den psychometrischen Ansatz favorisiert, wird in seinen Studien vermutlich

a. auf die Faktorenanalyse zurückgreifen.

b. Fallstudien sammeln.

c. kulturübergreifend forschen.

d. einen Vererbungsansatz der Intelligenz vertreten.

19 Charles Spearmans Ansicht, dass es einen Generalfaktor der Intelligenz gibt, der allen intelligenten Handlungen zugrunde liegt, basierte auf seinem Befund, dass

a. das Abschneiden von ProbandInnen bei einer Reihe von Intelligenztests in hohem Maße korrelierte.

b. jede eigene Domäne im Zusammenhang mit spezifischen Fähigkeiten steht.

c. das Abschneiden einer Person bei Tests sowohl von der allgemeinen Intelligenz als auch domänenspezifischen Fähigkeiten abhing.

d. fluide und kristalline Intelligenz relativ unabhängig voneinander sind.

20 Einer Frau fällt der Umgang mit Situationen, die sie bereits kennt, leicht, aber sie stößt an ihre Grenzen, wenn sie einer neuen Situation ausgesetzt ist, bei der sie komplexe Beziehungen einschätzen muss. Cattell zufolge würde die Frau bei einem Test der _____ Intelligenz vermutlich einen niedrigen Testwert erzielen.

a. fluiden

b. kristallinen

c. zusammengesetzten

d. kontextuellen

21 Robert Sternberg zufolge spielt die Fähigkeit einer Person, sich neue Fakten anzueignen, Problemlösestrategien einzusetzen und den Fortschritt im Hinblick auf ein gesetztes Ziel einzuschätzen bei der _____ Intelligenz eine Rolle.

a. analytischen

b. kreativen

c. praktischen

d. dialogorientierten

22 Wenn man Sternbergs triarchische Intelligenztheorie zu Rate zieht, verwenden Menschen beim Lösen von Anagrammproblemen höchstwahrscheinlich _____ Komponenten, um die Buchstaben in ihren Köpfen zusammenzusetzen, und _____ Komponenten, um Strategien für die Lösungsfindung zu entwerfen.

a. praktische; metakognitive

b. Wissenserwerb; praktische

c. metakognitive; praktische

d. Wissenserwerb; metakognitive

23 Eine Gruppe von Freunden war bei einem Konzert und stellt im Auto auf dem Parkplatz fest, dass der Wagen nicht zündet. Einer der Freunde hat rasch eine Idee, wie die Gruppe nach Hause kommen kann. Basierend auf Robert Sternbergs Intelligenztheorie kann man ihm eine hohe _____ Intelligenz zusprechen.

a. analytische

b. kreative

c. praktische

d. dialogorientierte

24 Ein Junge glänzt bei seinen Hausaufgaben nicht besonders, aber diejenigen, die ihn kennen, sagen, er habe Köpfchen. Er passt sich schnell an neue Situationen an, hat wenig Probleme und scheint ein Händchen dafür zu haben, dass seine Bedürfnisse erfüllt werden. Sternbergs Theorie zufolge hat er eine gut ausgeprägte _____ Intelligenz.

a. kreative

b. analytische

c. logische

d. praktische

25 Howard Gardners Intelligenzansatz sieht _____ verschiedene Arten vor, wobei die _____ Intelligenz nicht besonders als eine der Arten hervorgehoben wird.

a. zwei; logisch-mathematische

b. drei; musikalische

c. acht; konzeptuelle

d. fünfundachtzig; naturalistische

26 Greift man auf Howard Gardners Intelligenztheorie zurück, würde man bei einem/-r erfolgreichen VerkäuferIn eine hohe _____ Intelligenz aufweist, während ein/-e professionelle TänzerIn über eine stark ausgeprägte _____ Intelligenz verfügt.

a. interpersonelle; körperlich-kinästhetische

b. intrapersonelle; musikalisch

c. interpersonell; musikalisch

d. intrapersonell; körperlich-kinästhetisch

27 Welche des folgenden Aussagen gibt am besten die Grundannahme von Howard Gardners Intelligenztheorie wieder?

a. Zu lernen, Informationen effektiv verarbeiten zu können, ist für die Intelligenz entscheidender als genetische Faktoren.

b. Die Gesellschaft, in der jemand lebt, legt fest, für wie intelligent jemand gehalten wird.

c. Intelligenz sollte man definieren im Hinblick auf die Fähigkeit, mit abstrakten Konzepten umzugehen.

d. Die Intelligenzdiagnostik ist auf Stift-und-Papier-Tests und einfache quantitative Maße angewiesen.

28 ForscherInnen, die sich emotionaler Intelligenz widmen, gehen hierbei von vier wesentlichen Komponenten aus, die jeweils für eine Fähigkeit stehen. Die folgenden Fähigkeiten sind- bis auf eine Ausnahme – auf dieser Liste. Wobei handelt es sich um eine Ausnahme?

a. emotionales Wachstum zum obersten Ziel des Lebens machen, da Emotionen das Denken intelligenter machen können.

b. Emotionen einsetzen, um das Denken zu erleichtern.

c. Die eigenen Emotionen regulieren, um emotionales und intellektuelles Wachstum zu fördern.

d. Emotionen angemessen wahrnehmen, bewerten und ausdrücken

29 Studien, die die Korrelationen zwischen IQ-Testwerten einzelner Personen auf der Basis genetischer Verwandtschaftsverhältnisse untersuchen, haben herausgefunden, dass

a. eineiige Zwillinge, die zusammen aufgewachsen sind, niedrigere Korrelationen aufweisen als eineiige Zwillinge, die getrennt aufgewachsen sind.

b. eineiige Zwillinge, die getrennt aufgewachsen sind, höhere Korrelationen aufweisen als zweieiige Zwillinge, die zusammen aufgewachsen sind.

c. zusammen aufgewachsene Geschwister niedrigere Korrelationen aufweisen als getrennt aufgewachsene Geschwister.

d. getrennt aufgewachsene Geschwister höhere Korrelationen aufweisen als getrennt aufgewachsene zweieiige Zwillinge.

30 Während einer Diskussion im Seminarraum sagt ein Student, dass die zwischen verschiedenen Ethnien gefundenen IQ-Unterschiede genetischen Ursprungs sein müssen, da die Forschung ergeben hat, dass der IQ in hohem Maße vererbt wird. Der passende Konter auf diese Schlussfolgerung wäre es hervorzuheben, dass

a. die auf Schätzungen basierende Erblichkeit innerhalb einer Gruppe nicht verwendet werden kann, um Unterschiede zwischen Gruppen zu interpretieren.

b. ethnische Unterschiede im Genpool den evolutionären Druck widerspiegeln, der mit unterschiedlichen Umgebungen einhergeht.

c. Unterschiede zwischen Gruppen nicht auftreten, wenn kulturfaire Tests verwendet werden.

d. Erblichkeitsschätzungen, die für eine Gruppe zutreffen, auf alle Gruppen zutreffen.

31 Hinsichtlich der Beziehung von Erblichkeit und Ethnie sind die folgenden bis auf eine Ausnahme zutreffend. Was hiervon stimmt nicht?

a. Anlage und Umwelt spielen für den IQ beide eine Rolle.

b. Die Ethnie stark von sozialen Bedingungen geprägt ist.

c. Der IQ stark mit den Genen zusammenhängt und sich verantwortlich zeigt für IQ-Unterschiede zwischen Ethnien.

d. Erblichkeit ist keine adäquate Erklärung für IQ-Unterschiede.

32 Ein 1962 an der High/Scope-Perry-Vorschule in Ypsilanti (Michigan) begonnene Programm konzentrierte sich auf eine Gruppe drei- und vierjähriger farbiger Kinder aus einkommensschwachen Familien, bei denen ein hohes Risiko für Schulversagen festgestellt worden war. Das High/Scope-Perry-Programm stellte den Kindern eine Klassenraumumgebung zur Verfügung, die sich auf _____ konzentrierte.

a. partizipatorische Erziehung

b. direktive Erziehung

c. befehlende Erziehung

d. vielseitige Erziehung

33 Angenommen, ein Mann würde einer sozialen Gruppe angehören, der es einem gängigen Stereotyp zufolge an einer bestimmten Fähigkeit mangelt. Wenn dieser Mann an einem Test teilnimmt, bei dem es um ebendiese Fähigkeit geht, wird er vermutlich _____ abschneiden, was einen als _____ bezeichneten Effekt demonstriert.

a. schlecht; Bedrohung durch Stereotype

b. schlecht; kulturell bedingte Verzerrung

c. besser als erwartet; Stereotypumkehrung

d. besser als erwartet; Kulturumkehrung

34 Hinsichtlich der Tendenz, Menschen anhand von Testergebnissen zu klassifizieren, wird im Lehrbuch die Ansicht vertreten, dass derartige Label häufig dazu führen, dass

a. die „Normalität" eines einzelnen Kindes mehr in den Blickpunkt rückt als das Erziehungssystem, das sich für die Bedingungen verantwortlich zeigt.

b. der Gesellschaft für Misserfolge die Schuld gegeben wird, nicht dem einzelnen Menschen, der mit einem Label versehen wurde.

c. der Fokus auf dysfunktionalen Aspekten der Umwelt liegt, weniger auf abweichenden Persönlichkeiten.

d. die subjektiv empfundene Selbstwirksamkeit von Menschen ebenso abnimmt wie die Bereitschaft, Herausforderungen anzugehen.

35 Einer 2011 durchgeführten Studie zufolge erhöhte sich die Aktivität im frontalen Hirnlappen bei Menschen mit durchschnittlicher _____ Intelligenz, wenn die zu lösenden Probleme schwieriger wurden. Bei Menschen, die im Hinblick auf diese bestimmte Intelligenzart ein höheres Niveau aufwiesen, war dieser Anstieg der frontalen Hirnlappenaktivität nicht zu verzeichnen.

a. emotionaler

b. fluider

c. kristalliner

d. komponentenbezogener

9.3 Richtig oder falsch?

1 Sir Francis Galton schrieb das Buch Hereditary Genius (dt. Titel: Genie und Vererbung), begründete die Eugenik und lieferte zahlreiche kontroverse Ideen zur Frage, was das Wesen der Intelligenz ist.

2 Ein vollständig unreliabler Test weist einen Korrelationskoeffizienten von 0.00 auf.

3 Die interne Konsistenz ist ein Reliabilitätsmaß.

4 Ein Test, der bei mehreren Durchläufen ähnliche Testwerte hervorbringt, kann als valide gelten.

5 Ein Test wurde entwickelt, um den Erfolg im Jurastudium vorherzusagen. Wenn die Ergebnisse hoch mit der Examensnote korrelieren, weist der Test Kriteriumsvalidität auf.

6 Normen sind einheitliche Verfahren, wie mit ProbandInnen in Tests, Interviews oder Experimenten umgegangen wird.

7 Alle Kinder, die fünf Jahre alt sind, haben per Definitionem ein Intelligenzalter von fünf Jahren.

8 Mithilfe der Faktorenanalyse schloss Raymond Cattell auf die Existenz eines generellen Intelligenzfaktors, den er „g" nannte. Dieser liegt allen Intelligenzleistungen zugrunde; jede einzelne Domäne ist darüber hinaus mit speziellen Fähigkeiten verbunden, die er „s" nannte.

9 Kristalline Intelligenz wird durch Tests erhoben, in denen der Wortschatz, Arithmetik und Allgemeinwissen geprüft werden.

10 Intuitive Intelligenz und transpersonale Intelligenz sind zwei von Howard Gardner vorgeschlagene Intelligenzarten. Insgesamt geht er von über 100 verschiedenen Intelligenzarten aus.

11 Howard Gardners Annahmen hinsichtlich interpersonaler und intrapersonaler Intelligenz hängen mit dem Konzept Emotionaler Intelligenz (EI) zusammen.

12 Eine wertvolle Eigenschaft von Erblichkeitsschätzungen besteht darin, dass mit der Errechnung innerhalb einer bestimmten Gruppe die Interpretation von Unterschieden zwischen Gruppen möglich wird.

9.4 Lückentext-Aufgaben

1 _____-Reliabilität ist ein Maß für die Korrelation zwischen den Ergebnissen derselben Personen bei demselben Test zu zwei verschiedenen Zeitpunkten.

2 Drei wichtige Validitätsarten sind _____-Validität, _____-Validität und _____-Validität.

3 Das Gebiet der Psychologie, das auf das mentale Testen in seinen verschiedenen Facetten spezialisiert ist, nennt man _____.

4 Raymond Cattell zufolge kann allgemeine Intelligenz auf zwei relativ unabhängige Komponenten heruntergebrochen werden, die er _____ und _____ Intelligenz nannte.

5 In Robert Sternbergs triarchischer Intelligenztheorie wird von drei Arten von Intelligenz ausgegangen, _____, _____ und _____ Intelligenz.

9.5 Essayfragen

1 Eine Schlüsselfigur bei der Entwicklung der westlichen Intelligenzdiagnostik war Sir Francis Galton. Fassen Sie seine Beiträge zusammen und beschreiben Sie dann kurz die Entwicklung der Intelligenztests, einschließlich der Arbeiten von Binet, Terman und Wechsler.

2 Intelligenztheorien unterscheiden sich in wesentlichen Punkten. Manche sind der Ansicht, Intelligenz bestehe aus lediglich einem oder wenigen Faktoren, andere plädieren für viele verschiedene Intelligenzformen. Beschreiben Sie Theorien, die beide Sichtweisen stützen. Welche Theorie macht für Sie am meisten Sinn? Weshalb?

3 Diskutieren Sie Howard Gardners multiple Intelligenzen, indem Sie die acht Intelligenzkategorien auflisten und beschreiben. In welchem Verhältnis steht emotionale Intelligenz zu seinem Konzept interpersonaler und intrapersonaler Intelligenz?

4 Fast vom Moment ihres Entstehens an wurden Intelligenztests zweckentfremdet, um negative Ansichten über ethnische Gruppen zu untermauern. Worum geht es, wenn von „Intelligenz als Politikum" die Rede ist? Wie haben PsychologInnen die Anlage-vs.-Umwelt-Kontroverse im Kontext der Intelligenz untersucht, und was lässt sich aus den Studien ableiten? Zitieren Sie Studien, um Ihre Schlussfolgerungen zu belegen.

9.6 Lösungen

9.6.1 Antworten auf die Verständnisfragen

1 Galton postulierte, dass Intelligenzunterschiede objektiv messbar seien.

2 Die Forscherin oder der Forscher sollte untersuchen, ob die Ausprägungen eines Testwertes zutreffende Vorhersagen relevanter zukünftiger Ergebnisse ermöglichen.

3 Mithilfe von Normen können Forscherinnen und Forscher die Werte einzelner Menschen mit den Referenzwerten, gewonnen an einer repräsentativen Stichprobe, vergleichen und so feststellen, wie stark der Einzelne von dieser Normgruppe abweicht.

4 Der IQ wurde ursprünglich nach der Formel „Intelligenzalter geteilt durch Lebensalter (mal 100)" gemessen.

5 Wechsler fügte seinem IQ-Test Leistungs-Untertests hinzu.

6 Die Diagnose geistiger Behinderung konzentriert sich jetzt sowohl auf den IQ als auch auf die adaptiven Fertigkeiten.

7 Die drei Dimensionen sind Fähigkeit, Kreativität und Zielstrebigkeit.

8 Weil Spearman zeigte, dass die Ergebnisse von Menschen bei verschiedenen Intelligenztests jeweils stark korreliert sind, ging er davon aus, dass es einen Faktor „allgemeine Intelligenz" gebe.

9 Sternberg schlug vor, die Intelligenz in analytische, kreative und praktische Intelligenz einzuteilen.

10 Gardner definierte „räumliche" Intelligenz als die Fähigkeit, die visuell-räumliche Welt wahrzunehmen und die eigenen anfänglichen Wahrnehmungen umzuformen – diese Fähigkeiten sind für die Bildhauerei relevant.

11 Goddard und andere schlugen vor, IQ-Tests einzusetzen, um bestimmte Einwanderer als geistig minderwertig auszugrenzen.

12 Erblichkeitsschätzungen lassen keinen Vergleich zwischen verschiedenen Menschengruppen zu.

13 Die Forschung hat gezeigt, dass Menschen, die hochwertige Vorschulkurse durchlaufen, höhere gemessene IQs erreichen, mit höherer Wahrscheinlichkeit den Highschoolabschluss schaffen und besser bezahlte Jobs bekommen.

14 Wenn Angehörige bestimmter Gruppen in Tests allgemein schlechter abschneiden, könnte dieses Muster die Chancengleichheit bei Bewerbungen beeinträchtigen.

15 In vielen Schulbezirken basieren Fördermaßnahmen auf Testergebnissen – was die Lehrer zwingt, nur Stoff zu behandeln, der in Tests abgefragt wird.

16 Wenn Tests unflexibel eingesetzt werden, um Menschen auf bestimmte akademische oder soziale Laufbahnen festzulegen, können diese „Etikettierungen" schwerwiegende Konsequenzen haben.

9.6.2 Antworten auf die Multiple-Choice-Fragen

1 d		**13** c		**25** c	
2 a		**14** a		**26** a	
3 d		**15** d		**27** b	
4 c		**16** d		**28** a	
5 c		**17** b		**29** b	
6 b		**18** a		**30** a	
7 a		**19** a		**31** c	
8 d		**20** a		**32** a	
9 c		**21** a		**33** a	
10 a		**22** a		**34** d	
11 a		**23** b		**35** b	
12 a		**24** d			

9.6.3 Antworten auf die „Richtig oder falsch?"-Fragen

1	Richtig	**5**	Richtig	**9**	Richtig
2	Richtig	**6**	Falsch	**10**	Falsch
3	Richtig	**7**	Falsch	**11**	Richtig
4	Falsch	**8**	Falsch	**12**	Falsch

9.6.4 Antworten zu den Lückentext-Aufgaben

1 Retest

2 Konstrukt; Kriteriums; Inhalts

3 Psychometrik

4 kristalline; fluide

5 analytische; kreative; praktische

9.6.5 Lösungshinweise zu den Essayfragen

1 Galton war der erste, der vier wichtige Konzepte zur Intelligenz vorstellte; geben Sie eine Erklärung. Nehmen Sie Stellung zu Galtons kontroversen Ideen. Diskutieren Sie Binets Studie, die er mit Simon durchführte, die frühen Konzepte zum als Intelligenzalter bezeichneten Testwert und die neue Stanford-Binet-Intelligenzskala. Diskutieren Sie kurz die Wechslerskalen, wobei Sie auf die Funktion der einzelnen Skalen eingehen sollten. Diskutieren Sie Termans Entwicklung des Intelligenzquotienten.

2 Gehen Sie auf die Arbeiten von Charles Spearman, Raymond Cattell, Robert Sternberg und Howard Gardner ein, jeweils mit einer Erklärung, wie jeder dieser Theoretiker Intelligenz verstand. Geben Sie dabei Beispiele für die Faktoren, die sie jeweils in ihren Theorien postulierten.

3 Gehen Sie auf die logisch-mathematische, linguistische, naturalistische, musikalische, räumliche, körperlich-kinästhetische, interpersonale und intrapersonale Intelligenz jeweils mit einer kurzen Beschreibung ein. Definieren Sie emotionale Intelligenz, ihre vier Komponenten und die Konsequenzen für den Alltag.

4 Greifen Sie die Geschichte der Gruppenvergleiche auf, einschließlich der Arbeiten von Henry Goddard. Diskutieren Sie die Diagnostik von Weißen und Schwarzen in den USA. Führen Sie aus, weshalb Gene eine notwendige, aber nicht hinreichende Erklärung für IQ-Unterschiede sind. Diskutieren Sie IQ-Tests aus Sicht der Kultur und der Umwelt.

Entwicklung

ÜBERBLICK

10

10.1 Verständnisfragen

1 Was ist das Entwicklungsalter?

2 Warum werden oft Längsschnittpläne benutzt, um individuelle Unterschiede zu studieren?

3 Welche Relevanz haben Geburtskohorten für Querschnittpläne?

4 Wie beeinflusst Krabbelerfahrung das Verhalten von Kindern über der visuellen Klippe?

5 Was hat die neuere Forschung hinsichtlich der Gehirnentwicklung in der Adoleszenz gezeigt?

6 Warum hat zunehmendes Lebensalter oft Einfluss auf das Farbensehen?

7 Wie wird in Piagets Theorie das Verhältnis zwischen Assimilation und Akkommodation beschrieben?

8 Was bedeutet es, wenn ein Kind die Zentrierung überwindet?

9 Wie hat die neuere Forschung ältere Schlussfolgerungen zur Objektpermanenz verändert?

10 Was war das Hauptanliegen von Lew Wygotskys Theorie?

11 Wie verändert sich die Verarbeitungsgeschwindigkeit im Verlauf des Lebens?

12 Inwiefern unterscheiden sich säuglings- und kindorientierte Sprache von der Sprache, die Erwachsene üblicherweise verwenden?

13 Warum überdehnen Kinder Wortbedeutungen?

14 Wie unterstützt Forschung an tauben Kindern die Theorie, dass bestimmte Aspekte der Grammatik angeboren sind?

15 Wie würden Sie bemerken, dass ein Kind die Vergangenheitsformen deutscher Verben übergeneralisiert?

16 Welches Lebensalter setzte Erik Erikson für die Bewältigung in der Krise „Intimität vs. Isolation" an?

17 Welche Langzeitfolgen haben sich hinsichtlich der Qualität früher Bindungen bei Kindern gezeigt?

18 In welche Kategorien werden Erziehungsstile eingeteilt?

19 Was sind die Ebenen der Beziehungen zwischen gleichaltrigen Jugendlichen?

20 Wie wirkt sich die Geburt eines Kindes häufig auf die eheliche Zufriedenheit aus?

21 Wie unterscheiden sich Geschlechts- und Genderunterschiede?

22 Was hat die Forschung über Unterschiede bei der Hirnaktivität herausgefunden, wenn Männer und Frauen amüsante Bilder verarbeiten?

23 Inwiefern sind kleine Kinder SeparatistenInnen?

24 Welches sind die drei wesentlichen Stufen des moralischen Urteils nach Kohlberg?

25 Welcher Unterschied ist nach Carol Gilligan für die moralischen Urteile von Männern und Frauen verantwortlich?

26 Welche drei Bedürfnisse können Menschen verfolgen, wenn es in einer Situation darum geht, ein moralisches Urteil zu fällen?

10.2 Multiple-Choice-Fragen

1 Was hiervon könnte am ehesten Ergebnis einer normativen Untersuchung sein?

a. Schüchternheit ist als Persönlichkeitsmerkmal über die Zeit relativ stabil.

b. Kinder müssen ein zumindest rudimentäres symbolisches Wissen aufweisen, bevor sie lernen können zu lesen.

c. Im Durchschnitt kann ein Kind im Alter von 18 Monaten einen Turm aus drei Klötzen bauen.

d. Versuche, Kindern das Einnässen abzugewöhnen, sind sinnlos, wenn das Kind die dafür nötigen Muskeln noch nicht bewusst kontrollieren kann.

2 Ein Vorteil des Längsschnittdesigns ist, dass

a. die Ergebnisse für verschiedene Kohorten umfassend generalisiert werden können.

b. Daten nicht wegen Abbruch der ProbandInnen verloren zu gehen drohen.

c. alle ProbandInnen unter identischen sozioökonomischen Bedingungen gelebt haben.

d. ForscherInnen die Daten der ProbandInnen nicht über einen längeren Zeitraum hinweg aufzeichnen müssen.

3 Eine Ihrer Professorinnen erzählt Ihnen, dass sie in einer Entwicklungsstudie ein Querschnittsdesign verwendet hat. Sie können darauf schließen, dass sie ProbandInnen _____ verglichen hat.

a. desselben Alters zum selben Zeitpunkt

b. unterschiedlichen Alters zum selben Zeitpunkt

c. desselben Alters zu unterschiedlichen Zeitpunkten

d. unterschiedlichen Alters zu unterschiedlichen Zeitpunkten

4 Stellen Sie sich vor, wie es wäre, noch einmal ein neugeborener Säugling zu sein. Sie wären vermutlich

a. völlig hilflos und verwirrt.

b. nur in der Lage, einige einfache Reaktionsweisen an den Tag zu legen.

c. völlig blind und taub.

d. in der Lage, auf die Umgebung zu reagieren und sie zu beeinflussen.

5 Welches Hirnareal verändert sich bei der Reifung von der Adoleszenz bis zum jungen Erwachsenenalter am meisten?

a. die Frontallappen

b. der Hippocampus

c. die linke Hemisphäre

d. der visuelle Kortex

6 Laut Piaget verändert _____ neue Informationen so, dass sie zu bereits Bekanntem passen, während _____ existierende Schemata restrukturiert, sodass neue Informationen vollständiger aufgenommen werden.

a. Assimilation; Akkomodation

b. Akkomodation; Assimilation

c. Zentrierung; Egozentrik

d. Egozentrik; Zentrierung

7 Eine Dreijährige liebt Sport. Ihre Mutter hat ihr vor Kurzem beigebracht, wie man einen großen Wasserball fängt und nun zeigt ihr Vater dem Mädchen, wie man einen kleinen Tennisball fängt. Zunächst versucht sie, den Tennisball mit ihren Armen zu umgreifen – so, wie sie es mit dem Wasserball gewohnt ist. Allmählich lernt sie, nur die Hände einzusetzen. Der Versuch des Mädchens, ihre Schemata zu restrukturieren, illustriert Piagets Konzept der

a. Egozentrik.

b. Objektpermanenz.

c. Assimilation

d. Akkomodation

8 Piaget schlug vor, dass die wichtigste kognitive Lernaufgabe in der Kindheitsphase der kognitiven Entwicklung die Fähigkeit betrifft, mentale Repräsentationen nicht vorhandener Objekte formen zu können – Objekten, zu denen das Kind keinen direkten sensumotorischen Kontakt hat. Diese Fähigkeit nennt man

a. Objektpermanenz.

b. Zentrierung.

c. Assimilation.

d. Akkomodation.

9 Der Egozentrismus, den Piaget im präoperatorischen Stadium der kognitiven Entwicklung für charakteristisch gehalten hat, erklärt, weshalb ein Kind womöglich

a. seiner Großmutter erklärt, sein Teddybär wolle gerne ein Bad nehmen.

b. glaubt, der Regen käme aus Wolkenlöchern.

c. nicht versteht, weshalb sein Vater zu müde ist, um Fangen zu spielen.

d. entscheidet, dass es Schokokekse mag, Karamellkekse hingegen nicht.

10 Ein Kind ist vier Jahre alt. In diesem Stadium der kognitiven Entwicklung würde Piaget erwarten, dass es in der Lage sein sollte,

a. die Perspektive einer anderen Person einzunehmen.

b. die mentale Welt von der physischen Welt zu unterscheiden.

c. auffällige Merkmale von Objekten zu ignorieren.

d. sich Objekte, die physisch nicht präsent sind, mental zu repräsentieren.

11 Dem russischen Psychologen Lev Wygotsky zufolge nehmen Kinder Wissen in sozialen Kontexten auf, ein Prozess, den man als _____ bezeichnet.

a. Assimilation

b. Internalisierung

c. Akkomodation

d. Sozialisation

12 In einer im Lehrbuch beschriebenen Studie zur Sprachwahrnehmung konnte Janet Werker nachweisen, dass Säuglinge unter acht Monaten bei einer Aufgabe, in der es um _____ ging, besser abschnitten als englischsprachige Erwachsene.

a. die Unterscheidung von Hindi-Phonemen

b. die Ortung einer Geräuschquelle

c. um das Identifizieren von SprecherInnen anhand einer Sprechprobe

d. um das Produzieren von Lauten, die im Japanischen, nicht aber im Englischen auftreten

13 Im Bezug auf die Frage, wie Kinder Wortbedeutungen lernen, wird im Lehrbuch die Ansicht vertreten, dass

a. der Prozess nicht so schwierig oder kompliziert ist, wie er zunächst erscheinen mag.

b. der Erwerb von Wortbedeutungen leichter vonstatten geht, wenn Kinder beim Sprechen keine Fehler machen.

c. Kinder wie WissenschaftlerInnen sind, die Hypothesen darüber entwickeln, was jedes neue Wort bedeuten könnte.

d. Wortbedeutungen auf genetischem Wege an Kinder übertragen werden.

14 Im Hinblick auf den Erwerb der Grammatik vertritt der Linguist Noam Chomsky die Ansicht, dass

a. Kinder mit mentalen Strukturen zur Welt kommen, die den Spracherwerb erleichtern.

b. die Rolle von Eltern bei der expliziten Vermittlung grammatikalischer Regeln unterschätzt worden ist.

c. Babysprache beim Erwerb der Grammatik einen wichtigen Stellenwert hat.

d. Kinder sich auf der Basis wohlgeformten Inputs komplette grammatikalische Strukturen aneignen.

15 Viele TheoretikerInnen glauben, dass wichtige Bereiche des Grammatikerwerbs biologisch vorbestimmt sind. Um herauszufinden, welche Kenntnisse angeboren sind, waren sprachübergreifende Studien zur Frage, _____, besonders ergiebig.

a. wie schnell Kinder in die Wortexplosionsphase gelangen

b. ob Kinder ihre Sprache referentiell oder expressiv einsetzen

c. was Kinder leicht und was sie schwer lernen können

d. inwieweit sich die Stile von Erwachsenen und Kindern im Vergleich vieler Sprachen gleichen

16 Ein Grund, weshalb es sich bei der Übergeneralisierung um einen überaus interessanten Fehler handelt, ist, dass

a. Erwachsenen vergleichbare Fehler unterlaufen, wenn sie aufgeregt oder unter Zeitdruck sind.

b. Sprache offenbar keine konsistente Grammatikstruktur aufweist.

c. es Kindern offenbar nicht gelungen ist, die Ausweitung des operativen Prinzips zu internalisieren.

d. er für gewöhnlich auftritt, nachdem Kinder die korrekten Formen von Verben und Nominativen bereits gelernt haben.

17 Eine Babysitterin arbeitet für ein Paar, das einen zweijährigen Sohn hat. Wann immer sie ihren Dienst antritt, stellt sie fest, dass die Eltern und das Kind sich gerade streiten, weil das Kind darum bittet, etwas Bestimmtes tun zu dürfen, worauf die Eltern restriktiv oder abschätzig reagieren. Der Theorie von Erikson nach droht das Kind _____ zu entwickeln.

a. Misstrauen

b. Minderwertigkeit

c. Verzweiflungsgefühle

d. Selbstzweifel

18 Eine Bekannte scheint nicht in der Lage zu sein, anderen gegenüber Eingeständnisse zu machen. Sie zeigt sich nie kompromissbereit, weist kein Verantwortungsgefühl auf und hat wenig enge Freundschaften. Eriksons Theorie der Entwicklung über die Lebensspanne zufolge hat sie womöglich die Krise zwischen _____ nicht erfolgreich gemeistert.

a. Intimität vs. Isolation

b. Generativität vs. Stagnation

c. Ich-Integrität vs. Verzweiflung

d. ich vs. die anderen

19 Im Fremden-Situations-Test wird ein sicher gebundenes Kind _____, wenn die Mutter den Raum verlässt und _____, wenn sie zurückkehrt.

a. distanziert wirken; ihr aktiv aus dem Weg gehen und sie ignorieren

b. Stress an den Tag legen; Nähe, Trost und Kontakt suchen

c. enttäuscht und ängstlich reagieren; Ärger an den Tag legen

d. froh reagieren; sich benommen und verwirrt benehmen

20 Im Fremden-Situations-Test benimmt sich ein 15-monatiges Baby aufgebracht und ängstlich, als die Mutter den Raum verlässt. Als die Mutter zurückkommt, lässt das Baby sich nicht trösten und ist wütend, gleichzeitig geht es auf die Mutter zu. Das Kind lässt sich am ehesten kategorisieren als

a. unsicher-vermeidend gebunden.

b. unsicher-ängstlich/ambivalent gebunden.

c. unsicher-desorganisiert gebunden.

d. sicher gebunden.

21 Einen Erziehungsstil, bei dem die Eltern auf Disziplin setzen und sich wenig um die Autonomie des Kindes scheren, nennt man _____, wohingegen Eltern, deren Stil es nicht gelingt, Kindern die Strukturen sozialer Regeln beizubringen, denen sie im Leben ausgesetzt sind, als _____ bezeichnet wird.

a. autoritär; vernachlässigend

b. missbräuchlich; unterwürfig

c. disziplinarisch; kindzentriert

d. rigide; flexibel

22 Angenommen, Sie würden einen Affen in Harry Harlows Bindungsstudie beobachten. Wenn er einem Angststimulus ausgesetzt wird, beispielsweise einem Spielzeug, das laute Geräusche macht, ist davon auszugehen, dass der Affe

a. auf der Suche nach Schutz zur Drahtmutter läuft.

b. sich an den Angststimulus heranwagt und dann zur Frotteestoffmutter zurückkehrt, ehe er weitere Erkundungen unternimmt.

c. die Draht- oder die Stoffmutter mit der gleichen Wahrscheinlichkeit aufsucht.

d. zur Stoffmutter läuft.

23 Im Laufe der Jahre haben sich viele Studien der komplexen Frage von Kindesmissbrauch und Interventionen gewidmet. Ein Befund, der daraus hervorging, ist, dass

a. nahezu alle Erwachsenen einer Form von Missbrauch ausgesetzt waren.

b. Kinder fast immer froh sind, wenn sie die missbräuchliche Umgebung verlassen können.

c. nur ein sehr kleiner Prozentsatz der Menschen, die als Kind missbraucht wurden, später psychiatrische Störungen entwickeln.

d. Kinder, die aus missbräuchlichen Umgebungen genommen wurden, unter Umständen in diese Strukturen zurückkehren möchten.

24 In einem älteren Buch über die Asoleszenz lesen Sie, dass es sich bei der Adoleszenz um eine Phase voller Probleme und Stress handele. Wenn Sie die jüngere Forschung rezipieren, die in verschiedenen Gesellschaften mit Jugendlichen durchgeführt wurde, können Sie zu dem Schluss kommen, dass

a. das Gefühl, nicht ausreichend Kontrolle zu haben, bei Jugendlichen nahezu universell ist.

b. wenig Heranwachsende berichten, das Leben zu genießen oder sich die meiste Zeit glücklich zu fühlen.

    c. die Adoleszenz ganz eindeutig eine stürmische Zeit voller Stress für junge Menschen ist.

    d. sich die Erfahrungen von Jugendlichen je nach Kultur deutlich unterscheiden.

25 Die Forschung hat einige der Beziehungskosten aufgedeckt, die entstehen, wenn Jugendliche nach Unabhängigkeit streben. Die Auseinandersetzungen mit den Eltern führen oft nicht zu ernsthaften Zerwürfnissen. Smetana et al. (2006) berichten, dass die meisten Jugendlichen

    a. in der Lage sind, die eigenen Eltern als Quelle praktischer und emotionaler Unterstützung zu nutzen.

    b. nicht in der Lage sind, die eigenen Eltern als Quelle praktischer und emotionaler Unterstützung zu nutzen.

    c. das Gefühl haben, ihren Eltern egal zu sein.

    d. das Gefühl haben, von den Eltern einfach nicht verstanden zu werden.

26 Eine im Lehrbuch vorgestellte Studie untersuchte die Wahrscheinlichkeit, dass FahranfängerInnen in einen Unfall verwickelt sind, anhand der Zusammenstöße und „Beinahe-Zusammenstöße". Sie fand heraus, dass die Zusammenstoß/Beinahe-Zusammenstoß-Rate um 96 % höher war, wenn welcher dieser Faktoren zutraf?

    a. Wenn im Auto ein/-e FreundIn saß, die als risikobereit gelten kann.

    b. Wenn der/die FahranfängerIn alleine im Auto saß.

    c. Wenn der/die FahranfängerIn im Auto regelmäßig während des Fahrens mit dem Handy SMS schrieb oder telefonierte.

    d. Wenn der/die FahranfängerIn nachts fuhr.

27 Ein glücklich verheiratetes, modernes Paar erwartet bald ein Kind. Vielleicht interessiert die beiden der Befund von ForscherInnen, dass die Geburt eines Kindes

    a. ihre Ehe wahrscheinlich noch glücklicher werden lässt.

    b. für das Gesamtglück der Ehe eine Gefahr darstellen kann.

    c. die Zahl der Konflikte, die ihnen in ihrer Ehe bevorsteht, minimiert.

    d. sie wahrscheinlich Geschlechterrollen weniger traditionell leben lässt.

28 Eine ältere Frau feiert ihren Geburtstag. Wenn es ihr wie den meisten Menschen ergeht, die sich ihrem Lebensabend nähern, wird sie

    a. mit Zufriedenheit auf ihr Leben zurückblicken.

    b. mit Verzweiflung auf ihr Leben zurückblicken.

    c. dieselben Prioritäten haben, die sie bereits als junge Erwachsene hatte.

    d. sich um die Zukunft nicht weiter scheren.

29 MRT-Scans zeigen, dass die Frontallappen des Hirns, die für die Regulation des sozialen Verhaltens und emotionalen Wohlbefindens eine wichtige Rolle spielen,

    a. bei Frauen kleiner als bei Männern sind.

    b. bei Frauen größer als bei Männern sind.

    c. bei Kindern größer als bei Erwachsenen sind.

    d. bei Männern und Frauen gleich groß sind.

30 Im Alter von sechs Jahren wurde festgestellt, dass Jungen _____ bevorzugen, während Mädchen _____ bevorzugen.

    a. Interaktionen in Gruppen; 1-zu-1-Interaktionen

    b. 1-zu-1-Interaktionen; Interaktionen in Gruppen

    c. 1-zu-1-Interaktionen; Kampf- und Tobespiele

    d. Kampf- und Tobespiele; Verstecken und Suchen-Spiele

31 Piaget ging davon aus, dass sich im Zuge der kognitiven Entwicklung die moralischen Urteile von Kindern von einer Betonung der _____ hin zur Betonung von _____ verschieben.

    a. Fairness; Selbstinteressen

    b. Regeln; Konsequenzen

    c. Konsequenzen; Absichten

    d. elterlichen Standards; sozialen Standards

32 Laut Piaget glaubt ein prä-operationales Kind vermutlich, dass

    a. ein Junge, der aus Versehen zehn Tassen fallen lässt, unartiger ist als ein Junge, der eine Tasse absichtlich fallen lässt.

    b. ein Junge, der absichtlich drei Tassen fallen lässt, unartiger ist als ein Junge, der zehn Tassen absichtlich fallen lässt.

    c. die Zahl der Tassen, die zu Bruch gehen, genauso wichtig ist wie das Motiv des Fallenlassens.

    d. es wichtig ist, die Absichten von jemandem zu kennen, um über Schuld ein Urteil fällen zu können.

33 Alternativ zu Kohlbergs Ansichten hinsichtlich moralischen Urteilens schlug Carol Gilligan vor, dass die moralische Entwicklung bei Frauen auf _____ beruht, während das moralische Urteil von Männern auf _____ basiere.

    a. Emotionen; Intellekt

    b. Fürsorge für andere; Gerechtigkeitsstandard

    c. Fühlen; Tun

    d. Unterwerfung; Dominanz

10.3 Richtig oder falsch?

1 Ein Nachteil der Längsschnittforschung ist, dass einige Arten von Generalisierung nur auf Kohorten der ProbandInnen vorgenommen werden können.

2 Viele Entwicklungsstudien verwenden ein Querschnittsdesign, bei dem ProbandInnen verschiedener Altersstufen zu ein und demselben Zeitpunkt beobachtet und verglichen werden.

3 Umweltfaktoren wie Infektionen, Strahlung oder Drogen können die normale Entwicklung von Organen und Körperstrukturen beeinträchtigen. Solche Faktoren wirken sich besonders ungünstig aus in den letzten Monaten der Schwangerschaft.

4   In der Theorie von Jean Piaget bezieht Akkomodation sich auf den Prozess des Restrukturierens oder Veränderns kognitiver Strukturen, sodass neue Informationen besser aufgenommen werden können.

5   Bei einer normalen kognitiven Entwicklung tritt die Objektpermanenz in der zweiten Hälfte von Piagets konkret-operatorischem Stadium auf.

6   Dem russischen Psychologen Lev Wygotsky zufolge eignen Kinder sich Wissen aus ihrer sozialen Umgebung durch den Prozess der Internalisierung an.

7   Kristalline Intelligenz nimmt mit dem Altern in der Regel stärker ab als fluide Intelligenz.

8   Dem Linguisten Noam Chomsky zufolge kommen Kinder mit mentalen Strukturen auf die Welt, die das Verstehen und Hervorbringen von Sprache erleichtern.

9   Die Sprache von Kindern in der Zwei-Wort-Phase wurde als „telegraphisch" charakterisiert, weil sie aus kurzen, einfachen Sätzen besteht, die meistens Nominative und Verben enthalten.

10   Erik Erikson identifizierte vier Stadien im Lebenszyklus, die in einer als „Vertrauen vs. Misstrauen" charakterisierten Krise kulminieren.

11   Im Fremden-Situations-Test wird ein sicher gebundenes Kind gestresst reagieren, wenn das Elternteil den Raum verlässt, und mit Nähe, Suche nach Trost und Kontakt auf die Rückkehr reagieren, um dann allmählich zum Spielen zurückzukehren.

12   Geschlechtsunterschiede sind strenggenommen Verhaltensformen und Einstellungen, die jemand öffentlich an den Tag legt und die die jeweilige Gesellschaft mit „männlich" oder „weiblich" assoziiert.

10.4 Lückentext-Aufgaben

1   Wenn Sie als ProbandIn an einer Entwicklungsstudie teilnehmen würden, der ein _____-Design zugrunde liegt, könnten Sie damit rechnen, im Laufe der Zeit wiederholt beobachtet und getestet zu werden, häufig über viele Jahre hinweg.

2   In Piagets Theorie erstreckt sich das _____ Stadium in etwa vom zweiten bis ins siebte Lebensjahr.

3   Bezogen auf die Struktur von Sprache sind _____ die kleinsten bedeutungtragenden Einheiten beim Sprechen, durch die man Wörter voneinander unterscheiden kann.

4   Forschungen haben bestätigt, dass _____ Anliegen sind, die beim moralischen Urteilen sowohl für Männer als auch für Frauen eine Rolle spielen.

5   Eine Strategie für erfolgreiches Altern stammt von Paul und Margaret Baltes, sie wird _____ genannt. Wenn man bei dieser Strategie alternative Möglichkeiten findet, etwas zu tun, das man immer gerne gemacht hat und das inzwischen schwerer fällt, heißt dies _____.

10.5 Essayfragen

1 Ein Paar aus Ihrem Bekanntenkreis hat seit Kurzem ein Baby. Fassen Sie die Stadien und Meilensteine zusammen, die ein/-e VertreterIn Piagets hinsichtlich der kognitiven Entwicklung des Mädchens erwarten würde. Auf welchen Prozessen basiert eine solche kognitive Entwicklung?

2 Der Spracherwerb scheint ein überaus natürlicher Prozess zu sein, der sich ohne größere Anstrengung reibungslos vollzieht. Was ist der aktuelle Stand der Forschung hinsichtlich von Spracherwerbsprozessen? Inwieweit gleichen Kinder Wissenschaftlern bei der Art und Weise, wie sie sich die Grammatik ihrer Sprache aneignen?

3 Erik Erikson konzeptualisierte die Lebensspanne als eine Reihe von Krisen, die Menschen zu bewältigen haben. Beschreiben Sie kurz die verschiedenen Stadien seines Ansatzes und konzentrieren Sie sich dann auf die psychologische Prägung, die in einer Phase der kindlichen Bindungsentwicklung eintritt. Wie wird Bindung untersucht und was konnten EntwicklungspsychologInnen über die verschiedenen Arten von Bindung und die jeweiligen Konsequenzen in Erfahrung bringen? Setzen Sie die Ideen der Bindungstheorie kurz in Bezug zu Eriksons Gedanken zur Entwicklung von Vertrauen, Willen, Kompetenz und Absicht.

4 Grenzen Sie Gender- und Geschlechtsunterschiede voneinander ab. Fassen Sie zusammen, welchen Einfluss Eltern und Peers auf die Entwicklung der Genderidentität haben.

5 Wie definieren Sie Moral? Wovon ging Piaget aus? Beschreiben Sie Kohlbergs Stadien moralischen Urteilens und Carol Gilligans Theorie, wobei Sie die Unterschiede dieser beiden Standpunkte herausarbeiten sollten.

10.6 Lösungen

10.6.1 Antworten auf die Verständnisfragen

1 Das Entwicklungsalter ist das Lebensalter, in dem die meisten Menschen fähig sind, eine bestimmte körperliche oder kognitive Anforderung zu erfüllen.

2 Um individuelle Unterschiede zu erforschen, messen Forschende häufig die Variabilität (auf einer bestimmten Dimension) zwischen Menschen einer Altersstufe und untersuchen dieselben Teilnehmer später im Leben erneut, um die Folgen dieser Variabilität festzustellen.

3 Bei einigen Querschnittplänen müssen die Forscherinnen und Forscher die Möglichkeit ausschließen, dass scheinbar altersabhängige Veränderungen in Wirklichkeit auf die Zeitumstände zurückzuführen sind, in welche die Individuen hineingeboren wurden.

4 Im Vergleich mit ihren nicht krabbelnden Altersgenossen zeigen Kinder, die bereits krabbeln, Furcht am „tiefen" Ende der visuellen Klippe.

5 Neuere Studien deuten darauf hin, dass sich das Gehirn während der Adoleszenz weiterentwickelt, vor allem in Arealen wie den Frontallappen.

6 Wenn Menschen altern, verfärben sich ihre Augenlinsen oft gelblich, worauf das verminderte Farbsehvermögen zurückgeführt wird.

7 Durch Assimilation passen Kinder neue Informationen an alte Schemata an; Akkommodation dagegen ändert Schemata, um neue Informationen einzupassen.

8 Ein Kind, das Zentrierung überwindet, kann die Oberflächenaspekte eines Problems ignorieren und zeigt ein tieferes Verständnis für ein Wissensgebiet wie etwa Zahlen oder Flüssigkeitsmengen.

9 Durch die Entwicklung subtilerer Maße für kindliches Wissen konnte die Forschung zeigen, dass Kinder Anzeichen für Objektpermanenz ab einem Alter von etwa vier Monaten zeigen.

10 Wygotsky betonte die Wichtigkeit des sozialen Kontextes für die Art, in der sich die kognitive Entwicklung eines Kindes entfaltet.

11 Forschung legt nahe, dass die Verarbeitungsgeschwindigkeit im Erwachsenalter mit zunehmendem Alter sinkt.

12 Wenn Erwachsene mit Säuglingen und Kindern sprechen, neigen sie dazu, ihre Sprache zu verlangsamen, die Intonation zu übertreiben und eine hohe Tonlage zu wählen. Sie verwenden kürzere Äußerungen mit einfachen Strukturen.

13 Kinder stellen Vermutungen über die Bedeutung neuer Wörter auf. In einigen Fällen sind diese Hypothesen umfassender als die Kategorien der Erwachsenen.

14 Gehörlose Kinder, die weder eine gesprochene noch eine Zeichensprache beigebracht bekommen haben, fangen manchmal an, eine eigene Zeichensprache zu benutzen, die strukturelle Gemeinsamkeiten mit wirklichen Sprachen aufweist.

15 Wenn ein Kind regelmäßige Vergangenheitsformen unregelmäßiger Verben bildet, würde man Formen wie gebte und brechte statt gab und brach erwarten.

16 Erikson postulierte, dass die Krise von Intimität vs. Isolation während der frühen Kindheit wichtig wird.

17 Die Forschung legt nahe, dass Kinder, die bereits im frühen Alter sichere Bindungen haben, im späteren Leben beispielsweise beliebter und sozial weniger ängstlich sind.

18 Erziehungsstile werden durch die beiden Dimensionen Anforderungen und Reaktivität der Eltern definiert.

19 Die Peer-Beziehungen von Jugendlichen spielen sich auf der Ebene von Freundschaften, Cliquen und Gruppen ab.

20 Die Geburt eines Kindes wirkt sich negativ auf die eheliche Zufriedenheit aus.

21 Geschlechtsspezifische Unterschiede beruhen auf biologischen Unterschieden zwischen Männern und Frauen; Genderunterschiede beruhen auf unterschiedlichen kulturellen Rollenkonstrukten für Männer und Frauen.

22 Die Forschung legt nahe, dass Frauen jene Hirnstrukturen stärker nutzen, die mit der Verarbeitung von Emotionen in Zusammenhang stehen.

23 Kleine Kinder bevorzugen die Gesellschaft von Gleichaltrigen desselben Geschlechts.

24 Die drei Hauptebenen sind die präkonventionelle, die konventionelle und die postkonventionelle Moral.

25 Gilligan argumentierte, dass Männer eher auf Gerechtigkeit fokussiert sind, Frauen dagegen mehr auf Fürsorge für andere Menschen.

26 Die Anliegen von Menschen können sich auf Autonomie, Gemeinschaft und Göttlichkeit beziehen.

10.6.2 Antworten auf die Multiple-Choice-Fragen

1 c	**12** a	**23** d
2 c	**13** c	**24** d
3 b	**14** a	**25** a
4 d	**15** c	**26** a
5 a	**16** d	**27** b
6 a	**17** d	**28** a
7 d	**18** a	**29** b
8 a	**19** b	**30** a
9 c	**20** b	**31** c
10 d	**21** a	**32** a
11 b	**22** d	**33** b.

10.6.3 Antworten auf die „Richtig oder falsch?"-Fragen

1 Richtig	**5** Falsch.	**9** Richtig
2 Richtig	**6** Richtig	**10** Falsch.
3 Falsch.	**7** Falsch.	**11** Richtig
4 Richtig	**8** Richtig	**12** Falsch

10.6.4 Antworten zu den Lückentext-Aufgaben

1 Längsschnitt

2 prä-operatorisch

3 Phoneme

4 Fürsorge und Gerechtigkeit.

5 selektive Optimierung mit Kompensation; Kompensation

10.6.5 Lösungshinweise zu den Essayfragen

1 Greifen Sie die Stadien kognitiver Entwicklung auf: sensumotorisch, präoperatorisch, konkret-operatorisch und formal-operatorisch. Definieren Sie jedes anhand des Alters und der jeweiligen Fähigkeiten. Gehen Sie dabei auf die Konzepte der Schemata, Assimilation sowie Akkomodation, Objektpermanenz, Egozentrismus, Zentrierung und Erhaltung ein.

2 Beginnen Sie mit der kleinsten Spracheinheit, dem Phonem. Diskutieren Sie kindorientierte Sprache, die Entwicklung von Hypothesen zu Wortbedeutungen, das Kontrastprinzip, die Operationsprinzipien der Spracherwerbsfähigkeit und wie sich der Sprachgebrauch im Stadium der Zwei-Wort-Sätze und darüber hinaus entwickelt.

3 Listen Sie kurz zusammen mit einer Beschreibung die acht Stadien in Eriksons Theorie auf. Richten Sie Ihre Aufmerksamkeit auf die ersten drei Stadien, um die Entwicklung von Vertrauen, Autonomie und Initiative zur Bindungstheorie in Bezug zu setzen. Definieren Sie Bindung und diskutieren Sie die sichere und die unsichere Bindung. Verbinden Sie auch dies mit der adäquaten oder inadäquaten Bewältigung der drei ersten Lebensstadien in Eriksons Theorie.

4 Definieren Sie Geschlechtsunterschiede und die Genderidentität, wobei Sie auf biologische und Umgebungseinflüsse eingehen sollten. Erklären Sie, wie Kinder eine Genderidentität aufbauen und sich Genderstereotype aneignen. Benennen Sie, wie sich männliche oder weibliche Merkmale beim Fetus entwickeln. Eine Analyse der Geschlechtsunterschiede sollte den Einfluss der Hormone erwähnen und strukturelle Unterschiede zwischen der männlichen und weiblichen Hirnentwicklung aufführen. Ein anderer Analyseweg von Geschlechtsunterschieden bestünde darin auszuführen, inwieweit das Gehirn von Männern und Frauen jeweils unterschiedlich kognitive und emotionale Aufgaben ausführt, wobei hier die Geschlechtsunterschiede beim Enkodieren und Erkennen emotionsgeladener Stimuli hervorzuheben sind. Das Bewusstsein darüber, dass es auf der Welt zwei verschiedene Geschlechter gibt, setzt sehr früh ein. Zur gleichen Zeit eignen Menschen sich Wissen über Genderstereotype an. Diskutieren Sie Studien, die verstehen helfen, wie Kinder Informationen aufnehmen, aus denen sich eine Genderidentität und Genderstereotype herausbilden.

5 Diskutieren Sie, wie Piaget Konsequenzen und Intentionen unterschied, um die Entwicklung von Moral zu erforschen. Wie erweiterte Kohlberg diese Ideen? Welche vier Prinzipien liegen Kohlbergs Stadienmodell zugrunde? Carol Gilligan kritisierte Kohlbergs Arbeit. Was waren ihre Annahmen und was lässt sich aus Studien über den Wert ihrer Arbeit ableiten?

Motivation

11

ÜBERBLICK

11.1 Verständnisfragen

1 Während Sie auf einer Bank sitzen, sehen Sie einen anderen Studierenden vorbeijoggen. Welche Funktion von Motivationskonzepten ist auf Ihre Interpretation der Situation anwendbar?

2 Was bedeutet es, wenn ein Organismus Homöostase aufrechterhält?

3 Warum haben kulturübergreifende Forschungsprojekte Aussagen über menschliche Instinkte in Zweifel gezogen?

4 Welche Unterscheidung traf Fritz Heider in Bezug auf Erklärungen für Ergebnisse?

5 Was verstand Abraham Maslow unter Bindungsbedürfnissen?

6 Was versteht man unter Sättigung einer spezifischen Sinnesmodalität?

7 Was deutet darauf hin, dass der VMH (ventromediale Hypothalamus) eine andere Rolle beim Essen spielt, als das Zwei-Zentren-Modell nahelegt?

8 Welchen Essgewohnheiten folgen gezügelte Esser für gewöhnlich?

9 Worin bestehen die Symptome von Bulimia nervosa?

10 Was versteht man unter stereotypem Sexualverhalten?

11 Welche vier Phasen unterschieden Masters und Johnson in der menschlichen Sexualreaktion?

12 Warum streben Männer laut den Theorien zur Evolution nach mehr sexueller Abwechslung als Frauen?

13 Was sind Skripte des Sexualverhaltens?

14 Was ergibt die Zwillingsforschung hinsichtlich der Erblichkeit von Homosexualität?

15 Worin besteht das Leistungsmotiv?

16 Auf welchen Dimensionen findet die Ursachenattribution für Erfolg und Misserfolg statt?

17 Wie erklärt das Erwartungsmodell die Motivation am Arbeitsplatz?

11.2 Multiple-Choice-Fragen

1 In Clark Hulls Konzeptualisierung von Motivation wird die Rolle von _____ besonders hervorgehoben.

a. soziale Anerkennung

b. Spannungsreduktion

c. Leistungsstreben

d. Sex

2 Angenommen, man würde einer Ratte den Zugang zu Wasser oder Futter vorenthalten. Folgt man der Erklärung der Spannungsreduktion motivierter Verhaltensweisen, ist davon auszugehen, dass die Ratte bei der erstbesten Möglichkeit isst und trinkt, wenn man sie in einer neuen Umgebung mit Futter und Wasser aussetzt. Setzt man sie tatsächlich in solch einer Umgebung aus, wird die Ratte der im Lehrbuch vorgestellten Forschung zufolge

a. nur essen.

b. nur trinken.

c. sofort essen und trinken.

d. zunächst die Umgebung erkunden.

3 Die Arbeit der Anthropologinnen Ruth Benedict und Margaret Mead

a. verhalfen der Ansicht, dass bestimmte Instinkte universell für alle Menschen gültig sind, zu mehr Akzeptanz.

b. widersprach der Ansicht, dass bestimmte Instinkte universell auf alle Menschen zutreffen.

c. beschränkte sich auf Instinkte bei Tieren.

d. fand bei PsychologInnen wenig Anklang, weil es sich um anthropologische und nicht um psychologische Studien handelte.

4 Ein Grund, weshalb PsychologInnen Abstand genommen haben von der Sichtweise, dass Instinkt als universelle Erklärung für menschliches Verhalten taugt, ist, dass

a. Freuds populäre Theorie die Bedeutung des Instinkts verwarf.

b. die Auflistung menschlicher Instinkte nicht sehr erfolgreich verlief.

c. der Einfluss des Behaviorismus in den 1920er Jahren zu versiegen begann.

d. kulturübergreifende Studien auf eine beträchtliche Verhaltensvariation stießen.

5 Angenommen, Sie würden für eine nahende Prüfung in Ihrem Psychologiestudium lernen. Nach Julian Rotter wird das Ausmaß der Anstrengung, die Sie in Ihr Lernen investieren, davon abhängen,

a. inwieweit sie eine gute Note erwarten.

b. inwieweit sie eine gute Note für wichtig halten.

c. inwieweit sie eine gute Note erwarten und außerdem von dem Wert, den Sie einer guten Note beimessen.

d. wie gelernte und instinktive Verhaltensweisen bei Ihnen kombiniert sind.

6 Wenn eine Person eine Diskrepanz zwischen Erwartungen und Realität bemerkt, wird er oder sie der sozialen Lerntheorie von Julian Rotter zufolge

a. die Motivation verlieren.

b. motiviert sein, die Diskrepanz zu verringern.

c. verwirrt und verärgert statt motiviert reagieren.

d. die Erwartungen verändern, nicht aber die Realität.

7 Eine Studierende glaubt, dass Vorurteile des Trainers sie daran hindern, in der Damenauswahl des Uni-Fußballteams in der Startformation aufgestellt zu werden. Fritz Heider zufolge wird sie

a. sich wahrscheinlich noch mehr ins Zeug legen.

b. davon unbeeinflusst sein.

c. künftig auf dispositionale Faktoren attribuieren.

d. d)aufgeben, in der Startelf aufgestellt zu werden.

8 Bringen Sie die Bedürfnisse in Maslows Wertehierarchie in die richtige Reihenfolge, indem sie mit den untersten Grundbedürfnissen beginnen:

a. biologische Bedürfnisse, Sicherheit, Bindung, Wertschätzung, Selbstverwirklichung.

b. biologische Bedürfnisse, Wertschätzung, Sicherheit, Selbstverwirklichung, Wertschätzung.

c. Bindung, Selbstverwirklichung, Wertschätzung, Sicherheit, biologische Bedürfnisse.

d. Selbstverwirklichung, biologische Bedürfnisse, Bindung, Sicherheit, Wertschätzung.

9 Welche der Aussagen fängt am besten die Sichtweise des Lehrbuches zu Maslows Motivationstheorie ein?

a. Obwohl es sich um eine positive Theorie handelt, kann die strikte Hierarchie unter bestimmten Umständen durcheinandergeraten.

b. Die Theorie hilft Menschen nicht, die verschiedenen Aspekte ihrer motivationalen Erfahrungen zu verstehen.

c. Maslows Theorie steht für eine Sicht auf das Wesen des Menschen, die zu niederschmetternd und pessimistisch ist.

d. Der einzige Aspekt der Theorie, der empirischen Überprüfungen standhalten konnte, ist die strikte Hierarchie der Bedürfnisse.

10 Belege dafür, dass Magenkontraktionen nicht Hungergefühle zur Folge haben, stammen aus Studien, die zeigen konnten, dass

a. Zuckerinjektionen sowohl die Magenkontraktionen als auch den Hunger stoppen.

b. Menschen, denen der Magen entfernt wurde, immer noch Hunger empfinden.

c. Ratten ohne Magen in Labyrinthen nicht nach dem richtigen Weg suchen, wenn man sie mit Futter belohnt.

d. die gastrische Spannungsentladung mittels eines aufgeblasenen Ballons dafür sorgt, dass jemand zu essen aufhört.

11 Die Hirnregion, die beim Essen am meisten involviert ist, ist

a. die Amygdala.

b. das retikuläre Aktivierungssystem.

c. der Hypothalamus.

d. der Hippocampus.

12 Was hiervon ist kein chemischer Botenstoff, der im Körper bei der Regulation des Essverhaltens eine Rolle spielt?

a. Melatonin

b. Insulin

c. Leptin

d. Cholecystokinin

13 Die Forschung hat herausgefunden, dass ein höheres _____-Niveau im Blut sich inhibitorisch auf das Essverhalten auswirkt.

a. Serotonin

b. Leptin

c. Noradrenalin

d. Thyroxin

14 Frühe Studien über den psychologischen Aspekt des Essens gingen davon aus, dass übergewichtige Menschen die Körpersignale ignorieren, wenn Essen zugänglich ist. Diese Theorie war jedoch nicht haltbar, da

a. gezeigt werden konnte, dass biologische Prädispositionen für Übergewicht die Gewichtsprobleme besser erklären können.

b. das eigentliche Gewicht nicht immer zur Vorhersage von Essverhaltensmustern taugt.

c. die frühen Theorien den Grundumsatz nicht berücksichtigten.

d. eineiige Zwillinge, die getrennt aufwachsen, selten beide übergewichtig sind.

15 Alles, was Sie über eine Frau wissen, ist, dass sie eine gezügelte Esserin ist. Am ehesten wird sie enthemmt die Kontrolle zurücknehmen, wenn man sie

a. auf hochkalorische Nahrungsmittel hinweist.

b. glauben macht, Nahrung zu sich nehmen zu können, ohne dass sie dabei beobachtet wird.

c. mit anderen gezügelten EsserInnen Zeit verbringen lässt.

d. an ihren Fähigkeiten und ihrem Selbstwert zweifeln lässt.

16 Studien legen nahe, dass der soziale Kontext ein wichtiger externer Hinweisreiz ist, der sich auf das Essverhalten von Menschen auswirkt. Welche der folgenden sozialen Interventionen könnten in der Lage sein, übergewichtigen Kindern dabei zu helfen, weniger zu essen?

a. Kinder ermutigen, allein zu essen

b. Kinder ermutigen, zwischendurch zu naschen

c. Wieder in Essumgebungen zurückkehren, in denen Kinder Nahrung in Gegenwart anderer zu sich nehmen

d. Kinder fortlaufend verbal daran erinnern, dass sie zu viel essen

17 Was geschah in einer im Lehrbuch vorgestellten Studie über gezügelte und ungezügelte EsserInnen, wenn man die gezügelten EsserInnen glauben ließ, sie hätten
ein besonders großes Pizzastück erhalten?

a. Solche EsserInnen aßen mehr Schokokekse als ProbandInnen, die glaubten,
ein normalgroßes Pizzastück verzehrt zu haben.

b. Solche EsserInnen aßen mehr Schokokekse als ProbandInnen, die glaubten,
ein normalgroßes Pizzastück verzehrt zu haben.

c. Solche EsserInnen aßen überhaupt keine Schokokekse, weil sie der Ansicht
waren, bereits genug gegessen zu haben.

d. Solche EsserInnen fanden die Pizza leckerer als die Schokokekse, um vor sich
selbst zu rechtfertigen, ein derart großes Stück verzehrt zu haben.

18 Alle Aussagen über Anorexia nervosa treffen zu, bis auf eine Ausnahme: Dass

a. die oder der betroffene weniger als 85 % seines Normalgewichts wiegt.

b. eine intensive Angst vorliegt zuzunehmen.

c. die Krankheit in schweren Fällen tödlich verlaufen kann.

d. sie bei Männern genauso häufig auftritt wie bei Frauen.

19 Als eine Studie die fMRT-Scans von Frauen überprüfte, die an Anorexia nervosa
litten und Bilder von sich selbst betrachteten, fanden die ForscherInnen heraus,
dass

a. es zwischen den fMRT-Scans von Frauen mit oder ohne Anorexia nervosa
keine Unterschiede gab.

b. fMRT-Scans in beiden Gruppen eine erhöhte Aktivität in Arealen zeigten, die
Menschen eine exakte Wahrnehmung der Umgebung ermöglichen.

c. Frauen mit Anorexia weniger Hirnaktivität aufwiesen in Hirnregionen, die
Menschen ermöglichen, über die Umwelt akkurate Informationen einzuholen.

d. Frauen ohne Anorexia weniger Hirnaktivität aufwiesen in Hirnregionen, die
Menschen ermöglichen, über die Umwelt akkurate Informationen einzuholen.

20 Es gibt verhältnismäßig wenige Studien zu ethnischen Unterschieden beim
Auftreten von Essstörungen, aber bislang lässt die Forschung vermuten, dass Essstörungen

a. bei schwarzen und asienstämmigen AmerikanerInnen verbreiteter sind als bei
weißen AmerikanerInnen, während sie bei aus Lateinamerika stammenden
Frauen genauso häufig auftritt wie bei weißen Amerikanerinnen.

b. bei schwarzen, asienstämmigen und aus Lateinamerika stammenden Frauen
häufiger auftritt als bei weißen Amerikanerinnen.

c. bei schwarzen, asienstämmigen und aus Lateinamerika stammenden Frauen
seltener auftritt als bei weißen Amerikanerinnen.

d. bei schwarzen und asienstämmigen Frauen seltener auftritt als bei weißen
Amerikanerinnen, während sie bei aus Lateinamerika stammenden Frauen
und weißen Amerikanerinnen gleichstark vertreten sind.

21 Bei Männern sind Hormone, die _____ genannt werden, zuständig für die sexuelle Erregung; bei Frauen heißen die Hormone, die eine ähnliche Wirkung verfolgen, _____.

    a. Androgene; Androgen

    b. Östrogene; Östrogen

    c. Androgene; Östrogen

    d. Östrogene; Androgen

22 Im Hinblick auf die sexuelle Erregung bei Tieren sind die folgenden Aussagen bis auf eine Ausnahme empirisch gestützt.

    a. Ritualisierte Muster der Zurschaustellung können für sexuelle Reaktionsweisen eine notwendige Bedingung sein.

    b. Die Anwesenheit eines neuen Weibchens erneuert das Interesse sexuell befriedigter Männchen häufig.

    c. Pheromone weisen darauf hin, dass Weibchen sexuelle Avancen gegenüber nicht aufgeschlossen sind.

    d. Berührung und Geschmack können als externe Stimuli für die sexuelle Erregung dienen.

23 Angenommen, Sie wären Assistent im sexualwissenschaftlichen Forschungslabor von William Masters und Virginia Johnson. Sie wären vor allem damit befasst, ihnen beim _____ behilflich zu sein.

    a. Designen schriftlicher Fragebögen für verheiratete Paare

    b. Durchführen kontrollierter Laborbeobachtungen sexueller Verhaltensweisen

    c. Studium stereotyper Paarungsverhaltensweisen von Laborratten und -affen

    d. Anbieten von Krisenberatungen für Opfer sexuellen Missbrauchs

24 Eine der wichtigsten Entdeckungen von Masters und Johnsons Studien zu sexuellen Reaktionen war, dass

    a. erotische Stimuli voll und ganz psychologisch sind.

    b. Probleme im sexuellen Bereich fast immer physiologischen Ursprungs sind.

    c. psychologische Prozesse sowohl bei der sexuellen Erregung als auch bei der sexuellen Befriedigung eine Rolle spielen.

    d. Therapie bei der Korrektur von Problemen im sexuellen Bereich vermutlich ineffektiv ist.

25 In der Evolutionspsychologie hat David Buss Kurz- und Langzeitstrategien vorgeschlagen. Die Strategie, einen statushohen Paarungspartner zu wählen, hat sich bei _____ als _____ Paarungsstrategie entwickelt.

    a. Frauen; langfristige

    b. Frauen; kurzfristige

    c. Männern; langfristige

    d. Männern; kurzfristige

26 Erhebungen zu den sexuellen Einstellungen und Praktiken haben unlängst offenbart, dass

a. sich die Normen für das Sexualverhalten im Laufe der letzten Jahrzehnte verändert haben.

b. es bei älteren Erwachsenen unwahrscheinlicher als bei jüngeren Erwachsenen ist, dass sie mit ein und demselben Partner zusammenbleiben.

c. jüngere Erwachsene sich sexuell konservativer verhalten.

d. die Wahrscheinlichkeit für sexuelle Devianz steigt, je konservativer die Einstellungen bezüglich Sexualität sind.

27 Ein junges Mädchen meidet geschlechtstypische Verhaltensweisen. Nach Daryl Bems Theorie zu den sexuellen Vorlieben erhöht dies die Wahrscheinlichkeit, dass sie

a. sich ihren gleichgeschlechtlichen Peers unähnlich fühlt.

b. in ihrem Erwachsenenleben eine emotionale Verflachung erlebt.

c. sexuelle Vorlieben entwickelt, die typisch für Mädchen sind.

d. Jungen „exotisch und erotisch" findet.

28 Die Annahme, auf der David McClellands Einsatz des Thematischen Apperzeptionstests zur Erforschung des Leistungsmotivs beruht, besteht darin, dass Menschen

a. am schnellsten auf Motive reagieren, mit denen sie übereinstimmen.

b. Karrierepfade wählen, die mit zugrundeliegenden Motivationen einhergehen.

c. ihre Motive auf die Antworten projizieren.

d. direkte Fragen ehrlich und akkurat beantworten.

29 Als eine Freundin von ihrem Beratungsgespräch zurückkehrt, zeigt sie Ihnen den schriftlichen Bericht. Etwas, das Ihnen sofort ins Auge fällt, ist die Tatsache, dass sie bei nAch einen hohen Wert erzielt hat. Sie wissen, dass sie

a. in ihrem Leben wenig erreicht hat.

b. ein stark ausgeprägtes Leistungsmotiv hat.

c. Leistungsstreben sehr negativ einschätzt.

d. wahrscheinlich neurotisch unter Leistungsdruck steht.

30 Was hiervon ist keine Dimension, auf der Attributionen variieren können?

a. Stabilität vs. Instabilität

b. internal vs. external

c. wohldefiniert vs. unterdefiniert

d. global vs. spezifisch

31 Ein Kind nimmt mit der Hoffnung zu gewinnen am Buchstabierwettbewerb teil, ist aber in der ersten Runde ausgeschieden. Attributionstheorien zufolge hängt seine künftige Motivation am meisten davon ab,

a. worin er die Ursache seines Scheiterns sieht.

b. worin die Ursache für sein Scheitern besteht.

c. ob er einfach Pech hatte.

d. wie intelligent er ist.

32 ForscherInnen haben gezeigt, dass die Art und Weise, wie Menschen Ereignisse in ihrem Leben erklären, sich zu gewohnheitsmäßigen Attributionsstilen verfestigen können. Wenn ein Attributionsstil einem Freund zu einer 1,3 am Semesterende verhilft, während ein anderer durch die Prüfung fällt, könnte die Hauptursache dafür darin liegen, dass

a. sie unterschiedlich befähigt sind, was die Aufgaben anbelangt.

b. sie sich unterschiedlich gut mit der Dozentin verstehen.

c. sie nicht im gleichen Maße extrovertiert sind.

d. einer von ihnen über einen optimistischen, der andere über einen pessimistischen Attributionsstil verfügt.

33 Der Equity-Theorie zufolge sind MitarbeiterInnen motiviert,

a. andere zu übertreffen, wenn eine Wettbewerbssituation geschaffen wird.

b. zu KollegInnen faire Arbeitsbeziehungen zu unterhalten.

c. so wenig zu arbeiten wie möglich.

d. Evaluationen durch SupervisorInnen zu vermeiden.

34 Ein Mann ist der Ansicht, dass er hart gearbeitet hat und stets im Sinne seines Unternehmens gehandelt hat, aber das Unternehmen hat ihn ungerecht behandelt. Andere arbeiten sehr viel weniger als er, werden aber besser bezahlt. Der Equity-Theorie zufolge wird der Mitarbeiter vermutlich

a. seinen Job kündigen.

b. seinen Chef um eine Gehaltserhöhung bitten.

c. die Effektivität seiner Bemühungen für das Unternehmen reinterpretieren.

d. versuchen, durch ein Verändern relevanter Inputs und Outputs Gleichheit wiederherzustellen.

35 Was hiervon gehört nicht zu den drei Komponenten des Erwartungsmodells der Arbeitsmotivation?

a. Erwartung

b. Fairness

c. Valenz

d. Instrumentalität

36 Im Erwartungsmodell der Motivation am Arbeitsplatz bezieht _____ sich auf die Wahrnehmung, dass Leistung honoriert wird, und _____ meint die wahrgenommene Attraktivität bestimmter Ergebnisse.

a. Valenz; Erwartung

b. Erwartung; Instrumentalität

c. Instrumentalität; Valenz

d. Instrumentalität; Erwartung

37   Den Vorhersagen zum Erwartungsmodell bei der Arbeit zufolge sollte die Motivation am niedrigsten sein, wenn

    a. jede einzelne Komponente den Wert null annimmt.

    b. Instrumentalität und Valenz eine geringe Wahrscheinlichkeit aufweisen, Erwartung hingegen eine hohe.

    c. Instrumentalität, Valenz und Erwartung allesamt unwahrscheinlich sind.

    d. Instrumentalität, Valenz und Erwartung allesamt eine hohe Wahrscheinlichkeit aufweisen.

38   Wenn Sie gebeten würden, einen Studenten zu begutachten, der eine leistungsorientierte Zielsetzung hat, welche der folgenden Aussagen halten Sie hierfür für am repräsentativsten?

    a. „Ich möchte in der Klasse die beste Note haben."

    b. Mir reicht's, wenn ich die Prüfung irgendwie bestehe."

    c. „Noten sind mir völlig egal."

    d. „Wie sehr ich mich auch anstrenge, ich weiß jetzt schon, dass ich durchfalle."

11.3   Richtig oder falsch?

1   Anreize sind externe Stimuli oder Belohnungen, die Verhalten motivieren, obgleich sie sich nicht direkt auf biologische Bedürfnisse beziehen.

2   William James betont die Bedeutung von Instinkten als motivationale Konstrukte für menschliches Verhalten.

3   Fritz Heider postulierte, dass alle Verhaltensweisen auf dispositionale Kräfte wie mangelnde Anstrengung oder unzureichende Intelligenz zurückgeführt werden können.

4   Maslows Motivationstheorie zufolge wird jemand erst motiviert sein zu lieben und geliebt zu werden, wenn das Bedürfnis nach Selbstverwirklichung gestillt ist.

5   Bei der Erforschung des Gehirns im Zusammenhang mit der Nahrungsaufnahme steht meist die Hypophyse im Mittelpunkt des Interesses.

6   Forschungen zu den Ursachen für Essstörungen haben die Bedeutung genetischer Faktoren untermauert.

7   Bei Menschen mit einem BMI von 30 und mehr wird Adipositas diagnostiziert.

8   In ihren Studien zur Psychologie des Essens haben Janet Polivy und Peter Herman herausgefunden, dass ungezügelte EsserInnen, die durch Lebensumstände gehemmt werden, Gefahr laufen, sich hochkalorischen Fressattacken hinzugeben.

9   Auf der Basis von Zwillingsstudien scheint es klar, dass Homosexualität und Heterosexualität von der persönlichen und sozialen Umgebung abhängen und von biologischen Kräften nicht beeinflusst sind.

10   Menschen mit einem hohen nAch zeichnen sich durch ein Bedürfnis nach Effizienz aus: das Bedürfnis, dasselbe Resultat mit weniger Mühe zu erreichen.

11 Wenn etwas Schlimmes passiert, wird jemand mit einem pessimistischen Attributionsstil dies auf eine instabile und spezifische Ursache zurückführen.

12 Erwartung, Instrumentalität und Valenz sind die drei Komponenten des Erwartungsmodells zur Arbeitsmotivation.

11.4 Lückentext-Aufgaben

1 Bei Männern sind Hormone, die man _____ nennt, nötig für die sexuelle Erregung und die Leistung.

2 _____ sind sozial gelernte Programme sexueller Reaktionsweisen, die Vorgaben enthalten, was zu tun ist, wann und wo es zu tun ist und auf welche Weise; mit wem oder womit; und weshalb es getan werden sollte.

3 Der _____ ist ein projektiver Test, bei dem jemandem Bilder ambivalenter Situationen gezeigt werden, woraufhin Geschichten dazu generiert werden sollen.

4 Ein Angestellter stellt fest, was er in seinen Job investiert und was er dafür erhält, um diese Bilanz mit den Inputs und Outcomes anderer KollegInnen zu vergleichen. Dies beschreibt die _____-Theorie der Arbeitsmotivation.

5 Studierende, die sich auf _____ Zielsetzungen konzentrieren, evaluieren ihren Erfolg entlang der Dimensionen Selbstverbesserung, Interesse und Herausforderung.

11.5 Essayfragen

1 Warum tun wir, was wir tun? Um diese Frage beantworten zu können, haben PsychologInnen fünf Basisabsichten oder Funktionen motivationaler Konzepte entwickelt. Fassen Sie diese Absichten zusammen. Geben Sie Beispiele, wie MotivationspsychologInnen versucht haben, unser Verhalten im Hinblick auf Triebe, Anreize, Instinkte, kognitive Faktoren und Leistungsmotivation zu erklären und setzen Sie diese Ideen in Zusammenhang mit den Motivationskonzepten.

2 Während er bei einem deftigen Abendessen vom Tisch aufsteht und seinen Gürtel lockert, schwört ein Freund, nie wieder zu essen. Pech für Ihren Freund, dass es physiologische Mechanismen gibt, die es ihm schwermachen werden, sein Versprechen zu halten. Beschreiben Sie diese Mechanismen. Gehen Sie dann darauf ein, dass es sich bei dem Essen nicht um einen bloßen physiologischen Prozess handelt; es dreht sich auch um psychologisches Erleben. Was haben ForscherInnen gelernt über psychologische Faktoren, die zu gewichtsbezogenen Problemen beitragen?

3 Der Hauptbeweggrund für sexuelle Aktivitäten liegt bei Tieren in der Reproduktion. Bei Menschen scheint die sexuelle Motivation komplexer. Beschreiben Sie die Pionierstudien von William Masters und Virginia Johnson zur Physiologie sexueller Reaktionsweisen und fassen Sie anschließend die Sichtweise von EvolutionspsychologInnen im Hinblick auf das Paarungsverhalten zusammen. Gehen

Sie abschießend darauf ein, was Studien zur Frage von Anlage und Umwelt im Falle von Homosexualität herausgefunden haben.

4 Entlang welcher Dimensionen gelangen Menschen zu Attributionen? In welchem Zusammenhang stehen Attributionen mit akademischem Abschneiden? Zitieren Sie aktuelle Studien zur Analyse studentischen Abschneidens im Bezug auf Arten leistungsbezogener Zielsetzungen.

5 Die Equity-Theorie und das Erwartungsmodell sind zwei Theorien, die OrganisationspsychologInnen entwickelt haben, um Motivation am Arbeitsplatz zu verstehen. Beschreiben Sie die beiden Theorien mit passenden Beispielen.

11.6 Lösungen

11.6.1 Antworten auf die Verständnisfragen

1 Sie würden wahrscheinlich eine Inferenz erstellen, warum der Studierende lief, was damit in Zusammenhang steht, dass Motivationskonzepte Verbindungen zwischen öffentlichen Handlungen und privaten Zuständen sein können.

2 Homöostase ist gleichbedeutend mit einem Gleichgewichtszustand in biologischer Hinsicht.

3 Die Forschung lässt auf eine nicht unerhebliche Variabilität des Verhaltens zwischen Kulturen schließen – was den biologischen Instinkten widerspricht.

4 Heider unterschied zwischen dispositionalen und situationalen Faktoren als Erklärungen für Ergebnisse.

5 Bindungsbedürfnisse beziehen sich auf das Bedürfnis des Menschen, dazuzugehören, sich anderen anzuschließen, zu lieben und geliebt zu werden.

6 Sättigung einer spezifischen Sinnesmodalität liegt vor, wenn ein Mensch in Hinsicht auf einen bestimmten Essensgeschmack gesättigt ist.

7 Das Zwei-Zentren-Modell ging davon aus, dass der VMH das „Sattheitszentrum" sei. Neuere Forschungen ergeben allerdings, dass die Rolle des VMH von der Art der Nahrung abhängt.

8 Gezügelte Esser halten gewohnheitsmäßig eine kalorienarme Diät ein, bis sie enthemmt werden, worauf sie dann oft in kalorienreiche „Fressorgien" verfallen.

9 Bulimia nervosa wird durch Ess- und Brechattacken gekennzeichnet.

10 Bei den meisten Tierarten folgen alle Artangehörigen demselben vorhersehbaren Sexualverhalten.

11 Masters und Johnson definierten die Phasen Erregung, Plateau, Orgasmus und Rückbildung.

12 Weil Männer in derselben Zeit, in der eine Frau schwanger ist, mehrere Frauen schwängern können, suchen Männer mehr Sexualpartnerinnen.

13 Skripte des Sexualverhaltens sind sozial erlernte Programme, die angemessene Formen sexueller Aktivität definieren.

14 Die Konkordanzraten liegen bei MZ Zwillingen höher als bei DZ Zwillingen, was die Behauptung einer genetischen Komponente der Homosexualität unterstützt.

15 Das Leistungsmotiv reflektiert die individuellen Unterschiede in der Wertigkeit von Vorausplanung und dem Erreichen gesetzter Ziele.

16 Attributionen werden in den Dimensionen internal/external, global/spezifisch und stabil/instabil zugewiesen.

17 Das Erwartungsmodell geht davon aus, dass Arbeiter motiviert werden, wenn sie erwarten, dass ihre Anstrengung und Leistung erwünschte Ergebnisse haben werden.

11.6.2 Antworten auf die Multiple-Choice-Fragen

1	b	**14**	b	**27**	a
2	d	**15**	d	**28**	c
3	b	**16**	c	**29**	b
4	d	**17**	a	**30**	c
5	c	**18**	d	**31**	a
6	b	**19**	c	**32**	d
7	d	**20**	d	**33**	b
8	a	**21**	c	**34**	d
9	a	**22**	c	**35**	b
10	b	**23**	b	**36**	c
11	c	**24**	c	**37**	a
12	a	**25**	b	**38**	a
13	b	**26**	a		

11.6.3 Antworten auf die „Richtig oder falsch?"-Fragen

1	Richtig	**5**	Falsch	**9**	Falsch
2	Richtig	**6**	Richtig	**10**	Richtig
3	Falsch	**7**	Richtig	**11**	Falsch
4	Falsch	**8**	Falsch	**12**	Richtig

11.6.4 Antworten zu den Lückentext-Aufgaben

1 Androgene

2 Sexuelle Skripte

3 Thematische Apperzeptionstest

4 Equity

5 Aneignungs-

11.6.5 Lösungshinweise zu den Essayfragen

1 Bei den fünf Basiskonzepten handelt es sich um: Biologie zu Verhalten in Bezug setzen, Verhaltensvariabilität erklären, von äußeren Handlungen auf innere Zustände schließen, Handlungen Verantwortung zuweisen, Beharrlichkeit trotz Widrigkeiten erklären. Beispiele: Hulls Triebtheorie, Anreize, die wir in unserem eigenen Leben finden; Beispiele für Erwartungen, soziales Lernen und Bedürfnisse.

2 Die Psychologie des Essens umfasst beinhaltet kulturelle Faktoren wie Empfehlungen für gesundes Essen, soziale Normen, die Taktung der Nahrungsaufnahme, gezügeltes und ungezügeltes Essen, Diäten und den Einfluss anderer auf unser Essverhalten. All diese Faktoren interagieren mit der Physiologie des Essens und genetischen Einflüssen.

3 Sexuelle Erregung hängt bei Tieren von physiologischen Faktoren ab (Beispiel: stereotype sexuelle Verhaltensweisen). Geben Sie Beispiele und erwähnen Sie Ausnahmen. Fassen Sie Masters und Johnsons Hauptergebnisse (davon gibt es vier) zusammen. Geben Sie Beispiele, weshalb Paarungsstrategien sich zu kurz- und langfristigen Strategien ausdifferenziert haben könnten. Was ist ein sexuelles Skript? Wie wirkt sich Homophobie auf homosexuelle Menschen und Paare aus?

4 Eine Attribution ist eine Einschätzung der Ursachen eines bestimmten Ergebnisses. Diskutieren Sie die Dimensionen von Attributionen, pessimistischen und optimistischen Attributionsstilen, der Auswirkung von Attributionen auf die Motivation und Performance-Vermeidungs-/Performance-Annäherungs-Ziele und das Ziel der Aneignung.

5 Die Equity-Theorie geht davon aus, dass Angestellte zu KollegInnen faire und auf Gleichheit gründende Beziehungen pflegen. Erklären Sie, wie dies vonstatten geht. Was sind die Folgen von Ungleichheit/Gleichheit? Dem Erwartungsmodell liegt die Annahme zugrunde, dass Angestellte motiviert sind, wenn sie davon ausgehen, dass ihre Bemühungen am Arbeitsplatz die gewünschten Resultate zur Folge haben. Definieren Sie die drei Komponenten der Theorie. Geben Sie Beispiele für die Anwendung dieser Komponenten.

Emotionen, Stress, Gesundheit

ÜBERBLICK

12

12.1 Verständnisfragen

1 Was hat die interkulturelle Forschung über das Erkennen von Gesichtsausdrücken ergeben?

2 Welche Rolle spielt das autonome Nervensystem beim Erleben von Emotionen?

3 Was ist die grundlegende Behauptung der Cannon-Bard-Theorie der Emotionen?

4 Welchen Einfluss hat die Stimmung auf die Informationsverarbeitung?

5 Worin besteht die wichtigste Quelle für Glück?

6 Was sind die drei Stadien des allgemeinen Adaptationssyndroms?

7 Wie haben sich die Werte von Lebensveränderungseinheiten (LCUs) von den 60er- zu den 90er-Jahren des 20. Jahrhunderts verändert?

8 Wie beeinflussen alltägliche Ärgernisse und Freuden das Wohlbefinden?

9 Was bedeutet es, emotionsorientierte Bewältigung anzustreben?

10 Warum ist wahrgenommene Kontrolle im Zusammenhang der Stressbewältigung wichtig?

11 Was bedeutet benefit finding?

12 Was hat die Forschung über die genetischen Grundlagen des Rauchens ergeben?

13 Welches sind die drei Komponenten einer erfolgreichen AIDS-Intervention?

14 Welche Bedingungen sind notwendig, um die Entspannungsreaktion hervorzurufen?

15 Was ist das wichtigste Ziel von ForscherInnen in der Psychoneuroimmunologie?

16 Worin besteht der „toxische" Aspekt von Typ-A-Persönlichkeiten?

17 Wie definiert man Burn-out im Beruf?

12.2 Multiple-Choice-Fragen

1 Wenn Charles Darwins Sicht von Emotionen zutreffend ist, würden wir erwarten, dass

a. unterschiedliche Kulturen unterschiedliche emotionale Reaktionsweisen hervorbringen.

b. die Funktion von Emotionen unwichtig ist und keine besondere Absicht verfolgt.

c. emotionale Reaktionsweisen durch Erfahrung gelernt werden.

d. Kinder über verschiedene Kulturen hinweg ähnliche emotionale Reaktionsmuster an den Tag legen.

2 Wenn ein Großvater seine junge Enkelin anlächelt, nähert sie sich ihm. Wenn er ärgerlich schaut, wird sie sich vermutlich _____, was nahelegt, dass sie _____.

a. ebenfalls auf ihn zubewegen; den Unterschied zwischen diesen beiden Gesichtsausdrücken nicht kennt

b. ebenfalls auf ihn zubewegen; ihr Verhalten nicht an emotionalen Ausdrücken ausrichtet

c. wegbewegen; die Bedeutung der Ausdrücke erkennt und versteht

d. wegbewegen; ihr Verhalten nicht an emotionalen Ausdrücken ausrichtet

3 Auf der Grundlage von Paul Ekmans Ansichten zu emotionalen Gesichtsausdrücken kann man schlussfolgern, dass

a. Darwins Theorie zu den Emotionen nicht zutreffend ist.

b. emotionale Reaktionen in erster Linie gelernte Reaktionsweisen auf spezifische Situationen darstellen.

c. alle Spezies die Fähigkeit besitzen, alle möglichen Emotionen auszudrücken.

d. es sieben Grundemotionen gibt.

4 In einer kulturübergreifenden Studie zu Gesichtsausdrücken, die im Lehrbuch vorgestellt wird, hatten Angehörige der Fore-Kultur Schwierigkeiten, zwischen den Emotionen _____ zu unterscheiden.

a. Glück und Trauer

b. Ekel und Verachtung

c. Angst und Überraschung

d. Hass und Feindseligkeit

5 Die Vorgänge im autonomen Nervensystem während emotionaler Reaktionen sind komplex. Bei _____ Stimulation ist der Sympathikus aktiver; bei _____ Stimulation ist der Parasympathikus aktiver.

a. sanfter, angenehmer; sanfter, unangenehmer

b. starker, angenehmer; starker, unangenehmer

c. sanfter, unangenehmer; sanfter; angenehmer

d. starker, unangenehmer; starker, angenehmer

6 Die physiologischen Veränderungen, die im Zusammenhang mit Emotionen die Ausschüttung von Adrenalin und Noradrenalin in den Nebennieren regulieren,

a. bewirken, dass das sympathische Nervensystem gedrosselt wird.

b. bewirken, dass das emotionale Reagieren auf die Stimulation reduziert wird.

c. bereiten den Körper auf eine mögliche Gefahr vor.

d. beruhigen den Körper, wenn ein Notfall vorbei ist.

7 Die Hirnteile, die hormonelle und neuronale Aspekte von Erregung integrieren, heißen

a. retikuläres System und Thalamus.

b. Hypothalamus und limbisches System.

    c. Hippocampus und Brücke.

    d. Cerebellum und Cortex.

8 ForscherInnen gehen davon aus, dass es im Hirn zwei voneinander unabhängige Systeme gibt, die sich jeweils um annäherungsbezogene und rückzugsbezogene emotionale Verhaltensweisen kümmern. Diese Systeme werden mit _____ des Hirn assoziiert.

    a. ausschließlich der linken Amygdala

    b. dem Okzipitallappen

    c. ausschließlich dem Frontallappen

    d. den verschiedenen Hemisphären

9 Der vom Psychologen William James eingeschlagene Weg zur Erforschung von Emotionen widersprach dem allgemein vorherrschenden Verständnis. James zufolge

    a. werden Emotionen erlebt, nachdem der Körper reagiert.

    b. fühlen Menschen Emotionen, wenn das, was geschieht, erwartet wurde.

    c. reagieren Menschen nur, wenn sie grad nicht emotional sind.

    d. folgen Verhaltensreaktionen den emotionalen Reaktionen.

10 Im Zusammenhang mit Emotionen verhält sich peripheriebetonende Theorie zu zentralistischem Fokus wie

    a. Robert Zajonc zu Carl Lange.

    b. Stanley Schachter zu Richard Lazarus.

    c. William James zu Walter Cannon.

    d. Stanley Schachter zu Paul Ekman.

11 Walter Cannon und andere KritikerInnen der James-Lange-Theorie fochten die Theorie auf der Grundlage folgender Argumente an. Nur eine der Aussagen gehört nicht zu ihren Kritikpunkten.

    a. Die Reaktionen des autonomen Nervensystems sind zu langsam, als dass sie bei emotionalen Reaktionen eine Rolle spielen können.

    b. Tiere reagieren auch dann emotional, wenn man ihr viszerales System vom zentralen Nervensystem abtrennte.

    c. Das viszerale System ist für das emotionale Erleben irrelevant.

    d. Wenn eine Emotion erfahren wird, sind Reaktionen auf physiologischer und auf psychologischer Ebene voneinander unabhängig.

12 Beim Emotionsansatz von Stanley Schachter und Richard Lazarus liegt das Hauptaugenmerk

    a. darauf, wie Signale vom Thalamus zum Cortex gelangen.

    b. auf viszeralen Reaktionen auf emotionale Stimuli.

    c. auf angeborenen Verbindungen, die auf die Evolution zurückzuführen sind.

    d. auf kognitiven Bewertungen für physiologische Erregung.

13 Man fühlt sich manchmal zu einem bestimmten Stimuli sehr stark hingezogen, ohne bewusst zu wissen weshalb. Diese Anziehung steht in engem Zusammenhang mit _____ Ergebnissen im Rahmen seiner Emotionsforschung.

a. Stanley Schachter

b. Richard Lazarus

c. Walter Cannon

d. Robert Zajonc

14 Die Forschung legt nahe, dass negative Stimmungen

a. zu detaillierterem und angestrengterem Denken führen.

b. vom Konzentrieren abhalten.

c. die Gedächtnisleistung senken.

d. die mentale Wendigkeit einschränken.

15 Die Forschung hat ergeben, dass

a. Genetik maßgeblich Einfluss nimmt auf individuelle Unterschiede im Hinblick auf das subjektive Wohlbefinden.

b. die Lebenserfahrung sich kaum, wenn überhaupt, auf individuelle Unterschiede im Hinblick auf subjektives Wohlbefinden auswirkt.

c. sich soziale Beziehungen langfristig nur geringfügig auf das subjektive Wohlbefinden auswirken.

d. Einschätzungen des subjektiven Wohlbefindens einzig und allein auf positiven Emotionen beruhen.

16 ForscherInnen führten ein Experiment durch mit dem Ziel, bei Studierenden die Vorhersage emotionaler Reaktionen mit den tatsächlichen Reaktionen zu vergleichen. Sie baten die Studierenden vorherzusagen, wie sie sich ihrer Vorstellung nach fühlen würden, wenn sie bei einem Test besser oder schlechter oder ihrer Vorhersage gemäß abschnitten. Später fragten sie die Studierenden, wie sie sich angesichts des tatsächlichen Ergebnisses fühlten. Sie fanden heraus, dass

a. Studierende sich über eine bessere Note in Wirklichkeit sehr viel mehr freuten, als sie vorhergesagt hatten.

b. die Vorhersagen der Studierenden hinsichtlich künftiger Emotionen ziemlich zutreffend waren.

c. Studierende im Schnitt bei den Prüfungen etwas schlechter abschnitten, als sie selbst vorhergesagt hatten.

d. Studierende etwas besser abschnitten, als sie erwartet hatten, und dass sie sich über diese unerwarteten Erfolge sehr viel weniger freuten, als sie erwartet hatten.

17 Die manchmal wegen der wichtigen Rolle im Notfall als Stresszentrum bezeichnete Hirnregion ist

a. der Hippocampus.

b. der Thalamus.

c. der Hypothalamus.

d. das autonome Nervensystem.

18 In einem Notfall ist das autonome Nervensystem dafür zuständig, all diese Effekte hervorzubringen – bis auf eine Ausnahme:

a. dem Nebennierenmark zu signalisieren, dass es Adrenalin und Noradrenalin ausschütten soll.

b. die Ausschüttung von Zucker von der Leber ins Blut anzuregen.

c. die Schilddrüse zu stimulieren, dem Körper mehr Energie zur Verfügung zu stellen.

d. die Milz dazu zu veranlassen, mehr rote Blutkörperchen auszuschütten und bei der Gerinnung zu helfen.

19 Auch bekannt unter der Bezeichnung „Stresshormon" stimuliert _____ das Nebennierenmark und sendet an verschiedene Organe das Signal, etwa dreißig andere Hormone freizusetzen, von denen jedes eine Rolle bei der Reaktion des Körpers auf Stress spielt.

a. Adrenocorticotropin (ACTH)

b. Schilddrüsenhormon (TTH)

c. Adrenalin

d. Noradrenalin

20 Die Forschung hat gezeigt, dass die Art und Weise, wie jemand stressreiche Ereignisse interpretiert,

a. die physiologischen Reaktionen des Körpers beeinflussen kann.

b. sehr wenig damit zu tun hat, wie wenig Stress jemand erlebt.

c. nicht so wichtig ist wie die physiologischen Wirkungen von Stress.

d. vom genetischen Erbe einer Person abhängt.

21 Die meisten Menschen erleben in ihren Leben sowohl Positives als auch Negatives. Als ForscherInnen die Beziehung zwischen glücklichen und irritierenden Ereignissen untersuchten, fanden sie heraus, dass die Entzündungsfaktoren, die auf ein Risiko hindeuten, kardiovaskulär zu erkranken

a. lediglich von positiven Ereignissen beeinflusst werden.

b. lediglich von unerwünschten Lebensereignissen abhängen.

c. positiv von alltäglichen Irritationen und negativ von mit Glück verbundenen Ereignissen beeinflusst werden.

d. positiv auf glückliche Ereignisse reagieren, indem sie diese Faktoren verringern, und negativ auf Irritationen, indem sie diese Faktoren erhöhen.

22 Als eine Frau ihren Ehemann auf die vielen Probleme in ihrer Ehe anspricht, ist er verwirrt und fragt sich im Stillen, ob die Sorgen seiner Frau ihn stressen sollten. Richard Lazarus zufolge ist der Mann beschäftigt mit

a. emotionalem Bewerten.

b. einer primären kognitiven Bewertung.

c. einer sekundären kognitiven Bewertung.

d. Leugnen.

23 Stress-Moderatorvariablen

    a. filtern die gewöhnlichen Effekte von Stressoren.

    b. erhöhen den potentiellen Einfluss eines Stressoren.

    c. sind stets psychologische Faktoren.

    d. eliminieren für gewöhnlich die Stressquelle.

24 Wenn Stressoren kontrollierbar sind, sind Copingtechniken, die _____, am hilfreichsten; sind Stressoren hingegen nicht kontrollierbar, ist es hilfreich, Copingtechniken auszuprobieren, die _____.

    a. emotionsorientiert sind; problemorientiert sind

    b. kognitiv sind; somatisch orientiert sind

    c. problemorientiert sind; emotionsorientiert sind

    d. somatisch orientiert; kognitiv sind

25 Eine Freundin versucht, ihre Stressoren in den Griff zu bekommen. Sie liest vom dreiphasigen Prozess der Stressimpfung, das der kognitive Verhaltenstherapeut Donald Meichenbaum entwickelt hat, und ist redlich bemüht, es anzuwenden. Als Erstes wird sie ausprobieren,

    a. neue Verhaltensweisen zu identifizieren, die selbstschädigende Verhaltensweisen aushebeln.

    b. die Konsequenzen aller adaptiven Verhaltensweisen einzuschätzen, die sie ausübt.

    c. ihr Problem im Hinblick auf Ursachen und Folgen zu redefinieren.

    d. es zu vermeiden, sich selbst niederzumachen.

26 ForscherInnen versuchen zu identifizieren, welche Arten sozialer Unterstützung Menschen beim Bewältigen bestimmter Situationen am meisten nützen. Sie haben herausgefunden, dass sowohl informationelle als auch emotionale Unterstützung jeweils für bestimmte Menschen in bestimmten Situationen effektiv sind. Was allgemein gesprochen bei der Unterstützung wichtig zu sein scheint, ist

    a. die Passung zwischen dem, was jemand möchte, und dem, was er oder sie kriegt.

    b. dass jemand die Unterstützung – in welcher Form auch immer sie angeboten wird – akzeptiert und von ihr profitiert.

    c. fast immer informationelle Unterstützung; emotionale Unterstützung ist für die Genesung nicht ausschlaggebend.

    d. fast immer emotionale Unterstützung; informationelle Unterstützung ist für die Genesung nicht ausschlaggebend.

27 In einer Studie mit 7- bis 10-jährigen Kindern, die den Hurrikan Katrina in New Orleans überlebt hatten, fanden die ForscherInnen heraus, dass die Kinder, die

    a. das größte posttraumatische Wachstum aufwiesen, diejenigen waren, deren Gedanken sich immer wieder um die traumatischen Ereignisse drehten.

    b. das größte posttraumatische Wachstum aufwiesen, diejenigen waren, deren Gedanken sich kaum um die traumatischen Ereignisse drehten.

c. den größten posttraumatischen Stress aufwiesen, diejenigen waren, deren Gedanken sich immer wieder um die traumatischen Ereignisse drehten.

d. den geringsten posttraumatischen Stress aufwiesen, diejenigen waren, deren Gedanken sich kaum um die traumatischen Ereignisse drehten.

28 Die Forschung an RaucherInnen, die mit dem Rauchen aufgehört haben, zeigt, dass

a. ein Rückfall unwahrscheinlich ist, wenn jemand erst einmal aufgehört hat zu rauchen.

b. Menschen auf ihrem Weg zur Bereitschaft aufzuhören Stadien durchlaufen.

c. sich die meisten, die aufgehört haben, professionellen Behandlungsprogrammen angeschlossen haben.

d. alle Menschen, die zum gegenwärtigen Zeitpunkt RaucherIn sind, hinsichtlich ihrer Bereitschaft aufzuhören psychologisch auf dem gleichen Stand sind.

29 Die US-Regierung ist der Ansicht,

a. dass Erwachsene mindestens 150 Minuten in der Woche bei moderater Intensität trainieren sollten, damit die Gesundheit tatsächlich davon profitieren kann.

b. dem möglichen Nutzen einer regelmäßigen Trainingspraxis zu viel Aufmerksamkeit geschenkt wurde.

c. dass mentale Gesundheit nicht der Kategorie des Gesundheitsstatus zuzurechnen ist.

d. dass es unrealistisch ist, die Spanne gesunden Lebens erweitern zu wollen.

30 Auf den Pionier Neal Miller zurückgehend, ist _____ ein Verfahren, das jemandem normalerweise schwache interne Reaktionen bewusst macht, indem klare externe Signale zur Verfügung gestellt werden.

a. die Entspannungsreaktion.

b. Biofeedback.

c. kognitive Kontrolle.

d. Stressimpfung.

31 Wollte man die Empfehlung des Gesundheitspsychologen James Pennebaker beherzigen, wäre es ideal, wenn Menschen

a. aktiv versuchen würden, negative Gedanken und Gefühle zu unterdrücken.

b. zu einer Religion konvertieren würden, in der Stille eine wichtige Rolle spielt.

c. anderen von ihren persönlichen Traumata und schambesetzten Erfahrungen erzählen.

d. sich für psychologische Behandlungen entscheiden würden und nicht für medizinische.

32 Ein Kollege scheint mit seinem Leben und seiner Arbeit sehr zufrieden zu sein. Er hat nicht das Gefühl, mit seinen KollegInnen in einer Konkurrenzbeziehung zu stehen, um karrieremäßig voranzukommen. Er wirkt fröhlich und ist häufig in Gesellschaft anderer anzutreffen. PsychologInnen würden sein Verhalten als dem _____-Muster zugehörig klassifizieren.

a. Typ A

b. Typ B

c. feindseligen

d. optimistischen

33 Der Forschung von Christina Maslach scheinen Angestellte in der Gesundheitsversorgung prädestiniert für ein Jobburnout zu sein. Angehörige dieses Berufsstands reduzieren die Effekte dieses Problems in der Regel NICHT, wenn sich ihr Job dahingehend verändert, dass sie

a. als Teil eines Teams arbeiten und nicht all ihre Fälle mit sich allein ausmachen.

b. eine Chance haben, sich zeitweise aus hochgradig stresserfüllten Situationen zurückzuziehen.

c. das Recht haben, kontinuierlich mehr Zeit mit ihren KlientInnen zu verbringen.

d. für ihre Bemühungen positives Feedback erhalten.

12.3 Richtig oder falsch?

1 Physiologisch ist der sympathische Teil des autonomen Nervensystems bei sanfter, unangenehmer Stimulation aktiver und bei sanfter angenehmer Stimulation ist der parasympathische Teil des autonomen Nervensystems aktiver.

2 Die James-Lange-Theorie zu Emotionen gilt als peripheriebetonende Theorie.

3 Der kognitiven Bewertungstheorie zufolge muss man die Umwelt zunächst bewusst nach einer Interpretation für den Erregungszustand absuchen, ehe eine Emotion erlebt wird.

4 Akuter Stress ist definiert als ein flüchtiger Zustand der Erregung, der normalerweise einen klar umrissenen Anfang und ein ebenso klar umrissenes Ende hat.

5 Der Hypothalamus wird manchmal als Stresszentrum bezeichnet, weil er in eine Vielzahl emotionaler Reaktionen eingebunden ist.

6 Stress führt zu einer Reihe physiologischer Veränderungen, darunter eine Erweiterung der Blutgefäße, eine Verringerung der Adrenalinausschüttung und eine Kontraktion der Pupillen.

7 Wenn man Sie bitten würde, die Social Readjustment Rating Scale auszufüllen, würde man Sie bitten einzuschätzen, inwieweit bestimmte Lebensereignisse – sowohl angenehme als auch unangenehme – eine Anpassung erforderlich machen. Daraus würde dann die Zahl der Lebensveränderungseinheiten errechnet.

8 Die Forschung hat illustriert, dass die emotionalen Reaktionen posttraumatischen Stresses in einer akuten Form direkt nach dem Trauma auftreten und dann im Laufe einer Monate nachlassen können.

9 Der emotionsfokussierte Bewältigungsansatz ist nützlich, um den Einfluss eher unkontrollierbarer Stressoren in den Griff zu bekommen.

10 Bei den Navajo-IndianerInnen bezieht sich das Konzept *hozho* auf Disharmonie, oder Böses, das durch eine Verletzung von Tabus, Hexenkraft, Völlerei oder schlechte Träume entsteht.

11 Ihr Freund sieht sich im Fernsehen eine Krimiszene an, was er sichtlich genießt. Ein Beispiel für die Entspannungsreaktion.

12 Biofeedback ist eine Selbstregulationstechnik, bei der man lernt, biologische Prozesse willentlich zu kontrollieren.

13 Das Typ B-verhalten zeichnet sich dadurch aus, dass man Wettbewerb auf exzessive Weise betont, außerdem sind Aggression, Ungeduld und Feindseligkeit typisch.

12.4 Lückentext-Aufgaben

1 Neuroanatomische Forschung hat sich konzentriert auf die _____ als einen Teil des limbischen Systems, das Emotionen und die Bildung emotionaler Erinnerungen kontrolliert.

2 Die Integration neuronaler und hormoneller Aspekte bei der emotionalen Erregung wird kontrolliert durch _____ und _____.

3 Die _____-Theorie der Emotion ist eine zentralistische Theorie, die davon ausgeht, dass ein emotionaler Stimulus zwei zeitgleich auftretende Reaktionen zur Folge hat, Erregung und das Erleben einer Emotion, die sich nicht gegenseitig verursachen.

4 Von Shelley Taylor and ihren KollegInnen stammt die Hypothese, dass Frauen auf Stress _____ reagieren, was ihnen dabei hilft, ihre Nachkommen zu beschützen und sich sozialen Gruppen anzuschließen, um ihre Verwundbarkeit herabzusetzen.

5 Die zwei wichtigsten Bewältigungsstile werden anhand des Ziels unterschieden – ob es darin besteht, das Problem direkt anzugehen, was _____ Bewältigen genannt wird, oder ob es darum geht, das mit dem Stress einhergehende Unwohlsein zu lindern, was man als _____ Bewältigen bezeichnet.

12.5 Essayfragen

1 Charles Darwin war der Ansicht, dass Emotionen ein Ergebnis der Evolution sind und dass sie universell sind. Zeigen Sie, wie die Studien von Paul Ekman diese Schlussfolgerung stützen und wie Kultur den emotionalen Ausdruck einschränkt. Fassen Sie dann die drei wichtigsten Theorieansätze im Bereich der Emotionen zusammen.

2 Wenn es Ihnen wie den meisten Menschen geht, waren Sie in Ihrem Leben Stress ausgesetzt. Was geschieht in Ihrem Körper, wenn Sie unter dem Einfluss der Kampf-Flucht-Reaktion stehen? Wie fasste Hans Selye die Reaktionen im Körper auf Stress auf? Wenn Sie den Stress mehr vor dem Hintergrund der Psychologie betrachten, was haben PsychologInnen über die Bedeutung der kognitiven

Bewertung und die verschiedenen Arten von Bewältigungsreaktionen in Erfahrung bringen können?

3 Ein Hauptanliegen von GesundheitspsychologInnen besteht darin, sich für gesunde Verhaltensweisen und einen gesunden Lebensstil einzusetzen. Erläutern Sie das biopsychosoziale Modell von Gesundheit und Krankheit und fassen Sie dann die Ergebnisse zu den wichtigsten Gesundheitsrisiken Rauchen und Aids zusammen.

4 Diskutieren Sie die zuverlässige Mitarbeit einer Patientin oder eines Patienten beim Behandlungsplan. Warum ist dies so wichtig und was wird unternommen, um die Kooperation zu fördern?

5 Viele ForscherInnen gehen davon aus, dass psychologische Strategien das Wohlbefinden erhöhen können. Diskutieren Sie vor diesem Hintergrund, wie Geist und Körper in den Heilungsprozess eingebunden werden können. Diskutieren Sie Biofeedback und die Entspannungsreaktion.

12.6 Lösungen

12.6.1 Antworten auf die Verständnisfragen

1 Interkulturelle Forschungen legen nahe, dass es sieben Gesichtsausdrücke gibt, die von Menschen im Allgemeinen weltweit erkannt werden.

2 Das autonome Nervensystem spielt eine wichtige Rolle bei der Erzeugung der physiologischen Aspekte von Emotionen – wie zum Beispiel Herzrasen und schwitzende Hände.

3 Die Cannon-Bard-Theorie schlägt vor, dass ein emotionaler Stimulus gleichzeitig Erregung und ein emotionales Gefühl erzeugt.

4 Menschen in negativen Stimmungen neigen dazu, Informationen detaillierter und aufwendiger zu verarbeiten als Menschen in einer positiven Stimmung.

5 Die Forschung legt nahe, dass gute soziale Beziehungen die wesentlichste Quelle für Glück sind.

6 Die drei Stadien des allgemeinen Adaptationssyndroms sind Alarmreaktion, Widerstand und Erschöpfung.

7 Teilnehmende an Untersuchungen aus den 90er-Jahren gaben mehr Lebensveränderungseinheiten an, erlebten also stärkeren Stress als die Menschen der 60er-Jahre.

8 Im Allgemeinen haben alltägliche Ärgernisse einen negativen Effekt auf das Wohlbefinden, alltägliche Freuden einen positiven.

9 Bei emotionsorientierter Bewältigung verbessern die Betroffenen ihr Befinden durch Aktivitäten, die den Stressfaktor nicht direkt ändern.

10 Wenn Menschen nicht daran glauben, die Kontrolle über eine Stresssituation zu haben, riskieren sie mangelhafte körperliche und psychische Anpassung.

11 Man findet positive Veränderungen, die durch negative Ereignisse im Leben entstehen.

12 Forschungsprojekte, die die Ähnlichkeit des Tabakkonsums bei MZ und DZ Zwillingen verglichen, haben ergeben, dass Rauchgewohnheiten tatsächlich eine genetische Komponente haben.

13 Erfolgreiche AIDS-Interventionen müssen Informationen bereitstellen, Motivation fördern und richtiges Verhalten lehren.

14 Um die Entspannungsreaktion zu erzeugen, müssen die Menschen eine ruhige Umgebung finden, wo sie in einer bequemen Haltung mit geschlossenen Augen ruhen und eine wiederholende geistige Übung durchführen können.

15 ForscherInnen auf dem Gebiet der Psychoneuroimmunologie versuchen zu verstehen, welchen Einfluss psychische Zustände auf das Immunsystem haben.

16 Feindseligkeit ist der Persönlichkeitsaspekt vom Typ A, der ein Krankheitsrisiko darstellt,.

17 Burn-out im Beruf ist ein Zustand emotionaler Erschöpfung, der Depersonalisation und des Gefühls verminderter persönlicher Leistungsfähigkeit.

12.6.2 Antworten auf die Multiple-Choice-Fragen

1	d	**12**	d	**23**	a
2	c	**13**	d	**24**	c
3	d	**14**	a	**25**	c
4	c	**15**	a	**26**	a
5	c	**16**	d	**27**	a
6	c	**17**	c	**28**	b
7	b	**18**	c	**29**	a
8	d	**19**	a	**30**	b
9	a	**20**	a	**31**	c
10	c	**21**	d	**32**	b
11	d	**22**	b	**33**	c

12.6.3 Antworten auf die „Richtig oder falsch?"-Fragen

1	Richtig	**6**	Falsch	**11**	Falsch
2	Richtig	**7**	Richtig	**12**	Richtig
3	Falsch	**8**	Richtig	**13**	Falsch
4	Richtig	**9**	Richtig		
5	Richtig	**10**	Falsch		

12.6.4 Antworten zu den Lückentext-Aufgaben

1 Amygdala

2 den Hypothalamus; das limbische System

3 Cannon-Bard

4 mit Fürsorge und Befriedung

5 problemorientiertes; emotionsorientiertes

12.6.5 Lösungshinweise zu den Essayfragen

1 Paul Ekman identifizierte sieben universelle Emotionen. Diskutieren Sie, wie dieser Befund Darwins Sichtweise untermauert. Kulturen etablieren soziale Regeln, die Menschen vorgeben, worin ein angemessener Ausdruck von Emotionen besteht. Diskutieren Sie die Physiologie der Emotionen, die James-Lange-Theorie, die Cannon-Bard-Theorie und kognitive Bewertungstheorien.

2 Beschreiben Sie, welche Abfolge von Aktivitäten während der Kampf-oder-Flucht-Reaktion in den Nerven und Drüsen ausgelöst wird. Beschreiben Sie Selyes allgemeines Adaptationssyndrom. Die Bewertung umfasst eine persönliche Definition der Bedeutung des Stresses für einen selbst, hier geht es um primäre und sekundäre Bewertungen sowie Stressmoderatorvariablen. Geben Sie Beispiele für Bewältigungsreaktionen.

3 Definieren Sie den Begriff biopsychosozial, der die physische Gesundheit mit Bewusstseinszuständen und der Umwelt zusammenbringt, in der jemand sich aufhält. Eine verbesserte Lebensqualität geht mit Lebensstilfaktoren einher. Rauchen und Aids beeinflussen die Gesundheit beträchtlich und machen eine Lebensstilanpassung erforderlich. Eine erfolgreiche Behandlung setzt voraus, dass sowohl die physiologischen als auch die psychologischen Bedürfnissen des oder der Behandelten Rechnung getragen wird. HIV hat den chronischen Stress zur Folge, dass AIDS ausbrechen könnte. Diskutieren Sie die Compliance hinsichtlich der Behandlungsempfehlung und das Erlernen, wie die Ressourcen von Körper und Geist genutzt werden können, um mit chronischen Erkrankungen einen Umgang zu finden und die Lebensqualität zu erhöhen.

4 PatientInnen erhalten oft einen Behandlungsplan. Die Wahrnehmung der Patient-Innen, wie schwer ihre Erkrankung ist, soziale Unterstützung und die Passung der Einstellungen zwischen Arzt/Ärztin und PatientIn sind allesamt Variablen, die hierauf Einfluss nehmen.

5 Definieren und diskutieren Sie den Begriff Wohlbefinden. Entspannung durch Meditation hat alte Wurzeln; beschreiben Sie die Entspannungsreaktion und geben Sie Beispiele. Definieren Sie Biofeedback und die Psychoneuroimmunologie. Erwähnen Sie Pennebakers Arbeiten und die Wirkung psychologischer Faktoren auf den Gesundheitszustand.

Die menschliche Persönlichkeit

13

ÜBERBLICK

13.1 Verständnisfragen

1 Was sind die Endpunkte der Trait-Dimension „Neurotizismus"?

2 Wie erfasst die Forschung die Erblichkeit von Traits?

3 Was ist das Konsistenzparadoxon?

4 Welche Verhaltensweisen könnten nach Freuds Theorie aus einer Fixierung in der oralen Phase der Persönlichkeitsentwicklung resultieren?

5 Wie wird das „Ich" vom Realitätsprinzip geleitet?

6 Obwohl Leon hochgradig aggressiv ist, sieht er die Schuld für Raufereien stets bei anderen. Welcher Ich-Abwehrmechanismus könnte hier vorliegen?

7 Welcher Trieb motiviert nach Alfred Adlers Ansicht einen Großteil des menschlichen Verhaltens?

8 Was ist Selbstverwirklichung?

9 Inwieweit sind humanistische Theorien dispositionsbezogen?

10 Was ist eine Psychobiografie?

11 Was bedeutet es in Julian Rotters Theorie, wenn die Lokalisation der Kontrolle external orientiert ist?

12 Welche fünf Variablen erklären in Walter Mischels Theorie individuelle Unterschiede?

13 Welche drei Komponenten spielen in Albert Banduras Theorie des reziproken Determinismus eine Rolle?

14 Was ist Selbstwert?

15 Was ist Selbstbeeinträchtigung?

16 Was bedeutet es, ein interdependentes Selbstbild zu haben?

17 In welcher Weise unterscheiden sich die Persönlichkeitstheorien voneinander hinsichtlich der Dimension „Anlage vs. Umwelt"?

18 Konzentriert sich Freuds Persönlichkeitstheorie am stärksten auf die Vergangenheit, die Gegenwart oder die Zukunft?

19 Welche Dimension der Persönlichkeitstheorien bezieht sich auf die eigene Wahrnehmung verhaltensformender Kräfte?

20 Welchem Zweck dienen die zehn klinischen Skalen des MMPI?

21 Welchem Zweck dient das NEO Personality Inventory (NEO-PI)?

22 Welche drei Hauptmerkmale benutzen KlinikerInnen, um Antworten im Rorschach-Test zu interpretieren?

13.2 Multiple-Choice-Fragen

1 Wenn Eigenschaften ForscherInnen ermöglichen, Kombinationen von Stimuli und Reaktionen, die auf den ersten Blick unzusammenhängend scheinen, zu verbinden und zu vereinheitlichen, fungieren die Eigenschaften als

a. kritische Variablen.

b. wissenschaftliche Prädispositionen.

c. idiographische Variablen.

d. intervenierende Variablen.

2 In Gordon Allports Persönlichkeitsansatz stehen _____ Eigenschaften für die überspannenden Persönlichkeitselemente, _____ Eigenschaften spiegeln spezifische und persönliche Merkmale, anhand derer sich das Verhalten von jemandem vorhersagen lässt, und bei _____ Eigenschaften handelt es sich um die wichtigsten Charakteristiken einer Person.

a. zentrale; kardinale; sekundären

b. kardinale; sekundäre; zentralen

c. sekundäre; kardinale; zentralen

d. sekundäre; zentrale; kardinalen

3 Als Gordon Allport sagte: „Dasselbe Feuer, das Butter zum Schmelzen bringt, lässt Eier stocken", bezog er sich auf die Idee, dass

a. dieselben Stimuli auf verschiedene Menschen unterschiedliche Wirkungen haben können.

b. das Verhalten eines Menschen in erster Linie durch Umweltbedingungen bedingt ist.

c. das Verhalten einer Person in verschiedenen Settings in den seltensten Fällen konsistent ist.

d. verschiedene PersönlichkeitstheoretikerInnen alle über dieselbe Sache sprechen.

4 Welche der folgenden Eigenschaftslisten könnte eine aus dem Fünf-Faktoren-Modell generierte Persönlichkeitsbeschreibung wiedergeben?

a. zurückhaltend, energiegeladen, durchsetzungsfähig, ruhig, schüchtern

b. gesprächig, sympathisch, organisiert, stabil, kreativ

c. ängstlich, unstabil, temperamentvoll, zufrieden, ruhig

d. kalt, streitsüchtig, grausam, sympathisch, zärtlich

5 Jemand wird von anderen als organisiert, verantwortungsbewusst und vorsichtig beschrieben. Diese Beschreibung bezieht sich auf den _____-Faktor des Fünf-Faktoren-Modells.

a. Extraversions

b. Verträglichkeits

c. Gewissenhaftigkeits

d. Neurotizismus

6 Im Hinblick auf die Entwicklung des Fünf-Faktoren-Modells treffen die folgenden Aussagen bis auf eine Ausnahme zu:

a. Dimensionen wurden abgeleitet aus Einschätzungen, die Menschen über sich selbst und andere abgaben.

b. Die Fünf-Faktoren-Struktur konnte in zahlreichen anderen Sprachen repliziert werden.

c. Die fünf Faktoren sollen die vielen spezifischen Eigenschaftsbegriffe, die zuvor im Umlauf waren, ersetzen.

d. Das Fünf-Faktoren-Modell zeichnet eine Taxonomie der grundlegenden Persönlichkeitsdimensionen.

7 In einer Studie zur Beziehung zwischen Extraversion und der Amygdala, die im Lehrbuch beschrieben ist, sahen ProbandInnen verängstigte oder glückliche Gesichter, während sie einen fMRT-Scan durchliefen. ForscherInnen fanden heraus, dass die _____ Gesichter bei hochgradig extravertierten Menschen ein relativ hohes Aktivitätsniveau in der _____ Amygdala auslösten.

a. ängstlichen; linken

b. glücklichen Gesichter; linken

c. ängstlichen; rechten

d. glücklichen; rechten

8 Zwei Kinder haben verschiedene biologische Eltern, aber beide wurden in ihrer Kindheit von derselben Familie adoptiert. Die Idee, dass Erblichkeit die Persönlichkeit determiniert, würde gestützt, wenn die Persönlichkeiten der Kinder

a. den Persönlichkeiten ihrer Adoptiveltern mehr gleichen würden als der ihrer biologischen Eltern.

b. der Persönlichkeit der biologischen Tochter ihrer Adoptiveltern ähneln würden.

c. einander mehr gleichen würden als den Persönlichkeiten ihrer biologischen Geschwister.

d. denen ihrer Adoptivgeschwister weniger ähneln würden als denen ihrer biologischen Geschwister.

9 In Freuds Ansatz besteht die hauptsächliche Entwicklungsaufgabe der _____ Phase in _____.

a. oralen; dem Ödipus-Komplex

b. analen; der Entwöhnung

c. genitalen; dem Toilettentraining

d. latenten; der Entwicklung von Verteidigungsmechanismen

10 Was ist Freuds Persönlichkeitstheorie zufolge die korrekte Zuordnung von Teil und Prinzip?

a. Es; Realität

b. Über-Ich; Realität

c. Über-Ich; Vergnügen

d. Es; Vergnügen

11 Viele PsychologInnen glauben heutzutage, dass Freuds wichtigster Beitrag zur Psychologie in seiner Betonung _____ liegt.

a. unbewusster Prozesse

b. des manifesten Inhalts von Verhalten

c. des Freud'schen Versprechers

d. der Unterlegenheit

12 Ein wesentlicher Kritikpunkt an Freuds Theorie ist, dass sie

a. sich permanent auf das Unbewusste bezieht.

b. wissenschaftlich schwer zu evaluieren ist.

c. die Existenz von Verteidigungsmechanismen nahelegt.

d. nicht umfassend genug ist.

13 Alfred Adlers Persönlichkeitstheorie dreht sich um

a. den zentralen Einfluss von Eros und libidinösen Vergnügungen.

b. Versuche, das Gefühl von Unterlegenheit zu kompensieren.

c. Versuche, das Gefühl von Überlegenheit zu kompensieren.

d. das Ego und seine Verteidigung.

14 Als Sie über einen Flohmarkt schlendern, fällt Ihnen ein Buch in die Hände, dessen Cover beschädigt ist. Beim Durchblättern stoßen Sie auf Kapitel wie „Das kollektive Unbewusste", „Archetypen" und „Analytische Psychologie". Sie können mit Sicherheit davon ausgehen, dass das Buch entweder von _____ stammt oder von seiner Arbeit handelt.

a. Carl Rogers.

b. Carl Jung

c. Alfred Adler

d. Abraham Maslow

15 Ihre Universität unterstützt die Lesung eines humanistischen Persönlichkeitstheoretikers. Sie können davon ausgehen, dass der Redner die Ansicht vertritt, Menschen seien

a. im Bezug auf ihre Tendenzen alle gleich.

b. vor allem durch ihre Libido motiviert.

c. bestrebt, sich selbst zu verwirklichen.

d. im Allgemeinen von einer negativen Weltsicht geprägt.

16 Welche/-r humanistische TheoretikerIn ging davon aus, dass grundlegende Angst Menschen motiviert, sich von anderen wegzubewegen, sich auf andere zuzubewegen oder sich gegen andere zu bewegen, was eine „Tyrannei des Sollens" zur Folge hat.

a. Carl Rogers

b. Karen Horney

c. Walter Mischel

d. Abraham Maslow

17 Humanistische PsychologInnen würden sich für die Antworten von Menschen auf Fragen wie „Wie fühlten Sie sich, als sie das sagte?" oder „Warum denken Sie, dass sie Sie derart behandelt?" interessieren. Diese Fragen beziehen sich auf die _____ Natur humanistischer Theorien.

a. dispositionelle

b. existentielle

c. phänomenologische

d. holistische

18 Ein Psychologe widmet sich einer Studie, die in humanistischer Tradition steht, aber in ihrer Methodik bis hin zu Freuds Analyse von Leonardo da Vinci zurück-reicht. Er nutzt veröffentlichtes Material, um eine kohärente und erhellende Lebensgeschichte eines berühmten Autoren zu erzählen. Welche Technik ver-wendet er?

a. Verhaltensanalyse

b. Psychobiographie

c. Selbstverifizierung

d. persönliche Konstruktion

19 Die moderne soziale Lerntheorie und kognitive Theorien unterscheiden sich von der frühen Lerntheorie insofern, als dass sie

a. Umweltkontingenzen nicht für wichtig erachten.

b. davon ausgehen, dass Organismen passiv auf ihre Umgebungen reagieren.

c. kognitive Prozesse genauso wie verhaltensbezogene Prozesse betonen.

d. die Bedeutung mentaler Prozesse herunterspielen.

20 Als ihre Professorin den Seminarraum betritt, stellt sie fest, dass die Tafel noch nicht gewischt wurde. Dort findet sich eine Liste mit fünf Begriffen: Enkodierungen, Erwartungen und Überzeugungen, Affekte, Ziele und Werte sowie Kompetenzen und Pläne zur Selbstregulierung. Sie fragt, ob jemand eine Idee hat, worum es gegangen sein könnte. Sie könnten antworten, dass sich die Begriffe auf _____ beziehen.

a. das Fünf-Faktoren-Modell

b. Walter Mischels kognitiv-affektive Persönlichkeitstheorie

c. Albert Banduras kognitive soziale Lerntheorie

d. Nancy Cantors soziale Intelligenztheorie

21 Die kognitive soziale Lerntheorie von Albert Bandura legt am wenigsten Wert auf

a. Einstellungen und Glaubenssätze.

b. genetische Verhaltensprädispositionen.

c. die vorherige Verstärkungsbiographie.

d. Stimuli, die in der Umgebung vorkommen.

22 Über momentane Erfolge hinaus gibt es drei andere Informationsquellen für Einschätzungen der eigenen Selbstwirksamkeit. Dabei handelt es sich um

a. Person, Orte und Verhalten

b. reziproken Determinismus, Einstellung und Verhalten

c. stellvertretende Erfahrung, Überzeugung und Überwachung emotionaler Erregung

d. zurückliegende Erfahrung, Verstärkungsgeschichte und momentane Erfolgserwartung

23 In einer Studie zum Einfluss der Selbstwirksamkeitsüberzeugungen auf das Abschneiden am College

a. waren Studierende mit höherer Selbstwirksamkeit erfolgreicher als ihre Peergruppe.

b. hatten hohe oder niedrige Selbstwirksamkeit keinen Einfluss auf das Abschneiden.

c. war höhere Selbstwirksamkeit nur für diejenigen von Bedeutung, die an der Hochschule schlechter waren als ihre Peergruppe.

d. verschwand ein Korrelation zwischen Selbstwirksamkeit und Leistung, die am Anfang bestanden hatte, mit der Zeit.

24 Kognitive und soziale Lerntheorien der Persönlichkeit wurden dafür kritisiert,

a. dass sie die Bedeutung von Rationalität übersehen.

b. dass sie die Bedeutung von Emotionen übersehen.

c. dass sie die Entwicklungsursprünge der Persönlichkeit zu stark betonen.

d. dass sie den Einfluss unbewusster Motivation zu stark betonen.

25 Wenn sie von der allgemeinen Evaluation des Selbst sprechen, verwenden viele PsychologInnen den Begriff

a. „Selbstbeeinträchtigung".

b. „Selbstbild".

c. „Selbstwirksamkeit".

d. „Selbstwert".

26 Eine Frau glaubt, dass sich das Verhalten an den Bedürfnissen und der Zustimmung der ganzen Gemeinschaft ausrichten sollte. Hazel Markus und Shinobu Kitayamas zufolge stammt die Frau vermutlich aus einer _____ Kultur, die _____ Selbstkonstrukte begünstigt.

a. individualistischen; unabhängige

b. individualistischen; interdependente

c. kollektivistischen; unabhängige

d. kollektivistischen; interdependente

27 Kulturübergreifende Studien zum Selbst haben manchmal ein Messinstrument eingesetzt, das Twenty Statements Test genannt wird. Darin werden Proband-Innen aufgefordert, zwanzig verschiedene Antworten auf die Frage „Wer bin ich?" zu geben. Wenn man die Antworten von Studierenden aus verschiedenen Ländern vergleicht, fand eine Gruppe von ForscherInnen, dass

    a. amerikanische Studierenden mit der geringsten Wahrscheinlichkeit Selbstevaluationen äußerten, im Einklang mit ihrem interdependenten Selbstverständnis.

    b. die Unterschiede zwischen den Antworten von Männern und Frauen in der Regel sehr groß ausfielen.

    c. kulturelle Unterschiede bedeutsamer waren als Geschlechterunterschiede.

    d. die meisten Studierenden sich im Sinne ihrer ideologischen Überzeugungen definierten.

28 Situative Verhaltensdeterminanten werden am stärksten bei _____ Theorien betont, wohingegen dispositionelle Faktoren in _____ Theorien die größte Rolle spielen.

    a. Freudianischen; kognitiven

    b. sozialen Lern-; eigenschaftsbasierten

    c. humanistischen; Selbst-

    d. kognitiven; Freudianischen

29 Eine Studie hat E-Mail-Adressen und Persönlichkeits-Selbstberichte von 599 Menschen gesammelt. Die ForscherInnen baten anschließend eine unabhängige Gruppe von Studierenden, Persönlichkeitseinschätzungen lediglich anhand der E-Mail-Adressen vorzunehmen. Die Studie offenbarte, dass

    a. eine positive Korrelation zwischen den Einschätzungen und dem, was die BesitzerInnen der E-Mail-Adressen über sich selbst berichtet hatten, gefunden werden konnte.

    b. die Einschätzungen in keinerlei Weise mit dem übereinstimmten, wie sich die BesitzerInnen der E-Mail-Adressen selbst eingeschätzt hatten.

    c. die Studierenden berichteten, nicht auf diese Weise Einschätzungen vornehmen zu können.

    d. es bei den Selbstberichten eine starke Beziehung gibt zwischen den Persönlichkeitscharakteristiken und dem Geschlecht.

30 Angenommen, Sie würden an einer Studie teilnehmen, bei dem Sie ein Persönlichkeitsinventar ausfüllen. Sie können davon ausgehen, dass Ihnen _____ bevorsteht.

    a. ein systematisches Interview mit einem/-r dafür ausgebildeten PsychologIn

    b. die Lektüre von Aussagen, für die Sie angeben sollen, ob diese auf Sie zutreffen oder nicht.

    c. ein Bericht, was Sie auf einer Reihe ambivalenter Bilder wahrnehmen.

    d. eine Testung, inwieweit Sie über das Potenzial verfügen, verschiedene Fähigkeiten zu erlernen.

31 Eine Frau hat der Beschreibung von anderen zufolge viele Zwangsstörungen und Ängste, außerdem hat sie definitiv Entscheidungsschwierigkeiten. Wenn Sie den MMPI-2 ausfüllen würde, würde sie auf der klinischen Skala für _____ vermutlich hohe Werte erzielen.

a. Hypochondrie

b. Depression

c. Paranoia

d. Psychasthenie

32 Ein Psychotherapeut hat seiner Patientin einen projektiven Test gegeben. Wahrscheinlich besteht er aus

a. 550 Fragen, auf die die Patientin mit „wahr" oder „falsch" antworten soll.

b. eine inszenierte soziale Interaktion, bei der die Patientin ohne ihr Wissen beobachtet wird.

c. ambivalentes Material, auf das die Patientin reagieren soll.

d. eine Serie von Fragen, die divergente Produktion messen sollen.

33 Ein Freund erzählt Ihnen, dass der Thematische Apperzeptionstest seines Wissens nach als projektiver Test klassifiziert ist, sich aber nicht daran erinnert, wozu die oder der Getestete aufgefordert wird. Sie können ihn aufklären, dass es darum geht,

a. unvollständige Sätze zu vervollständigen.

b. zu ambivalenten Szenen Geschichten zu generieren.

c. frei zu einer Reihe von Wörtern zu assoziieren.

d. vorherzusagen, wie Menschen in verschiedenen sozialen Situationen reagieren werden.

34 Der Thematische Apperzeptionstest wurde entwickelt von _____, über die Jahre erwies er sich als valides Messinstrument für _____.

a. Harrison Gough; eine normale Persönlichkeit

b. Starke Hathaway; klinische Psychopathologie

c. J.R. McKinley; Leistungsmotivation

d. Henry Murray; Leistungsstreben

13.3 Richtig oder falsch?

1 Ihre Vorliebe für bestimmte Filme oder Restaurants ist ein Beispiel für eine zentrale Eigenschaft im Ansatz von Gordon Allport.

2 Die Forschung von Raymond Cattell führte ihn zu der Schlussfolgerung, dass es fünf Quelleigenschaften gibt, aus denen sich Persönlichkeit zusammensetzt.

3 Der Persönlichkeitstheoretiker Hans Eysenck ging von drei Persönlichkeitsdimensionen aus: Introversion, Extraversion und Neurotizismus.

4 Verträglichkeit, Gewissenhaftigkeit und Offenheit für neue Erfahrungen sind drei der bipolaren Dimensionen, aus denen sich das Fünf-Faktoren-Modell der Persönlichkeit zusammensetzt.

5 Ein Kritikpunkt an Freuds Theorie besteht darin, dass es von einem männlichen Rollenmodell ausgeht, ohne sich die Frage zu stellen, inwiefern Frauen sich davon unterscheiden mögen.

6 Karen Horneys Persönlichkeitstheorie geht davon aus, dass Menschen ihr Gefühl der Unterlegenheit überkompensieren, indem sie versuchen, überlegen zu sein.

7 Humanistische Persönlichkeitstheorien wurden beschrieben als holistisch, dispositionell und phänomenologisch.

8 PsychologInnen mit einer lerntheoretischen Orientierung ziehen die Umweltbedingungen, die Verhalten kontrollieren, in Betracht, Persönlichkeit sehen sie als die Summe von Reaktionen, die auf die persönliche Verstärkungsgeschichte zurückgehen.

9 Wenn Sie davon überzeugt sind, einer bestimmten Situation gerecht werden zu können, würde Albert Bandura sagen, dass Sie sich als selbstwirksam wahrnehmen.

10 Ihre wahrgenommene Selbstwirksamkeit ist sehr ausgeprägt, die Ihres Freundes hingegen nicht. Im Abitur hatten Sie dieselbe Abschlussnote wie er. Vermutlich wird Ihr Freund in seiner weiteren akademischen Karriere besser abschneiden als Sie.

11 Ein Kritikpunkt an sozialen Lerntheorien und kognitiven Theorien besteht darin, dass sie Emotionen wie Angst für wichtige Persönlichkeitskomponenten halten.

12 Kollektivistische Kulturen betonen die Bedürfnisse der Einzelnen, sie stützen ein unabhängiges Selbstverständnis.

13 Allgemein betonen eigenschaftsbasierte Persönlichkeitstheorien situationale Faktoren, während soziale Lerntheorien dispositionelle Faktoren betonen.

13.4 Lückentext-Aufgaben

1 Die Beobachtung, dass Persönlichkeitseinschätzungen über die Zeit hinweg und zwischen verschiedenen BeobachterInnen konsistent sind, wohingegen Verhaltenseinschätzungen einer Person über verschiedene Situationen hinweg nicht konsistent sind, nennt man _____.

2 In der Theorie von Carl Jung ist das _____ Unbewusste ein Teil des menschlichen Unbewussten, der vererbt ist, sich evolutionär entwickelt hat und allen Mitgliedern einer Spezies gemein ist.

3 Carl Rogers betonte die Bedeutung _____ in der Kindererziehung. Damit meinte er, dass Kinder das Gefühl haben sollten, immer geliebt und gewertschätzt zu sein, unabhängig von Fehlern und Missverhalten.

4 _____ ist ein Konzept in Albert Banduras sozialer Lerntheorie – sie bezieht sich darauf, dass es zwischen Individuum, ihrem oder seinem Verhalten und Umweltstimuli zu einer komplexen Interaktion kommt, und dass die Komponenten sich untereinander beeinflussen.

5 In der Persönlichkeitsdiagnostik gehorchen _____ wohldefinierten Regeln, sie sind relativ einfach auszufüllen und auszuwerten, wohingegen _____ absichtlich ambivalente Stimuli zugrunde liegen, die auf vielfältige Weise interpretiert werden können.

13.5 Essayfragen

1 Erklären Sie die Grundannahme einer Eigenschaftstheorie. Welche eigenschaftsbasierten Theorien haben ist am meisten Forschungsinteresse zuteil geworden und aus welchem Grund? Wie untersuchen PsychologInnen, in welchem Ausmaß Persönlichkeitseigenschaften und Verhaltensmuster vererbt werden – und was haben sie herausgefunden?

2 Es hat den Anschein, dass man ständig auf Begriffe stößt, die auf Sigmund Freud zurückgehen. Im Fernsehen ist von Freud'schen Versprechern die Rede, Ihre Professorin spricht über das Lustprinzip und ein Freund beschwert sich, dass Sie ständig auf Verteidigungsmechanismen zurückgreifen. Beschreiben Sie kurz die Hauptelemente der Freud'schen Psychoanalyse – die Triebe, die Verhalten motivieren, die Phasen der psychosexuellen Entwicklung, die Struktur von Persönlichkeit und die Verteidigungsmechanismen.

3 Humanistische Ansätze, soziale Lerntheorien und kognitive Theorien unterscheiden sich grundlegend vom psychodynamischen Ansatz. Fassen Sie bündig die Theorien von Carl Rogers, Walter Mischel und Albert Bandura zusammen. Wo liegen die Stärken und Schwächen der jeweiligen Theorie?

4 Eine einheitliche Theorie der Persönlichkeit existiert nicht. Diskutieren Sie grundlegende Unterschiede, die beim Vergleich von Persönlichkeitstheorien immer wieder eine Rolle spielen. Einer dieser Unterschiede ist Vererbung versus Umwelt. Diskutieren Sie kurz diesen Unterschied sowie vier weitere.

5 Auf welch unterschiedliche Weise kann Persönlichkeit diagnostiziert werden? Diskutieren Sie objektive und projektive Methoden der Persönlichkeitsdiagnostik und die Vorzüge der einzelnen Methoden. Welche Einwände wurden den einzelnen Diagnostikmethoden entgegengebracht?

13.6 Lösungen

13.6.1 Antworten auf die Verständnisfragen

1 Neurotizismus wird als Dimension mit den Endpunkten stabil, ruhig und ausgeglichen gegenüber ängstlich, labil und launisch definiert.

2 Um die Erblichkeit von Traits zu erfassen, sind Studien durchgeführt worden, die die Ähnlichkeit von Traits bei MZ und DZ Zwillingen miteinander vergleichen.

3 Das Konsistenzparadoxon bezieht sich auf den Befund, dass Menschen oft andere als konsistente Persönlichkeiten beschreiben, obwohl deren Verhalten situationsabhängig oft inkonsistent ist.

4 Der Betreffende könnte vielleicht Angewohnheiten wie Rauchen und übermäßiges Essen haben sowie übermäßig passiv oder leichtgläubig sein.

5 Das „Ich" wird von dem Realitätsprinzip geleitet, vernünftige Entscheidungen dem Verlangen des „Es" nach Lust vorzuziehen.

6 Leon benutzt möglicherweise den Abwehrmechanismus der Projektion – er projiziert seine eigenen Motive auf andere Menschen.

7 Adler ging davon aus, dass Menschen dazu getrieben werden, Minderwertigkeitsgefühle zu überwinden.

8 Selbstverwirklichung ist der Drang eines Menschen, sein Potenzial vollständig zu nutzen.

9 Humanistische Theorien befassen sich mit den angeborenen Eigenschaften von Menschen, die ihr Verhalten beeinflussen.

10 Eine Psychobiografie setzt psychologische Theorien ein, um ein kohärentes Bild über die Entwicklung des Lebens eines Menschen zu erstellen.

11 Menschen mit einer externalen Kontrollüberzeugung sind der Überzeugung, dass Belohnungen größtenteils auf Umweltfaktoren zurückzuführen sind.

12 Mischels Theorie konzentriert sich auf Enkodierungen, Erwartungen und Überzeugungen, Affekte, Ziele und Werte sowie auf Kompetenzen und Pläne zur Selbstregulierung.

13 Laut Bandura interagieren die Charaktereigenschaften eines Individuums, sein Verhalten und die Umgebung miteinander, um sich gegenseitig zu beeinflussen und zu verändern.

14 Selbstwert geht mit einer generalisierten Einschätzung des Selbst einher.

15 Selbstbeeinträchtigung trifft dann zu, wenn Menschen Verhaltensweisen zeigen, die ihnen eine Attribution eigener Fehler auf Ursachen außerhalb der eigenen mangelnden Fähigkeit ermöglichen.

16 Menschen mit einem interdependenten Selbstbild erfahren sich als ein Element einer größeren sozialen Struktur.

17 Einige Theorien erklären individuelle Unterschiede, indem sie sich auf die genetische Ausstattung jedes Menschen konzentrieren, während andere Theorien sich auf die Lebenserfahrung berufen, die die Persönlichkeit jedes Menschen geformt haben.

18 Freuds Theorie betont, wie Ereignisse in der frühen Kindheit – also der eigenen Vergangenheit – die Persönlichkeit eines Erwachsenen prägen.

19 Die relevante Dimension der Persönlichkeitstheorien ist Bewusstheit/Unbewusstheit.

20 Jede der zehn klinischen Skalen des MMPI soll Menschen, die eine spezifische klinische Störung haben, von denen trennen, die sie nicht haben.

21 Der NEO-PI misst die fünf Persönlichkeitszüge, die vom Fünf-Faktoren-Persönlichkeitsmodell definiert werden.

22 Kliniker werten die Ergebnisse von Rorschach-Tests nach Erfassungsmodus, Inhalt und Determination aus.

13.6.2 Antworten auf die Multiple-Choice-Fragen

1 d	**13** b	**25** d
2 b	**14** b	**26** d
3 a	**15** c	**27** c
4 b	**16** b	**28** b
5 c	**17** c	**29** a
6 c	**18** b	**30** b
7 b	**19** c	**31** d
8 d	**20** b	**32** c
9 d	**21** b	**33** b
10 d	**22** c	**34** d
11 a	**23** a	
12 b	**24** b	

13.6.3 Antworten auf die „Richtig oder falsch?"-Fragen

1 Falsch	**6** Falsch	**11** Falsch
2 Falsch	**7** Richtig	**12** Falsch
3 Falsch	**8** Richtig	**13** Falsch
4 Richtig	**9** Richtig	
5 Richtig	**10** Falsch	

13.6.4 Antworten zu den Lückentext-Aufgaben

1 Konsistenzparadox

2 Kollektive

3 unbedingter positiver Wertschätzung

4 Reziproker Determinismus

5 objektive Tests; projektiven Tests

13.6.5 Lösungshinweise zu den Essayfragen

1 Eigenschaftsbasierte Theorien gehen davon aus, dass Persönlichkeit eine Folge von Eigenschaftskombinationen ist: konstante Merkmale oder Attribute, die Menschen dazu veranlassen, sich über verschiedene Situationen hinweg konsistent zu verhalten. Zu den eigenschaftsbasierten Theorien zählen Allport, Cattell und Eysenck. Die Theorien beinhalten intervenierende Variablen, Kategorien und Eigenschaften (kardinal, zentral und sekundär), 16 Faktoren und das Fünf-Faktoren-Modell. Erblichkeitsstudien zeigen, dass nahezu alle Persönlichkeitscharakteristiken von genetischen Faktoren beeinflusst sind.

2 Schließen Sie eine kurze Diskussion der Triebe und der fünf Phasen psychosexueller Entwicklung ein. Erläutern Sie den Begriff Fixierung. Beschreiben Sie die Struktur von Persönlichkeit, einschließlich Es, Ich und Über-Ich. Definieren Sie Verteidigungsmechanismen und erklären Sie deren Bedeutung. Diskutieren Sie Unterdrückung und geben Sie Beispiele für Verteidigungsmechanismen.

3 Carl Rogers ist Humanist. Geben Sie eine kurze Beschreibung von Humanismus, positiver Wertschätzung und Selbstverwirklichung. Humanistische Theorien gelten manchmal als wissenschaftlich schwer zugänglich. Den Theorien von Mischel und Bandura liegen kognitiv-affektive und soziale Lernansätze zugrunde. Diskutieren Sie, ob Emotionen in diesen Theorien berücksichtigt werden oder nicht, und ob die Entwicklung von Persönlichkeit angemessene Berücksichtigung findet.

4 Fünf der wichtigsten Unterschiede beim Vergleich der Annahmen sind: 1) Vererbung versus Umwelt 2) Lernprozesse versus angeborene Gesetze 3) Betonung von Vergangenheit, Gegenwart oder Zukunft 4) Bewusstsein versus Unterbewusstsein 5) innere Dispositionen versus äußere Situationen.

5 Objektive Tests sind relativ einfach auszufüllen und auszuwerten, weil ihnen vorgegebene Regeln zugrunde liegen. Nennen Sie Beispiele für objektive Tests. Projektive Tests enthalten Stimuli, die absichtlich ambivalent gehalten sind. Nennen Sie Beispiele für projektive Tests. Diskutieren Sie Anwendungen und den Nutzen verschiedener Tests (z.B. sind projektive Tests weniger sensibel für sprachlich bedingte Variationen) und erläutern Sie mögliche Probleme (z.B. können projektive Tests in Situationen zur Anwendung kommen, in denen sie nicht valide sind).

Psychische Störungen

ÜBERBLICK

14

14.1 Verständnisfragen

1 Toms Angst vor Spinnen ist so ausgeprägt, dass er einen Raum erst dann betritt, wenn eine Person seines Vertrauens ihm versichert, dass der Raum spinnenfrei ist. Nach welchen Kriterien könnten wir Toms Verhalten als abweichend bezeichnen?

2 Was sind drei wichtige Vorteile der Klassifikation psychischer Erkrankungen?

3 Warum spielt die Kultur eine Rolle in der psychopathologischen Diagnostik?

4 In welcher Beziehung stehen Furcht und Phobien?

5 Was ist der Unterschied zwischen Zwangsgedanken und Zwangshandlungen?

6 Inwiefern kann man davon sprechen, dass wir bei Phobien auf spezifische Inhalte „vorbereitet" sind?

7 Wie wirkt sich Angst vor der Angst aus?

8 Welche Erfahrungen charakterisieren eine bipolare Störung?

9 Aus welchen Arten von negativer Kognition besteht in Aaron Becks Theorie die kognitive Triade?

10 Wie trägt der grüblerische Reaktionsstil dazu bei, geschlechtsspezifische Unterschiede bei Depressionen zu erklären?

11 Wie lauten einige der Suizid-Risikofaktoren bei Jugendlichen?

12 Max glaubt, dass seine Kopfschmerzen auf einen Hirntumor zurückgehen, obwohl ihm sein Arzt versichert, dass er gesund ist. An welcher somatoformen Störung leidet Max möglicherweise?

13 Wie wird dissoziative Amnesie definiert?

14 Was sagt die Forschung über die Lebenserfahrungen, die eine Rolle in der Ätiologie der dissoziativen Identitätsstörung spielen?

15 Sind soziale Zurückgezogenheit und verflachte Emotionen positive oder negative Symptome der Schizophrenie?

16 Für welche Art schizophrener Störung gelten Verfolgungswahn oder Größenwahn als Symptome?

17 Welchen Einfluss hat eine hohe Ausprägung an Expressed Emotion auf die Rückfallwahrscheinlichkeit bei der schizophrenen Störung?

18 Welche intensive Furcht hegen Menschen mit Borderline-Persönlichkeitsstörung hinsichtlich persönlicher Beziehungen?

19 Was unterscheidet die frühen Lebensphasen von Menschen mit Borderline-Persönlichkeitsstörung von denen gesunder Kontrollpersonen?

20 Warum unterliegen Menschen mit antisozialer Persönlichkeitsstörung einem erhöhten Suizidrisiko?

21 Welche Verhaltensweisen charakterisieren ADS?

22 Warum ist es vor dem Alter von zwei oder drei Jahren schwierig, eine autistische Störung zu diagnostizieren?

23 Warum ist eine Theorie des Geistes relevant für die Diskussion autistischer Störungen?

24 Wie funktioniert Stigmatisierung im Kontext psychischer Erkrankungen?

25 Warum bringt die Behandlung einer psychischen Erkrankung oft sowohl Besserung als auch Stigmatisierung mit sich?

26 Welche Arten von Erfahrungen reduzieren die Stigmatisierung?

14.2 Multiple-Choice-Fragen

1 Gegen Ende des 18. Jahrhunderts erschuf Emil Kraepelin ein Klassifikationssystem für psychologische Schwierigkeiten, das auf der Idee basierte, dass

    a. Verhaltensweisen weniger wichtig als Gedanken sind.

    b. Gedanken weniger wichtig als Verhaltensweisen sind.

    c. psychologische Probleme eine physische Wurzel haben.

    d. Kindheitserfahrungen die Wurzel psychologischer Probleme sind.

2 Das DSM-IV-TR enthält _____ Achsen oder Dimensionen, von denen jede Informationen anhand von _____ klassifiziert.

    a. zwei; Extraversion

    b. sieben; genetischer Anfälligkeit

    c. fünf allgemeinen medizinischen Bedingungen

    d. vier; Selbst-Konzepten

3 „Komorbidität" bezieht sich auf

    a. eine Störung, die sich durch eine starke Faszination für das Sterben auszeichnet.

    b. das Vorliegen von mehr als einer Störung zur gleichen zeit.

    c. eine Form von einer multiplen Persönlichkeitsstörung, die manchmal mit Schizophrenie verwechselt wird.

    d. eine Störung, die durch exzessive Tiefschlafmuster gekennzeichnet ist.

4 Ein Therapeut ist der Meinung, dass die Depression seiner Klientin durch ihr Unvermögen, Ärger auszudrücken sowie ihre Tendenz, Gefühle zu deckeln, verursacht wurde. Im Hinblick auf das Ziel, psychologische Störungen zu klassifizieren, sind die Beobachtungen des Therapeuten besonders hilfreich für

    a. das Verstehen der Ätiologie.

    b. das Erhöhen der Diagnosevalidität.

    c. das Entwerfen eines Behandlungsplans.

    d. das Entwickeln einer gemeinsamen Problemsicht.

5 In einem Artikel zur Psychopathologie, den Ihr Dozent Ihnen austeilt, argumentiert die Autorin, dass genetische Prädispositionen eine Person anfällig machen für eine psychische Störung, wobei sie psychologischen Stress als notwendige Bedingung beschreibt, damit die Störung sich voll entfalten kann. Diese Perspektive lässt sich am besten charakterisieren als

a. psychodynamisch.

b. kognitiv.

c. interaktionistisch.

d. behavioristisch

6 Bis auf eine Ausnahme gehören die folgenden Störungen zusammen. Dabei handelt es sich um

a. die Panikstörung.

b. die dissoziative Identitätsstörung

c. die Phobie.

d. die Zwangsstörung.

7 Die zwei vom DSM-IV-TR definierten Kategorien der Phobie lauten

a. freiwillig und unfreiwillig.

b. real und imaginiert.

c. sozial und spezifisch.

d. global und natürlich.

8 Die Erforschung der Posttraumatischen Belastungsstörung (PTBS) hat alles ergeben, was hier im Folgenden aufgeführt ist – bis auf eine Ausnahme:

a. Menschen, die an PTBS leiden, leiden vermutlich gleichzeitig an weiteren Psychopathologien.

b. Eine PTBS kann sich in Reaktion auf Missbrauch, andere lebensbedrohliche Ereignisse oder Naturkatastrophen entwickeln.

c. Man kann keine PTBS entwickeln, wenn man lediglich Zeuge wird, was anderen widerfährt.

d. Opfer sexuellen Missbrauchs im Kindesalter entwickeln häufig psychische Folgen, die der Diagnose von PTBS entsprechen.

9 Die Rolle biologischer Faktoren bei Angststörungen wird von der Forschung in Form verschiedener bildgebender Verfahren gestützt. Positronen-Emissions-Tomographie-Scans haben gezeigt, dass _____-Rezeptoren bei Menschen, die an Panikstörungen leiden, anders funktionieren. Magnetresonanztomographie-Scans von PatientInnen mit Zwangsstörungen fanden heraus, dass der Cortex in Arealen, die normalerweise für die Unterdrückung von Verhaltensweisen zuständig ist, bei ihnen _____ ist.

a. Serotonin; dicker

b. Serotonin; dünner

c. GABA; dicker

d. GABA; dünner

10 Die zwei Hauptarten affektiver Störungen bezeichnet man gemeinhin als

a. Manie und Traurigkeit.

b. Depression und Hochgefühl.

c. Major-Depression und bipolare Störung.

d. saisonale affektive Störung und Suizidgedanken.

11 Alles hiervon trifft auf bipolare Störungen zu, bis auf eine Ausnahme:

a. Sie tritt häufiger auf als die Major Depression.

b. Die Dauer und Frequenz der affektiven Turbulenzen unterscheiden sich von Person zu Person.

c. Manche Menschen fallen direkt von einer manischen Episode in tiefe Depression.

d. Manische Episoden können auch von Reizbarkeit statt von Hochgefühl begleitet sein.

12 Forschungen zur Biologie affektiver Störungen haben gezeigt, dass ein erhöhter Spiegel der Neurotransmitter Serotonin und Noradrenalin im Hirn mit _____ zusammenhängt, während ein reduzierter Spiegel dieser Neurotransmitter hindeutet auf _____.

a. Manie; Depression

b. Depression; Manie

c. saisonale affektive Störungen; bipolare Störungen

d. suizidale Gedanken; mörderische Gedanken

13 Ein Therapeut glaubt, dass der Grund für die Depression seiner Patientin unausgedrückte Wut sein könnte, die sie gegen sich selbst richtet. Wahrscheinlich geht er von einer _____ Ursache für die Depression aus.

a. biologischen

b. psychodynamischen

c. behavioralen

d. medizinischen

14 Welches der folgenden Gene hat im Lehrbuch beschriebener Studien zufolge einen Einfluss auf das Serotoninsystem und könnte womöglich mit verschiedenen Geisteskrankheiten zusammenhängen?

a. 5-HTTLPR

b. Gamma-ABA

c. EDTA

d. Beta-Amyloid

15 Die Hauptarten schizophrener Störungen sind – bis auf eine Ausnahme – die folgenden. Bei der Ausnahme handelt es sich um

a. den undifferenzierten Typus.

b. den aktiven Typus.

c. den positiven Typus.

d. den negativen Typus.

16 In welcher Bevölkerungsgruppe ist das Risiko, im Laufe des Lebens an Schizophrenie zu erkranken, einer in Europa zwischen 1920 und 1987 durchgeführten Studie zufolge am ausgeprägtesten?

a. bei eineiigen Zwillingen, wenn ein Zwilling Schizophrenie hat

b. bei Kindern mit schizophrenen Eltern

c. bei zweieiigen Zwillingen, wenn ein Zwilling Schizophrenie hat

d. bei Geschwistern, wenn ein Geschwisterkind Schizophrenie hat

17 Die folgenden biologischen Marker weisen allesamt eine Verbindung zur Schizophrenie auf, bis auf

a. vergrößerte Ventrikel.

b. vermehrtes Neuralgewebe im Frontallappen.

c. einen substanziellen Verlust der Gehirnmasse im Laufe der Zeit.

d. dünnere Regionen im Frontal- und Temporallappen des zerebralen Cortexes.

18 Eine Person, bei der eine histrionische Persönlichkeitsstörung diagnostiziert wurde, wird sich am allerwenigsten

a. ruhig und gedämpft verhalten.

b. außerordentlich emotional verhalten.

c. darum bemühen, Aufmerksamkeit auf sich zu ziehen.

d. dabei erwischen lassen, etwas Unangemessenes zu tun.

19 In einer im Lehrbuch beschriebenen Studie hatte es – bis auf eine Ausnahme – die hier beschriebenen Folgen, wenn Menschen mehr Kontakt hatten zu Leuten, die sie für psychisch krank hielten. Falsch ist, dass sie

a. sich mit geringerer Wahrscheinlichkeit physisch von diesen Leuten distanzierten.

b. diese Leute mit geringerer Wahrscheinlichkeit direkt anschuldigten.

c. mit geringerer Wahrscheinlichkeit selbst psychisch erkrankten.

d. ihre Wut an diesen Leuten mit geringerer Wahrscheinlichkeit ausließen.

14.3 Richtig oder falsch?

1 Auf Thomas Szasz geht das erste umfassende Klassifikationssystem für psychische Erkrankungen zurück.

2 Ätiologie bezieht sich auf die Faktoren, die das Entwickeln psychischer oder medizinischer Probleme herbeigeführt oder dazu beigetragen haben.

3 Menschen können eine posttraumatische Belastungsstörung entwickeln, wenn sie Zeuge geworden sind, wie andere zum Opfer wurden – auch, wenn sie nicht direkt beteiligt gewesen sind.

4 Ein erhöhter Spiegel von Serotonin und Noradrenalin wurde mit Depressionen in Zusammenhang gebracht; ist der Spiegel dieser Neurotransmitter erniedrigt, wird dies mit Manie in Zusammenhang gebracht.

5 Aaron Beck ist der Ansicht, dass depressive Menschen dreierlei Arten negativer Kognitionen aufweisen, was er als kognitive Triade der Depression bezeichnet: negative Sicht des eigenen Selbst, gegenwärtiger Erfahrungen und der Zukunft.

6 Entgegen der Annahme vieler Menschen ist die dissoziative Identitätsstörung keine Form der Schizophrenie.

7 Die schizophrene Störung ist eine schwere Form von Psychopathologie, gekennzeichnet durch den Zusammenbruch eines integrierten Funktionierens der Person, einen Rückzug von der Realität, emotionale Verzerrungen und gestörte Denkprozesse.

8 Das Hauptmerkmal des katatonen Typus der Schizophrenie ist ein Set systematisierter Wahnvorstellungen, die sich entweder um Verfolgung oder die eigene Großartigkeit drehen.

14.4 Lückentext-Aufgaben

1 Manche Menschen haben in ihrem Leben gleichzeitig mehr als eine Störung, ein Phänomen, das man bezeichnet als _____.

2 Weil sie so häufig auftaucht und weil nahezu jede oder jeder bereits Teile dieser Störung im Alltag erlebt hat, wurde _____ bezeichnet als „gewöhnliche Erkältung der Psychopathologie".

3 Der _____-Hypothese zufolge prädisponieren genetische Faktoren einen für eine bestimmte Störung, wobei Umweltstressfaktoren hinzukommen müssen, damit das potentielle Risiko auch tatsächlich ausbricht.

4 Die _____ Persönlichkeitsstörung ist charakterisiert durch überbordende Emotionalität und den Wunsch, Aufmerksamkeit auf sich zu ziehen. Menschen mit dieser Störung können sich unangemessen im Werben um SexualparnterInnen verhalten.

5 Im Freundeskreis machen sich einige über die Bezeichnung „durchgeknallt sein" lustig; den Zeitungen zufolge ist eine psychisch kranke Person womöglich gefährlich; das Paar in der Nachbarschaft möchte nicht zugeben, dass ihr Sohn von Autismus betroffen ist. All das ist ein Beispiel für ein _____, eine Anhäufung negativer Einstellungen, die Menschen als unakzeptabel abstempeln.

14.5 Essayfragen

1 Eines Tages sagt Ihre Mutter, das Verhalten einer Ihrer Tanten sei „nicht normal". Ihr Vater ist anderer Ansicht. Ihre Eltern fragen Sie, was Sie dazu denken, weil sie wissen, dass Sie Psychologie studieren. Beschreiben Sie Ihnen die sieben Kriterien, anhand derer Verhalten sich als „abweichend" charakterisieren lässt. Gehen Sie auf einige Problemfelder hinsichtlich der Entscheidung, ob ein Verhalten als „abweichend" zu bezeichnen ist oder nicht, ein.

2 Diskutieren Sie das Stigma psychischer Erkrankungen, die Probleme im Hinblick auf die Klassifikation oder die Diagnose – und Lektionen, die aus Forschungen wie der Rosenhan-Studie gezogen werden konnten.

3 Wie Sie wissen, kann Psychopathologie viele verschiedene Gesichter haben. Legen Sie eine Liste mit fünf unterschiedlichen Störungen an, jeweils zusammen mit einer Beschreibung und der Ätiologie. Wenn Ihnen das hilfreich erscheint, können Sie eine Tabelle erstellen.

4 Diskutieren Sie das kognitive Modell und den Erklärungsstil – inwieweit stehen sie mit der Ätiologie von affektiven Störungen in Zusammenhang?

5 Eine Verwandte sieht TV und sagt über jemanden in dem Film, er habe sicherlich Schizophrenie. Anscheinend ist ihr nicht ganz klar, was es bedeutet, diese Störung zu haben. Um ihr etwas Nachhilfe zu erteilen, beschreiben Sie die allgemeinen Symptome der Schizophrenie, die Art und Weise, wie diese Symptome sich für jeden der fünf bekanntesten Subtypen der Schizophrenie manifestieren und die kausalen Faktoren, die mit dieser Störung in Zusammenhang gebracht wurden.

14.6 Lösungen

14.6.1 Antworten auf die Verständnisfragen

1 Die relevantesten Kriterien sind „Distress oder Unfähigkeit" (das heißt, Toms Furcht verursacht persönlichen negativen Stress) und „Fehlangepasstheit" (das heißt, Toms Furcht hindert ihn daran, seine Ziele zu verfolgen).

2 Eine Klassifikation kann eine gemeinsame Formelsprache, ein Kausalitätsverständnis und einen Behandlungsplan bereitstellen.

3 Verhaltensweisen werden in verschiedenen Kulturen verschieden interpretiert – dasselbe Verhalten kann in unterschiedlichen kulturellen Kontexten als „normal" oder „abweichend" erscheinen.

4 Menschen, die an Phobien leiden, erleben irrationale Furcht in objektiv ungefährlichen Situationen.

5 Zwangsgedanken sind kognitiv, Zwangshandlungen zeigen sich auf Verhaltensebene.

6 Die Forschung legt nahe, dass die Evolutionsgeschichte des Menschen Phobien in Bezug auf bestimmte Stimuli „vorbereitet" hat.

7 Menschen mit großer Angstneigung glauben mit höherer Wahrscheinlichkeit, dass ein körperliches Symptom schädliche Auswirkungen haben wird.

8 Eine bipolare Störung wird durch Perioden schwerer Depression gekennzeichnet, die mit manischen Episoden abwechseln.

9 Die kognitive Triade bezieht sich auf negative Ansichten über die Person selbst, über gegenwärtige Erfahrungen und über die Zukunft.

10 Die Forschung legt nahe, dass Frauen eher als Männer über ihre Probleme nachgrübeln, was zu gesteigerten negativen Gefühlen führt.

11 Jugendliche sind suizidgefährdet, wenn sie sich deprimiert, hoffnungslos oder isoliert fühlen und ein negatives Selbstbild haben.

12 Das Beispiel von Max erfüllt die Definition von Hypochondrie.

13 Dissoziative Amnesie besteht in einer Verminderung, sich an wichtige persönliche Erfahrungen zu erinnern. Sie wird von psychischen Faktoren verursacht, ohne dass organische Störungen vorliegen.

14 Die Forschung legt nahe, dass fast alle Menschen, die eine dissoziative Identitätsstörung entwickeln, in irgendeiner Form Opfer körperlichen oder psychischen Missbrauchs geworden sind.

15 Soziale Zurückgezogenheit und verflachte Emotionen zählen zur Negativsymptomatik von Schizophrenie.

16 Verfolgungs- oder Größenwahn sind Symptome von Schizophrenie des paranoiden Typs.

17 Die Forschung deutet darauf hin, dass Patientinnen und Patienten einer höheren Rückfallgefahr ausgesetzt sind, wenn sie in Familien mit einer hohen Ausprägung von Expressed Emotion zurückkehren.

18 Menschen mit Borderline-Persönlichkeitsstörung leiden an extremer Furcht, verlassen zu werden.

19 Menschen mit Borderline-Persönlichkeitsstörung haben deutlich häufiger sexuellen Missbrauch in der Kindheit erlitten als gesunde Menschen.

20 Die antisoziale Persönlichkeitsstörung ist durch impulsives Verhalten und Missachten von Sicherheitsbedenken gekennzeichnet, was das Suizidrisiko erhöhen kann.

21 ADS wird durch einen Grad von Unaufmerksamkeit und Hyperaktivität/Impulsivität gekennzeichnet, der nicht mit dem Level der kindlichen Entwicklung übereinstimmt.

22 Viele Eltern machen sich erst dann Sorgen, wenn ihre Kinder Entwicklungsnormen für soziale Interaktion oder Sprachverwendung ab dem zweiten Lebensjahr nicht erreichen.

23 Forscherinnen und Forscher behaupten, dass Kinder mit autistischer Störung es nicht schaffen, eine normale Theorie des Geistes zu entwickeln.

24 Negative Haltungen in der Bevölkerung gegenüber psychischen Störungen sondern Menschen als unerwünscht aus.

25 Wenn Menschen sich in Behandlung begeben, müssen sie oft öffentlich zugeben, an einer psychischen Erkrankung zu leiden, was den Kontext für Stigmatisierung herstellt.

26 Die Forschung legt nahe, dass Kontakt mit Menschen, die an psychischen Erkrankungen leiden, zur Reduzierung der Stigmatisierung beiträgt.

14.6.2 Antworten auf die Multiple-Choice-Fragen

1	c	**8**	c	**15**	c
2	c	**9**	a	**16**	a
3	b	**10**	c	**17**	b
4	a	**11**	a	**18**	a
5	c	**12**	a	**19**	c
6	b	**13**	b		
7	c	**14**	a		

14.6.3 Antworten auf die „Richtig oder falsch?"-Fragen

1	Falsch	**4**	Falsch	**7**	Richtig
2	Richtig	**5**	Richtig	**8**	Falsch
3	Richtig	**6**	Richtig		

14.6.4 Antworten zu den Lückentext-Aufgaben

1 Komorbidität

2 Depression

3 Vulnerabilitäts-Stress

4 histrionische

5 Stigma

14.6.5 Lösungshinweise zu den Essayfragen

1 Bei den Kriterien handelt es sich um: Leidensdruck oder Behinderung; Fehlanpassung; Irrationalität; Unvorhersagbarkeit; Außergewöhnlichkeit und statistische Seltenheit; Unbehagen bei BeobachterInnen; Verletzung moralischer und gesellschaftlicher Normen. Probleme umfassen die Schwierigkeit, objektiv zu verfahren; Anomalität nicht nur anhand einer dieser Indikatoren definieren zu können; das Werturteil, das damit einhergeht, jemanden als anormal zu bezeichnen; Uneinigkeit über die Definition; und die Neigung von Professionellen, jedes Verhalten als anormal zu sehen, wenn jemand erst einmal dieses Etikett trägt.

2 Ein Stigma ist ein Set negativer Einstellungen gegenüber einer Person, die diese Person unakzeptabel scheinen lassen. Negative Einstellungen können viele Ursachen und viele negative Konsequenzen haben. Menschen können die Zurückweisung internalisieren, was zu sich selbsterfüllenden Prophezeiungen führen kann. Zeigen Sie anhand der Rosenhan-Studie auf, was sich unter dem klinischen Gesichtspunkt über Erwartungen sagen lässt.

3 Wählen Sie irgendein Störungsbild. Zum Beispiel: Generalisierte Angststörung. Beschreibung: Die meiste Zeit angst- und sorgenvolle Gefühle über einen Zeitraum von mindestens sechs Monaten, ohne dass eine spezifische Gefahr vorliegt; darüber hinaus mindestens drei andere Symptome wie Müdigkeit, Reizbarkeit oder Schlafstörungen. Ätiologie: Geben Sie ein Beispiel für mögliche biologische, psychodynamische, behaviorale oder kognitive Ursachen.

4 Ein kognitives Modell ist ein Muster der Weltwahrnehmung. Negative kognitive Modelle sorgen dafür, dass Menschen negativ auf sich selbst, die Welt und die Zukunft blicken. Ein Erklärungsstil ist der Glaube, dass man wenig Kontrolle über Lebensereignisse hat. Diskutieren Sie die Arbeiten von Aaron Beck und Martin Seligman im Hinblick auf die zwei Theorien zur Ätiologie affektiver Störungen.

5 Schizophrenie ist eine schwere Form von Psychopathologie, bei der die Persönlichkeit auseinanderzufallen scheint, Denkprozesse sind gestört und Emotionen abgeflacht. Subtypen umfassen die desorganisierte, die katatone, die paranoide, die undifferenzierte und die residuale Schizophrenie. Diskutieren Sie Ursachen im Lichte der Genetik, der Hirnfunktionen und Stressoren in der Umwelt.

Psychotherapie

ÜBERBLICK

15

15.1 Verständnisfragen

1 Was sind die Hauptziele des therapeutischen Prozesses?

2 Welche besondere Ausbildung hat ein/-e PsychoanalytikerIn?

3 Warum ist kulturelle Kompetenz im therapeutischen Kontext so wichtig?

4 Was wird im Zusammenhang mit Deinstitutionalisierung unter „Drehtüreffekt" verstanden?

5 Warum wird die psychodynamische Therapie auch als Einsichtstherapie bezeichnet?

6 Was versteht man unter Übertragung?

7 Was ist das grundlegende Prinzip der Gegenkonditionierung?

8 Welches Lernprinzip wirkt, wenn Patientinnen und Patienten im klinischen Kontext die Möglichkeiten erhalten, sich Gutscheine durch angemessenes Verhalten zu verdienen?

9 Was ist das Ziel von Generalisierungstechniken?

10 Welche Annahme liegt der kognitiven Therapie zugrunde?

11 Was ist in Bezug auf die rational-emotive Therapie der Ursprung hochgradig emotionaler Reaktionen?

12 Warum ist die Vermittlung des Gefühls hoher Selbstwirksamkeit ein Ziel der kognitiven Verhaltenstherapie?

13 Was ist das Ziel der „Human Potential"-Bewegung?

14 Was bedeutet „unbedingte positive Wertschätzung" in der klientenzentrierten Therapie?

15 Was ist der Sinn der Technik des leeren Stuhls in der Gestalttherapie?

16 Wie hilft Gruppentherapie dabei, die Teilnehmenden über die Einmaligkeit ihrer Probleme zu informieren?

17 Was ist ein geläufiges Ziel der Paartherapie?

18 Unter welchen Umständen sind Internet-Selbsthilfegruppen besonders wertvoll?

19 Welche Vorteile weisen atypische Antipsychotika gegenüber früheren medikamentösen Schizophrenietherapien auf?

20 Was bewirken Serotonin-Noradrenalin-Wiederaufnahmehemmer im Gehirn?

21 Was sind einige der Effekte der präfrontalen Lobotomie?

22 Worin besteht die rTMS-Methode?

23 Welche Schlussfolgerungen können aus Metaanalysen der Behandlungsmethoden für Depression gezogen werden?

24 Was hat die Forschung über die Wichtigkeit der therapeutischen Allianz heraus-gefunden?

25 Was ist das Ziel der primären Prävention?

15.2 Multiple-Choice-Fragen

1 Ein/-e VerhaltenstherapeutIn würde eine Störung bei seinem Versuch, sie zu ver-stehen, am ehesten als _____ sehen.

a. Symptom einer psychischen Erkrankung

b. Problem, das darauf wartet, erkannt zu werden

c. symbolische Repräsentation

d. gelerntes Verhaltensmuster

2 Der „Drehtüreffekt" bezieht sich im Kontext psychischer Erkrankungen auf die Konsequenzen der

a. Institutionalisierung, wobei Menschen für lange Zeiträume in stationärer Behandlung verbleiben.

b. Obdachlosigkeit, wobei Menschen lange Zeit auf Hilfe für ihre psychischen Probleme warten müssen.

c. Deinstitutionalisierung, wobei Menschen Institutionen nur für kurze Zeit verlassen, bevor sie erneut Hilfe in Anspruch nehmen müssen.

d. Obdachlosigkeit, wobei Menschen mit ernten psychischen Erkrankungen Opfer von Verbrechen werden.

3 Übertragung verhält sich zu Gegenübertragung wie

a. Psychoanalyse zu Verhaltenstherapie.

b. schlecht zu gut.

c. manifest zu latent.

d. PatientIn zu TherapeutIn.

4 Verglichen zu AnhängerInnen der traditionellen Freudianischen Psychoanalyse betonen moderne psychodynamische Therapeutinnen mehr

a. den Konflikt zwischen Es und Über-Ich.

b. die Kindheitserfahrungen.

c. die gegenwärtige soziale Umgebung der Patientin oder des Patienten.

d. biologische Instinkte und selbstbezogene Anliegen.

5 VerhaltenstherapeutInnen beschäftigen sich insbesondere mit

a. Gedanken und inneren Trieben.

b. Wünschen, Motivationen, Interessen und dem Willen.

c. dem Selbst und allen Objekten, die die Entwicklung des Selbst verbessern.

d. dem Lernen und beobachtbaren Handlungen.

6 Ein/-e VerhaltenstherapeutIn würde wohl kaum _____ einsetzen.

a. systematische Desensibilisierung

b. Entspannungstraining

c. Reizüberflutung

d. freie Assoziation

7 Ein Junge fürchtet sich unabhängig von ihrer Größe vor Spinnen. Sein Therapeut bittet ihn, eine Liste anzulegen mit den Situationen, in denen Spinnen Angst bei ihm auslösen, angefangen von der am wenigsten bis hin zu der am meisten bedrohlichen. Anschließend wird ihm beigebracht, wie er sich entspannen und die Spannung lösen kann. Zuletzt wird er in entspanntem Zustand gebeten, sich die am wenigsten bedrohliche Situation von der Liste auszumalen. Das Verfahren, auf das der Therapeut hier setzt, nennt man

a. teilnehmendes Modelllernen.

b. Reizüberflutung.

c. systematische Desensibilisierung.

d. Aversionstherapie.

8 Die Tatsache, dass man nicht zur selben Zeit entspannt und angespannt sein kann, illustriert am besten das zentrale Konzept in Joseph Wolpes Theorie der/des

a. Symptomverschiebung.

b. Objektbeziehung.

c. reziproken Inhibition.

d. humanen Potenzials.

9 Ein Schlüsselelement im Einsatz der sozialen Lerntherapie zur Verhaltensmodifikation ist

a. die Beobachtung von Modellen.

b. der Einbezug von Bestrafung.

c. eine bedingungslose positive Wertschätzung.

d. das Kontingenzmanagement.

10 Kontingenzmanagement ist eine allgemeine Behandlungsstrategie, die auf _____ basiert.

a. operanter Konditionierung

b. klassischer Konditionierung

c. Aversionstherapie

d. der Modifikation von Denkprozessen

11 Welche der folgenden Aussagen spiegeln am wenigsten eine falsche Vorannahme wider?

a. Ich muss tun, was Menschen mir auftragen.

b. Wenn ich tue, was Menschen wollen, werde ich gemocht.

c. Ich werde mich gutfühlen, wenn ich die Aufgabe schaffe.

d. Wenn ich nicht perfekt bin, tauge ich zu nichts.

12 Was hiervon passt nicht zu den anderen Begriffen?

    a. „sollte", „müsste" und „darf nicht"

    b. rational-emotive Therapie

    c. Albert Bandura

    d. Albert Ellis

13 Eine Basketballspielerin ist allmählich frustriert, nachdem ihr mehrfach Drei-punktewürfe missglückt sind. Da sagt ihr Trainer: „Sag dir nicht *Ich schaffe es nicht*, sag dir *Die nächsten drei Würfe sind im Korb*." Dieser Ratschlag ähnelt sehr dem, was kognitiv-behaviorale TherapeutInnen als _____ bezeichnen würden.

    a. Trainieren des Durchsetzungsvermögens

    b. Immunisierungstraining

    c. kognitive Restrukturierung

    d. Verkettung

14 Eine klinische Version der existentiellen Therapie nimmt an, dass angesichts der befremdlichen Zahl an Realitäten, denen Menschen heutzutage ausgesetzt sind, _____ Symptome einen Rückzug von diesen Realitäten widerspiegeln; und _____ Symptome spiegeln eine Ausbeutung dieser Realitäten wider.

    a. depressive; Zwangs-

    b. soziopathische; narzisstische

    c. soziopathische und narzisstische; depressive und Zwangs-

    d. depressive und Zwangs-; soziopathische und narzisstische

15 „Das Hauptziel meiner Therapie besteht darin, beim Menschen ein gesundes psy-chologisches Wachstum anzuregen." Diese Aussage stammt am ehesten von

    a. Carl Rogers.

    b. Sigmund Freud.

    c. Albert Bandura.

    d. B.F. Skinner.

16 Ein/-e TherapeutIn, die die „leerer Stuhl"-Technik anwendet,

    a. gibt der Klientin oder dem Klienten die Gelegenheit, Gefühle zu konfrontieren und zu erkunden.

    b. ist vermutlich ein/-e VertreterIn des psychodynamischen Ansatzes.

    c. hilft der Klientin oder dem Klienten dabei, falsche Glaubenssätze zu verändern.

    d. nutzt eine Technik, die eng verwandt ist mit der Paartherapie.

17 Virginia Satir zufolge, einer Entwicklerin von Ansätzen der Familientherapie,

    a. hilft Familientherapie nicht den einzelnen Familienmitgliedern, sondern der gesamten Familie.

    b. kann der/die FamilientherapeutIn viele Rollen spielen, darunter Vertreter, Ver-mittler und Schiedsrichter.

c. nehmen die meisten FamilientherapeutInnen an, dass die in die Therapie einge-brachten Probleme durch dispositionelle Aspekte der Menschen verursacht sind.

d. ist es nicht wirklich Anliegen des/der FamilientherapeutIn, dysfunktionale strukturelle Elemente in den Familien aufzulösen.

18 Teilweise entfalten Medikamente ihre Wirkung, indem sie die Aktivität der Neuro-transmitter _____ im Hirn _____.

a. Noradrenalin und Serotonin; verringern

b. Dopamin; verringern

c. Noradrenalin und Serotonin; erhöhen

d. Dopamin; erhöhen

19 Die langfristige Einnahme von Antipsychotika kann tardive Dyskinesie verur-sachen, eine Störung, bei der das dominante Symptom in _____ besteht.

a. einem Verlust der Blasenkontrolle

b. Haarausfall

c. einer reduzierten Produktion weißer Blutkörperchen

d. einer gestörten motorischen Kontrolle

20 Antidepressiva entfalten ihre Wirksamkeit, indem sie die Aktivität von _____.

a. Noradrenalin und Serotonin verringern.

b. Dopamin verringern.

c. Noradrenalin und Serotonin erhöhen.

d. Dopamin erhöhen.

21 Das Medikament X wirkt, indem es die Aktivität der Monoaminoxidase ein-schränkt. Sie können recht sicher sein, dass die daraus resultierende Wirkung _____ sein wird.

a. ein Anstieg von Noradrenalin an der Synapse

b. eine Abnahme von Noradrenalin an der Synapse

c. ein Anstieg von Dopamin an der Synapse

d. eine Abnahme von Dopamin an der Synapse

22 Valium und Xanax, die zur Klasse der Benzodiazepine gehören, sind wirksam bei der Behandlung von _____ und greifen in den Organismus ein, indem sie den Spiegel des Neurotransmitters GABA _____.

a. generalisierten Angststörungen; erhöhen

b. Panikstörungen; verringern

c. Schizophrenie; erhöhen

d. affektiven Störungen; verringern

23 Elektrokrampftherapie hat sich bei der Linderung von Symptomen der _____ als äußerst erfolgreich erwiesen.

a. schweren Depression

b. Zwangsstörung

c. Angststörungen

d. verschiedenen Formen psychischer Störungen

24 In einem frühen Forschungsstadium zur Effektivität von Therapien berichtete Hans Eysenck, dass nahezu zwei Drittel aller Menschen mit neurotischen Problemen

a. Symptome aufwiesen, die lediglich eingebildet waren.

b. innerhalb von zwei Jahren eine Spontanremission erfuhren.

c. durch medikamentöse Behandlung kuriert werden konnten.

d. durch keine der zur Verfügung stehenden Behandlungsformen kuriert werden konnten.

25 Einige TherapeutInnen sind der Ansicht, dass _____ der _____ Therapie Klient-Innen ermöglicht, die belastendsten Probleme und Anliegen schneller und mit weniger Schamgefühlen besetzt mitzuteilen.

a. die relative Anonymität; E-Mail-

b. die relative Vertraulichkeit; humanistischen

c. die relative Einsicht; psychodynamischen

d. die relative Nachsicht; kognitiven

15.3 Richtig oder falsch?

1 Wenn ein/-e PsychologIn eine mögliche Ätiologie vorschlägt, schätzt sie oder er, welchen Verlauf das Problem mit und ohne Behandlung nimmt.

2 Zentral für die Theorie reziproker Inhibition, die Joseph Wolpe auf die Behandlung von Ängsten und Phobien übertrug, ist die Idee, dass das Nervensystem nicht zu ein- und derselben Zeit in entspanntem und agitiertem Zustand sein kann.

3 Beim Einsatz der als Reizüberflutung bekannten Technik könnte ein/-e TherapeutIn seinen/ihre Klienten/Klientin, die Angst vor Dunkelheit hat, dazu veranlassen, sich in einen abgedunkelten Raum zu setzen.

4 Die Aversionstherapie wäre eine angebrachte Technik für jemanden, der eine extrem ausgeprägte Angst vor Hunden hat.

5 Die Forschung hat herausgefunden, dass die Therapie des symbolischen Modelllernens bei der Behandlung von Phobien effektiver ist als das teilnehmende Modelllernen.

6 Aaron Beck zufolge wird eine Depression dadurch aufrecht erhalten, dass depressive PatientInnen sich nicht bewusst sind, welche negativen automatischen Gedanken sie für gewöhnlich formulieren.

7 Lithiumsalze haben sich in der Behandlung bipolarer Störungen als effektiv erwiesen.

8 Im Hinblick auf das Ziel, psychologischen Probleme vorzubeugen, versucht die primäre Prävention, die Dauer und den Schweregrad einer Störung nach dem Auftreten einzudämmen, während die tertiäre Prävention versucht, einem Zustand vorzubeugen, bevor er überhaupt begonnen hat.

15.4 Lückentext-Aufgaben

1 _____ bezieht sich auf das, was passiert, wenn ein/-e TherapeutIn anfängt, eine/-n Patientin/Patienten zu mögen, weil diese/-r als ähnlich wahrgenommen wird zu Personen, die im Leben der/des Therapeutin/Therapeuten eine Rolle gespielt haben.

2 Einer Klientin wird beigebracht, ihre Muskeln zu entspannen und sich ihren gefürchteten Stimulus visuell vorzustellen, in graduellen Schritten von einer anfänglich entfernten Assoziation hin zu direkten Bildern. Den gefürchteten Stimulus psychologisch zu konfrontieren, während man entspannt ist, und dabei einer graduellen Sequenz zu folgen, beschreibt eine therapeutische Technik, die man _____ nennt.

3 Eine der frühesten Formen kognitiver Therapie war die _____ Therapie, die von Albert Ellis entwickelt wurde. TherapeutInnen, die diesem Ansatz folgen, bringen KlientInnen bei, die „Sollte-", „Müsste-„ und „Darf nicht"-Glaubenssätze zu erkennen, die ihre Handlungen kontrollieren.

4 _____ ist eine statistische Technik, um Hypothesen zu evaluieren, die auf eine formale Vorgehensweise setzen, um auf der Grundlage von Datensätzen vieler verschiedener Experimente zu übergreifenden Schlussfolgerungen zu gelangen.

5 Einer der wichtigsten Paradigmenwechsel in der mentalen Gesundheitsversorgung in den zurückliegenden Jahren ist die zusätzliche Behandlung in Form von _____.

15.5 Essayfragen

1 Auf den Durchschnittsbürger oder die Durchschnittsbürgerin muss das Feld der Therapie wie ein unübersichtliches Labyrinth voller Wahlmöglichkeiten wirken. Angenommen, Sie würden von jemandem gebeten, dieses Durcheinander zu erhellen. Können Sie die wesentlichen Ziele des therapeutischen Prozesses auf den Punkt bringen und dafür die wichtigsten Ansätze, Arten von TherapeutInnen und therapeutische Settings beschreiben?

2 Wie entwickelte sich die Psychoanalyse und worin bestehen ihre Hauptannahmen? Beschreiben Sie die Techniken, die PsychoanalytikerInnen einsetzen, und gehen Sie dann kurz darauf ein, inwiefern spezifische moderne psychodynamische Therapien sich vom ursprünglichen Ansatz Freuds unterscheiden. Vergleichen Sie abschließend die Psychoanalyse mit den Techniken, auf die ein/-e VerhaltenstherapeutIn zurückgreifen würde, um Probleme zu behandeln.

3 Angenommen, Sie seien Aaron Beck und ein Klient wäre zu Ihnen gekommen, um seine Depression zu behandeln. Beschreiben Sie, worauf Sie Ihr Hauptaugenmerk legen würden. Inwieweit würde Ihr Ansatz sich unterscheiden von Ihrem Zeitgenossen Albert Ellis? Wenn Sie Carl Rogers wären, würden Sie anders vorgehen? Wenn ja, inwiefern? Erklären Sie abschließend, wie ein/-e FürsprecherIn der biomedizinischen Therapie eine Depression behandeln würde.

4 Im Hinblick auf die therapeutische Behandlung von Störungen und Probleme des alltäglichen Lebens ist das Ziel von Forschung, die effizientesten Wege zum Stressabbau zu erkunden. Wie testen ForscherInnen die Effektivität bestimmter Therapieformen und wie vergleichen sie verschiedene Therapieformen?

5 Definieren und diskutieren Sie Prävention, wobei sie primäre, sekundäre und tertiäre Prävention unterscheiden und jeweils Beispiele nennen sollten.

15.6 Lösungen

15.6.1 Antworten auf die Verständnisfragen

1 Die Ziele des therapeutischen Prozesses sind die Erstellung einer Diagnose, die Erkundung einer möglichen Ätiologie, die Erstellung einer Prognose und die Durchführung einer Behandlung.

2 Psychoanalytikerinnen und Psychoanalytiker haben eine umfassende therapeutische Ausbildung in der Tiefenpsychologie nach Freud.

3 Die Forschung legt nahe, dass die Therapie durch Therapeutinnen und Therapeuten mit einer höheren kulturellen Kompetenz wirksamer ist.

4 Eine große Anzahl der aus psychiatrischen Einrichtungen Entlassenen wird nach kurzer Zeit erneut eingewiesen.

5 Die psychodynamische Therapie ist auch als Einsichtstherapie bekannt, weil eines ihrer Hauptziele darin besteht, die Patientinnen und Patienten zu Einsichten über die Beziehung zwischen gegenwärtigen Symptomen und vergangenen Konflikten zu führen.

6 Übertragung bedeutet, dass ein Patient/eine Patientin eine emotionale Reaktion gegenüber dem Therapeuten/der Therapeutin zeigt, die oft einen emotionalen Konflikt aus dem Leben des Patienten/der Patientin repräsentiert.

7 Behandlungen mit Gegenkonditionierung versuchen eine fehlangepasste Reaktion (wie etwa Furcht) durch eine gesundheitsfördernde (wie etwa Entspannung) zu ersetzen.

8 Typischerweise benutzen Kliniker Gutscheine als positive Verstärkung erwünschten Verhaltens (etwa Drogenabstinenz).

9 Generalisierungstechniken zielen darauf ab, die positiven Veränderungen durch die Therapie auf lange Sicht zu sichern.

10 Die grundlegende Annahme der kognitiven Therapie ist, dass abweichende Verhaltensmuster und emotionaler Distress aus dem entstehen, was und wie Menschen denken.

11 Die RET geht davon aus, dass irrationale Überzeugungen zu fehlangepassten emotionalen Reaktionen führen.

12 Ein Ziel der kognitiven Verhaltenstherapie ist die Veränderung des Verhaltens – es ist wichtig, dass die Klienten daran glauben, die Fähigkeit zu adaptivem Verhalten in sich zu tragen.

13 Das Ziel der „Human Potential"-Bewegung war, das Potenzial des Einzelnen hin zu mehr Leistung und breiteren Erfahrungen zu entwickeln.

14 Ein(e) klientenzentrierte(r) TherapeutIn schafft eine Situation unbedingter positiver Wertschätzung, in der die Klientin/der Klient bedingungslos akzeptiert und respektiert wird.

15 In der Gestalttherapie stellen sich die Patientinnen und Patienten vor, dass ein Gefühl, eine Person, ein Objekt oder eine Situation einen leeren Stuhl besetzt; sie sprechen mit dem „Inhaber" des Stuhls, um ihre Probleme zu verarbeiten.

16 Gruppentherapie gibt den Teilnehmenden eine Möglichkeit zu verstehen, dass ihr Problem vielleicht nichts Ungewöhnliches ist.

17 Das Ziel der Paartherapie ist häufig, den Partnern bei der Klärung und Verbesserung ihrer Beziehung zu helfen.

18 Internet-Selbsthilfegruppen sind besonders wertvoll für Menschen mit eingeschränkter Mobilität, die ansonsten vielleicht keinen Zugang zu solchen Gruppen hätten.

19 Atypische Antipsychotika helfen bei der Bekämpfung der Symptome von Schizophrenie, ohne schwere motorische Probleme zu verursachen.

20 Serotonin-Noradrenalin-Wiederaufnahmehemmer inhibieren die Wiederaufnahme sowohl von Serotonin als auch von Noradrenalin.

21 Die Operation verändert die Persönlichkeit grundlegend: Die Betroffenen werden weniger emotional, verlieren aber auch ihr Gefühl des Selbst.

22 Bei der rTMS-Methode werden wiederholte magnetische Stimulationspulse auf das Gehirn gerichtet.

23 Die Metaanalysen legen nahe, dass viele Standardbehandlungen für Depression (z.B. kognitive Verhaltenstherapie oder medikamentöse Therapie) besseren Heilungserfolg als eine Placebobehandlung erzielen.

24 Die Forschung konnte demonstrieren, dass allgemeinhin positive therapeutische Allianzen bei psychischen Störungen zu mehr Linderung verhelfen.

25 Das Ziel der primären Prävention ist es, Programme zu starten, die die Wahrscheinlichkeit des Auftretens einer psychischen Erkrankung mindern.

15.6.2 Antworten auf die Multiple-Choice-Fragen

1	d	**10**	a	**19**	d
2	c	**11**	c	**20**	c
3	d	**12**	c	**21**	a
4	c	**13**	c	**22**	a
5	d	**14**	d	**23**	a
6	d	**15**	a	**24**	b
7	c	**16**	a	**25**	a
8	c	**17**	b		
9	a	**18**	b		

15.6.3 Antworten auf die „Richtig oder falsch?"-Fragen

1	Falsch	**4**	Falsch	**7**	Richtig
2	Richtig	**5**	Falsch	**8**	Falsch
3	Richtig	**6**	Richtig		

15.6.4 Antworten zu den Lückentext-Aufgaben

1 Gegenübertragung

2 systematische Desensibilisierung

3 rational-emotive

4 Metaanalyse

5 Prävention

15.6.5 Lösungshinweise zu den Essayfragen

1 Ziele beinhalten: zu einer Diagnose gelangen; eine wahrscheinliche Ätiologie vorschlagen; Prognose; Behandlungsplanung und Implementierung. Hauptansätze: biomedizinisch, kognitiv, behavioral, psychodynamisch, existentiell-humanistisch, integrativ. TherapeutInnenarten: klinische SozialarbeiterInnen, PsychologInnen, PsychiaterInnen, PsychoanalytikerInnen, SeelsorgerInnen. Therapeutische Settings: Kliniken, Krankenhäuser, Schulen, Praxen, Internet.

2 Die Psychoanalyse ist eine umfassende Technik zur Erforschung des Unbewussten. Es handelt sich um eine Einsichtstherapie, die Traumanalyse, Katharsis und freie Assoziation einsetzt. Diskutieren Sie die Übertragung und Gegenübertragung. Andere psychodynamische Therapien stammen von Harry Stack Sullivan und Melanie Klein. Verhaltenstherapien ziehen unbewusste Motive nicht in

Betracht, sondern wenden stattdessen Lernprinzipien an, um das Auftreten bestimmter Verhaltensweisen zu erhöhen oder zu verringern.

3 Kognitive TherapeutInnen helfen KlientInnen, falsche Denkmuster zu korrigieren, indem sie durch effektivere Problemlösetechniken ersetzt werden. Die RET ist ein umfassendes System zur Persönlichkeitsveränderung, das auf der Transformation irrationaler Glaubenssätze basiert, die Stress, hochgradig emotionale Reaktionen und unerwünschte Verhaltensweisen verursachen. Rogers Ansatz ist klientenzentriert, nondirektiv, reflexiv und gründet auf der bedingungslosen positiven Wertschätzung sowie dem Glauben, dass alle Menschen nach Selbstverwirklichung streben. Biomedizinische Ansätze konzentrieren sich auf Hirnveränderungen und resultierende Verhaltensveränderungen sowie Veränderungen der emotionalen und gedanklichen Muster durch medikamentöse Therapien, Psychochirurgie, wiederholte transkranielle Magnetstimulation und Elektrokrampftherapie.

4 Spontanremission ist neben dem Placebo-Effekt ein Grundraten-Kriterium, um über die Effektivität von Therapieformen entscheiden zu können. ForscherInnen sind mittlerweile vor allem interessiert, welche Therapieformen für welche Problemstellung am geeignetsten sind. Inzwischen ist die Tatsache unumstritten, dass Psychotherapie und medikamentöse Behandlungsformen in etwa gleichermaßen effektiv sind, wenn sie allein eingesetzt werden, und effektiver, wenn sie kombiniert zum Einsatz kommen. Klinische Beobachtung und Grundlagenforschung mit unkontrollierten und kontrollierten Studien zu den kurz- und langfristigen Behandlungserfolgen sind wichtig.

5 Normalerweise konsultieren Menschen eine Expertin/einen Experten, wenn Symptome sich bereits ausgebildet haben. ForscherInnen haben einige der Risikofaktoren identifiziert, die zur Prävention von Problemen vor ihrer Entstehung beitragen könnten (primäre Prävention), was die Dauer und den Schweregrad des Problems lindert, wenn es denn ausbricht (sekundäre Prävention) und/oder die langfristigen Auswirkungen der Probleme einschränkt, indem einem Rückfall vorgesorgt wird (tertiäre Prävention). Geben Sie Beispiele (z.B. tertiär: Menschen helfen, konstant eine Drogenberatung in Anspruch zu nehmen.)

Soziale Kognition und Beziehungen

16

ÜBERBLICK

16.1 Verständnisfragen

1 Welche drei Dimensionen beeinflussen laut Harold Kelley den Attributionsvorgang?

2 Warum könnten Self-serving Bias (Verzerrungen zugunsten der eigenen Person) einen negativen Effekt auf den Notendurchschnitt von Studierenden haben?

3 Wie begrenzen normale Unterrichtsmethoden Selffulfilling Prophecies?

4 Was lässt sich anhand des Stanford-Gefängnisexperiments über soziale Rollen sagen?

5 Warum können Gruppen einen normativen Einfluss ausüben?

6 Welcher Einfluss kommt Minderheiten in einer Gruppe zu?

7 Wie können Sie Umstände erkennen, unter denen es zu einer Gruppenpolarisierung kommt?

8 Wie verhielten sich bei Milgrams Experimenten die Vorhersagen von Psychiaterinnen und Psychiatern zum später gezeigten Verhalten?

9 Welche drei Komponenten definieren eine Einstellung?

10 Welcher kognitive Prozess unterscheidet die zentrale von der peripheren Route der Persuasion?

11 Warum hat die Kultur einen Einfluss auf kognitive Dissonanzprozesse?

12 Inwiefern gründet die Tür-ins-Haus-fall-Technik auf der Reziprozitätsnorm?

13 Wie wirkt sich Ingroup-Voreingenommenheit auf die Bewertung von Mitgliedern der Ingroup und der Outgroup aus?

14 Wie unterstützt erwartungsbestätigendes Verhalten Stereotypen?

15 Was hat die Forschung hinsichtlich des Kontakts zwischen Angehörigen verschiedener Gruppen gezeigt?

16 Welchen Effekt hat Ähnlichkeit auf Zuneigung?

17 Welche drei Dimensionen definieren Liebe?

18 Welcher Bindungsstil bei Erwachsenen wird im Allgemeinen mit sehr guten Beziehungen assoziiert?

19 Warum glauben Forscherinnen und Forscher, dass genetische Faktoren bei Aggression eine Rolle spielen?

20 Wie verhalten sich Frustration und Aggression zueinander?

21 Was ist mit reziprokem Altruismus gemeint?

22 Warum tritt Verantwortungsdiffusion auf?

16.2 Multiple-Choice-Fragen

1 Welche der folgenden Aussagen enthält eine Attribution?

a. „Eine Waschmaschine können sie sich nicht leisten, weil er so viel Geld in sein Auto steckt."

b. „Zu der Party kann ich nicht kommen."

c. „Er hat sich entschieden, beim Abendessen Shrimps zu bestellen."

d. „Meinen Eltern wäre es am liebsten, wenn ich Jura oder Medizin studieren würde."

2 Eine Bettlerin nähert sich Ihnen und Ihrer Freundin und bittet um etwas Geld. Wenn Ihre Freundin ihr einen Euro gibt, attribuieren Sie dieses Verhalten auf den ihr innewohnenden großzügigen Wesenszug. Fritz Heider wäre der Ansicht, dass Sie eine _____ Attribution gemacht haben.

a. externale

b. situative

c. dispositionelle

d. inkorrekte

3 Im Zusammenhang mit Harold Kelleys Sichtweise zu Attributionen gehören all die folgenden Konzepte zusammen – bis auf eine Ausnahme:

a. Distinktheit

b. Validität

c. Konsistenz

d. Konsens

4 Angenommen, Sie hätten soeben Ihren Test zum Thema Attributionstheorie mit der Note 1,0 zurück erhalten. Wenn man das Kovariationsprinzip heranziehen würde, um Ihre exzellente Note zu verstehen, würde die „Konsens"-Dimension sich darauf beziehen, ob

a. Sie in den meisten Kursen mit 1,0 abschneiden.

b. die Dozentin Ihnen bereits in der Vergangenheit häufig die Note 1,0 gegeben hat.

c. die meisten anderen KommilitonInnen ebenfalls mit 1,0 abgeschnitten haben.

d. Sie für diese Prüfung besonders hart gelernt haben.

5 Der fundamentale Attributionsfehler bezieht sich auf die Neigung von Menschen, _____ Faktoren zu überschätzen und _____ Faktoren zu unterschätzen.

a. dispositionelle; situative

b. situative; dispositionelle

c. distinkte; dispositionelle

d. unzutreffende; situative

6 Was hiervon lässt darauf schließen, dass die Person, die den Satz spricht, dem fundamentalen Attributionsfehler unterliegt?

a. „Wenn ich nicht geheiratet und Kinder bekommen hätte, hätte ich eine interessante Karriere aufs Parkett gelegt."

b. „In diesem Land zügelt niemand seinen Energieverbrauch, weil sie nach wie vor recht günstig ist."

c. „Der Mann am Nebentisch hat der Kellnerin kein Trinkgeld gegeben, weil er ein Knauserheini ist."

d. „Politik und Religion verursachen mehr Probleme als sie lösen."

7 Als eine Studentin bei einer Klausur gut abschneidet, führt sie dies gleich auf ihre harte Vorbereitung und ihr „kluges Köpfchen" zurück. Wenn sie eine schlechte Note schreibt, beschuldigt sie hingegen die Dozentin, eine „unmögliche" Klausur gestellt zu haben, oder ihre WG-MitbewohnerInnen, die sie ständig beim Lernen gestört haben. Diese Studentin illustriert

a. den fundamentalen Attributionsfehler.

b. den Pygmalion-Effekt.

c. Vorurteile.

d. eine self-serving bias.

8 In der Studie von Rosenthal und Jacobson (1968) zur Wirkung, die Erwartungen der Lehrkörper auf die Leistung einer Stichprobe von GrundschülerInnen hatten, wurden die Veränderungen des intellektuellen Abschneidens attribuiert auf

a. die Art und Weise, wie die Lehrkörper sich gegenüber bestimmten SchülerInnen verhielten.

b. die Fähigkeit psychologischer Tests vorherzusagen, wer ein/-e akademische/-r „SchnellmerkerIn" war.

c. die Unterstützung, die bestimmte SchülerInnen von ihren Peers erhielten.

d. das Entfernen „normaler" SchülerInnen aus dem Unterricht.

9 SozialpsychologInnen unterscheiden zwischen Verhaltensmustern, die in einem bestimmten Setting von einer Person erwartet werden (_____), und den expliziten sowie impliziten Verhaltensrichtlinien in spezifischen Settings (_____).

a. soziale Normen; Erwartungen

b. soziale Rollen; Regeln

c. Anforderungsmerkmale; Regeln

d. self-serving biases; soziale Ziele

10 Um Teil der „In-Group" zu sein, lernen Sie, dass Sie sich ein bestimmtes Tattoo zulegen, bestimmte Kleidung tragen und mit den Einstellungen und Ansichten der Gruppe übereinstimmen und in der Lage sein sollten, die „Sprache" der Gruppe zu verstehen und zu sprechen. Beispiele für das, was SozialpsychologInnen _____ nennen.

a. self-serving biases

b. soziale Normen

    c. Reziprozitätsnormen

    d. Gruppendenken

11 Ein Mann hat nie zuvor diese Art von Gottesdienst besucht, deshalb blickt er sich um zu den anderen, um in Erfahrung zu bringen, wie er sich verhalten soll. Das Konformitätsverhalten des Mannes ist auf Prozesse _____ zurückzuführen.

    a. des informationellen Einflusses

    b. des normativen Einflusses

    c. der Compliance

    d. der Anforderungsmerkmale

12 In Studien zum autokinetischen Effekt tauschen ForscherInnen manchmal nach jedem Durchgang jeweils ein Gruppenmitglied aus mit einem/einer neuen ProbandIn, bis alle Mitglieder neu in der Situation sind. Damit demonstrieren die ForscherInnen

    a. die Bedeutung des informationellen Einflusses.

    b. die Macht des normativen Einflusses.

    c. den autokinetischen Effekt

    d. den transgenerationellen Einfluss von Normen.

13 Basierend auf der Forschung von Irving James sollten Sie, wenn Sie Gruppendenken in Gruppen, in denen Sie arbeiten, vermeiden wollen,

    a. sicherstellen, dass die Gruppe in hohem Maße kohäsiv ist.

    b. innerhalb der Gruppe abweichende Meinungen willkommen heißen.

    c. die Gruppe von jeglicher ExpertInnenmeinung isolieren

    d. auf eine sehr direktive Führungsperson bauen.

14 Würde man Stanley Milgram zum stillen Gehorsam von Nazis während des Zweiten Weltkrieges befragen, würde er sagen:

    a. „Deutsche haben eine militaristische Mentalität, die sie für einen derart blinden Gehorsam prädisponiert."

    b. „Menschen haben eine Neigung, anderen zu gehorchen, weil sie sich während ihrer Sozialisation als Kind angewöhnt haben, regeln zu befolgen."

    c. „Unter bestimmten Umständen würde sich jede/-r verhalten wie die Nazis im Zweiten Weltkrieg."

    d. „Der Wunsch, zum Wohle der Gruppe Regeln zu befolgen, ist im menschlichen Wesen schlichtweg angelegt."

15 Angenommen, Sie Seien ProbandIn in Stanley Milgrams Experiment zum Gehorsam gegenüber Autoritäten. Als das Experiment voranschreitet, zögern Sie und verkündigen, dass Sie das Experiment nicht fortsetzen möchten. Der Versuchsleiter wird

    a. die Studie sofort beenden.

    b. Sie verbal auffordern, das Experiment fortzusetzen.

    c. selbst dem Lernenden einen Stromschlag versetzen.

    d. Sie zwingen, mit der/dem Lernenden den Platz zu tauschen.

16 Als ein Politiker gebeten wird, die Arbeit der Bundeskanzlerin einzuschätzen, antwortet er: „Ich denke schon, dass sie einige wichtige Themen vorangetrieben hat." Im Zusammenhang mit Einstellungen gibt diese Aussage _____ wieder.

a. informationellen Einfluss

b. kognitive Information

c. affektive Information

d. behaviorale Information

17 Drei Geschäftsmänner haben Angst, mit kommerziellen Fluglinien zu reisen. Der erste hat Berichte über Flugzeugabstürze gelesen, der zweite hat Geschichten davon gehört und der dritte wäre einmal beinahe abgestürzt. Im Hinblick auf die Zugänglichkeit ihrer Flugangst

a. wird der Geschäftsmann, der über Flugzeugabstürze gelesen hat, eine zugänglichere Einstellung haben.

b. wird der Geschäftsmann, der beinahe abgestürzt wäre, eine zugänglichere Einstellung haben.

c. wird der Geschäftsmann, der von Flugzeugabstürzen gehört hat, die zugänglichere Einstellung haben.

d. wird sie bei allen dreien gleichermaßen ausfallen.

18 Angenommen, Sie seien recht stolz auf Ihren kritischen Geist. Wenn andere versuchen, Sie von ihrem Standpunkt zu überzeugen, wägen Sie die Argumente gerne sorgfältig ab. Dem Elaboration-Likelihood-Modell zufolge konzentrieren Sie Ihre kognitiven Prozesse auf eine Weise, die im Einklang mit der _____ Route steht.

a. primären

b. sekundären

c. zentralen

d. peripheren

19 Ein Schüler soll eine Gruppe vertreten, die einen Umgang mit Schummeln in der Schule entwickeln soll. Als sein bester Freund ihm aber gesteht, selbst in der letzten Klausur geschummelt zu haben, ergreift er keinerlei Maßnahmen. Leon Festinger zufolge wird dieser Schüler _____ erleben.

a. self-serving bias

b. Compliance

c. informationellen Einfluss

d. kognitive Dissonanz

20 Welche der folgenden Aussagen illustriert am besten die Selbstwahrnehmungstheorie von Daryl Bem?

a. „Ich esse Schwarzbrot, weil ich es mag."

b. „Ich habe ihn geheiratet, also muss ich ihn lieben."

c. „Ich kann mir schon vorstellen, dass aus mir ein erfolgreicher Rechtsanwalt wird."

d. „Jeder mag mich."

21 Ein Fremder bittet Sie um eine Spende von 20 Euro für einen wohltätigen Verein. Als Sie ihm eine Absage erteilen, fragt er sie, ob Sie denn wenigstens einen Euro spenden möchten. Nachdem Sie ihm die Münze ausgehändigt haben, wird Ihnen bewusst, dass Sie _____ auf den Leim gegangen sind.

a. dem Commitment

b. der Fuß-in-die-Tür-Technik

c. der Tür-ins-Haus-Fall-Technik

d. Knappheit

22 Der Prozess, der zu einer „ich vs. nicht ich" und „wir vs. die anderen"-Orientierung führt, gilt als soziale/-r

a. Vergleich

b. Diskriminierung

c. Kategorisierung

d. Evaluation

23 Angenommen, Sie seien gebeten worden, die Spannungen und Konflikte zwischen zwei rivalisierenden Gruppen in unmittelbarer Nachbarschaft zueinander abzubauen. Wenn Sie auf Muzafer Sherifs Befunde in der Robbers Cave-Studie zurückgreifen, würden Sie

a. zum Verbreiten positiver Gerüchte über die Fremdgruppe ermuntern.

b. den Führungsfiguren der jeweiligen Gruppen eine monetäre Belohnung in Aussicht stellen, wenn es ihnen gelingen sollte, den Konflikt zwischen den Gruppen einzudämmen.

c. ein Basketballturnier einführen, das die ganze Nacht dauert und bei dem die Gruppen gegeneinander antreten.

d. zu kooperativen Handlungen veranlassen, die im Dienste geteilter Ziele stehen.

24 Viele Menschen sind der Ansicht, eine bestimmte Frau sei physisch attraktiv. Diese Information genügt Ihnen, um vorhersagen zu können, dass Menschen ebenfalls dazu neigen werden, sie für _____ zu halten

a. sozial kompetent

b. unintelligent

c. der Oberklasse zugehörig

d. vermutlich weniger erfolgreich im Bezug auf ihre Karriere

25 Im Bezug auf Freundschaften vertritt Ihre Freundin die Ansicht: Gegensätze ziehen sich an. Hat sie recht?

a. Ja, für eine Vielzahl von Dimensionen scheint das zuzutreffen.

b. Nein, Forschung legt nahe, dass Unähnlichkeit zu einer starken Zurückweisung führt.

c. Ja, aber anscheinend wirken sich Ähnlichkeiten und Unterschiede gleichermaßen aus.

d. Ja, aber nur im Bezug auf physische Eigenschaften.

26 Ein Paar ist seit kurzem verheiratet. Ein anderes Paar lebt seit vielen Jahren in einer liebevollen Beziehung. Die Hochzeit könnte man eher als Ausdruck _____ Liebe charakterisieren, bei dem zweiten Paar könnte eher von _____ Liebe die Rede sein.

    a. positiver; negativer

    b. gebundener; trauriger

    c. pragmatischer; erotischer

    d. leidenschaftlicher; freundschaftlicher

27 Das Gefühl, der oder die andere sei Bestandteil des eigenen Selbst ist im Zusammenhang der Liebe wichtig, da

    a. der Zusammenhang vom „anderen" und dem „Selbst" als Index für das Ausmaß der Autonomie in einer Beziehung dienen kann.

    b. Studien gezeigt haben, dass Paare mit der größten Überlappung von „anderem" und „Selbst" die besten Aussichten haben, für eine lange Zeitdauer eine verbindliche Beziehung aufrechterhalten zu können.

    c. die Überlappung von „anderem" und „Selbst" als Diagnoseinstrument verwendet werden kann, um die Art von Liebe, die für das Paar am wichtigsten ist, herauszufinden.

    d. die Art und Weise, wie jemand den „anderen" oder die „andere" im „Selbst" konzeptualisiert, ein gutes Indiz für einen vermeidenden Bindungsstil sein kann.

28 Wenn Sie mit anderen Menschen interagieren, kann es gut sein, dass Sie sich dabei erwischen, die anderen auf die ein oder andere Weise zu imitieren. Chartrand und Bargh bezeichneten diese Art des Nachahmens als

    a. altruistische Reziprozität.

    b. den Chamäleon-Effekt.

    c. den Bystander-Effekt.

    d. den Ähnlichkeitseffekt.

29 In einer Untersuchung zur Beziehung zwischen Arbeitslosigkeitsrate und Aggressivität in San Francisco haben ForscherInnen herausgefunden, dass die folgenden Punkte zutreffen – bis auf eine Ausnahme:

    a. Die Gewalt nahm mit dem Anstieg von Arbeitslosigkeit zu, aber nur bis zu einem gewissen Punkt.

    b. Ängste, den eigenen Job zu verlieren, könnten bei einigen dazu geführt haben, dass frustrationsgetriebene Gewalt gehemmt wurde.

    c. Wenn die Arbeitslosigkeit zu hoch war, fiel das Ausmaß der Gewalt wiederum.

    d. Unter allen Umständen gilt: Je höher die Arbeitslosigkeit, desto höher das Ausmaß von Gewalt.

30 Die Forschung zum Zusammenhang von Frustration und Aggression hat TheoretikerInnen zu der Schlussfolgerung veranlasst, dass

    a. Frustration immer Aggression nach sich zieht.

    b. Frustration nicht immer Aggression nach sich zieht.

c. negative emotionale Zustände nicht zu Aggression führen, solange Frustration nicht mit Zielen zusammenhängt.

d. Frustration zu Depression führt, was anschließend Aggression nach sich zieht.

31 In einer im Lehrbuch beschriebenen Studie spielten Studierende entweder gewalttätige oder friedliche Computerspiele für 25 Minuten, im Anschluss wurden sie gebeten, sich gewalttätige oder friedliche Fotografien anzusehen. Die Forschung zeigte, dass die _____ genannte Hirnreaktion bei denen, die gewalttätige Videospiele gespielt und dann gewalttätige Fotografien angesehen hatten, nur geringfügig nachweisbar war.

a. dopaminerge Plastizität

b. inhibitorische präsynaptisches Potenzial

c. exizitatorisches präsynaptisches Potenzial

d. P3

32 Vor dem Hintergrund einer evolutionären Perspektive ist altruistisches Verhalten

a. vor allem gelerntes Verhalten.

b. absolut sinnlos.

c. teilweise verbunden mit dem Thema Reproduktion.

d. determiniert von situativen Kräften.

33 Angenommen, Sie wären am Strand und würden Ihr Handtuch verlassen, um sich etwas zu essen zu holen. Forschungen zur Bystander-Intervention lassen darauf schließen, dass Sie – wenn Sie sich Sorgen machen, dass jemand ihr Hab und Gut stehlen könnte –_____ .

a. die Sachen mit einem Teil des Handtuchs zudecken sollten.

b. jemanden in der Umgebung bitten sollten, ein Auge auf ihre Sachen zu werfen.

c. auf Ihr Handtuch eine Notiz legen sollten, dass Sie gleich zurück sind.

d. an einer abgelegenen Stelle des Strandes ihr Lager beziehen sollten, um vom „Rand-Effekt" zu profitieren.

16.3 Richtig oder falsch?

1 Die Attributionstheorie geht auf die Schriften von Fritz Heider zurück. Er war der Ansicht, Menschen seien intuitive PsychologInnen, die herauszufinden versuchen, wie Menschen sind und was sie motiviert.

2 Distinktheit, Konsistenz und Konsens sind drei Komponenten des fundamentalen Attributionsfehlers.

3 Die Erwartungen, die jemand an eine andere Person hat, können dazu führen, dass diese Person sich auf eine Weise verhält, die der ursprünglichen Hypothese entsprechen.

4   Minoritätsgruppen haben relativ wenig normativen Einfluss, da Mitglieder der Majorität in der Regel nicht besonders gelegen daran ist, von der Minorität gemocht oder akzeptiert zu werden.

5   Stanley Milgrams klassische Studie zum Gehorsam demonstrierte recht schlüssig, dass blinder Gehorsam mehr das Ergebnis dispositioneller Persönlichkeitscharakteristiken denn situativer Kräfte, denen sich jemand ausgesetzt sieht, ist.

6   Im Bezug auf Überredung steht die zentrale Route für Umstände, unter denen Menschen sich nicht kritisch auf die Botschaft konzentrieren, sondern auf oberflächliche Hinweisreize reagieren.

7   Menschen, die ein interdependentes Selbstkonzept haben, erleben mit höherer Wahrscheinlichkeit kognitive Dissonanz als Menschen, die ein abhängiges Selbstkonzept haben.

8   Wenn Sie Ihre Eigengruppe anderen Gruppen gegenüber als besser einschätzen, legen Sie das an den Tag, was man Ingroup-Bias nennt.

9   Dem Konzept der Bedrohung durch Stereotype zufolge weisen Menschen die starke Neigung auf, sich durch Minderheiten bedroht zu fühlen, besonders dann, wenn die Ressourcen begrenzt sind.

10   Das klassische „Robbers Cave"-Experiment von Muzafer Sherif und seinen KollegInnen stützte die Idee, dass einfacher Kontakt zwischen verfeindeten Gruppen allein Vorurteile abbauen kann.

11   TheoretikerInnen haben hinsichtlich der Konzeptualisierungen von Liebe, die bei Menschen vorherrschen, drei Dimensionen ausgemacht: Leidenschaft, Intimität und Verbindlichkeit.

12   Trotz der Wichtigkeit auf dem Felde der kindlichen Entwicklung hat sich das Konzept des erwachsenen Bindungsstils als wenig wertvoll für Beziehungen im Erwachsenenalter erwiesen.

16.4 Lückentext-Aufgaben

1   Dem _____-Prinzip zufolge sollten Personen ein Verhalten auf einen kausalen Faktor attribuieren, wenn dieser Faktor immer zusammen mit dem Verhalten auftritt und nicht vorliegt, wenn auch das Verhalten ausbleibt.

2   Die Neigung von Menschen, Verhaltensweisen und Meinungen anderer Gruppenmitglieder anzunehmen, nennt man _____

3   Das Elaboration-Likelihood-Modell der Persuasion unterscheidet zwischen _____ und _____ Routen der Überzeugung.

4   Eine der Regeln, die menschliches Verhalten dominieren, ist, dass Sie etwas für eine Person tun sollten, die etwas für Sie getan hat. Dies nennt man

5 Das Robbers-Cave-Experiment hat die _____ bekräftigt, indem gezeigt werden konnte, dass kooperatives Handeln und geteilte Ziele Vorurteile abbauen helfen, wohingegen es nicht genügt, einfach zusammen Zeit zu verbringen.

6 Der _____-Hypothese zufolge tritt Frustration auf, wenn Menschen davon abgehalten wurden, ihre Ziele zu erreichen. Ein Anstieg der Frustration führt dann dazu, dass die Wahrscheinlichkeit von _____ steigt.

16.5 Essayfragen

1 Eine der wichtigsten Aufgaben, denen Menschen sich ausgesetzt sehen, wenn sie Rückschlüsse ziehen, ist es herauszufinden, worin bestimmte Ereignisse ihre Ursache haben. Wie haben PsychologInnen diesen Attributionsprozess untersucht? Wie verhalten sich Erklärungsmuster einer Person zu Erklärungen, die womöglich jemand anders plausibler findet? Sind diese Erklärungen allen Kulturen gemein? Beschreiben Sie zuletzt, wie PsychologInnen sich selbst erfüllende Prophezeiungen untersucht haben.

2 Angenommen, Sie hätten sich entschieden, etwas an der wenig begeisterten Einstellung Ihrer Nachbarschaft zum Thema Recycling zu tun. Beschreiben Sie, was Sie tun werden, um ihre Einstellungen und Verhaltensweisen zu verändern und gehen Sie sicher, dass Sie Prozesse der Persuasion, die Rolle von Dissonanz und die verschiedenen Techniken zum Erlangen von Compliance berücksichtigen. Vergleichen Sie Ihren Ansatz mit dem, was VerkäuferInnen tagtäglich einsetzen, um den Absatz zu steigern.

3 Haben Sie jemanden schon mal ganz besonders gemacht? Waren Sie sogar verliebt? Welche Faktoren entscheiden darüber, inwieweit man andere Personen attraktiv findet, und was ist der Unterschied zwischen Mögen und Lieben? Welche Faktoren sorgen dafür, dass Beziehungen lange halten? Wie sehen verschiedene Kulturen Liebe?

4 In einem Psychologieseminar hat eine Studentin die Aufgabe, in einer Diskussion die Sichtweise zu vertreten, Aggression habe eine genetische Basis, während ein Student in seine Argumente einfließen lassen soll, inwieweit Umweltbedingungen wie Situationen aggressives Verhalten beeinflussen. Welche Studien sollten die beiden jeweils anführen, um die von ihnen vertretene Perspektive zu untermauern?

5 Nachdem er einen Bericht gelesen haben über einen Mann, der in ein brennendes Gebäude gelaufen ist, um zwei Fremde zu retten, die durch den Rauch ohnmächtig geworden sind, wundert ein Freund sich, was um alles in der Welt Menschen dazu bringt, ihr eigenes Leben für das Wohlergehen anderer aufs Spiel zu setzen. Sie entscheiden sich, ihm zu erklären, welche Beweggründe solche Menschen haben können. Stellen Sie sicher, dass Sie Altruismus und seine Wurzeln klar definieren. Diskutieren Sie, wie PsychologInnen altruistisches Verhalten gegenüber Verwandten und Fremden erklären. Gehen Sie darauf ein, wie die Bystander-Intervention im Labor untersucht wurde und was darüber in Erfahrung gebracht werden konnte, wie sich die Situation auf das Hilfeverhalten auswirkt.

16.6 Lösungen

16.6.1 Antworten auf die Verständnisfragen

1 Kelley postulierte, dass man Distinktheit, Konsistenz und Konsens bewertet, wenn man eine Attribution macht.

2 Studierende neigen dazu, sich Erfolge zuzuschreiben, aber Misserfolge wegzuerklären – dieses Muster könnte sie beispielsweise dazu veranlassen, ihre Lernmethoden nicht zu verändern, selbst wenn sie bei einem Examen schlecht abschneiden.

3 In den meisten Schulklassen haben die Lehrkräfte zutreffende Informationen über das Potenzial ihrer SchülerInnen, was die Möglichkeit selbsterfüllender Prophezeiungen verringert.

4 Das Stanford-Gefängnisexperiment zeigte, wie schnell Menschen die Verhaltensmuster übernehmen, die von sozialen Rollen definiert werden.

5 Weil Menschen gemocht und akzeptiert werden sowie Bestätigung erfahren möchten, können Gruppen einen normativen Einfluss ausüben.

6 Minderheiten können einen informationellen Einfluss ausüben – ihr Einfluss beruht auf dem Bedürfnis der Angehörigen einer Mehrheit, richtig zu liegen.

7 Wenn die gemeinsame Entscheidung einer Gruppe extremer ist als es die jedes einzelnen Gruppenmitglieds gewesen wäre, weist das auf Prozesse der Gruppenpolarisierung hin.

8 Die Vorhersagen von Psychiaterinnen und Psychiatern unterschätzten massiv die Zahl der Menschen, die bereit waren, bis zu einer sehr hohen Voltzahl Elektroschocks zu verabreichen.

9 Einstellungen umfassen kognitive, affektive und verhaltensbezogene Komponenten.

10 Die zentrale Route der Persuasion ist durch starke Elaboration gekennzeichnet, also durch sorgfältiges Nachdenken über das Material, das überzeugen soll.

11 Weil Dissonanzreduzierung den Impuls zur Selbstkonsistenz widerspiegelt, beeinflussen interkulturelle Unterschiede im Selbstbild die Situationen, in denen Menschen Dissonanz empfinden.

12 Wenn Menschen große Erwartungen an Sie auf mittlere Erwartungen zurückschrauben, haben sie etwas für Sie getan. Die Reziprozitätsnorm erfordert dann, dass Sie etwas für Ihr Gegenüber tun – indem Sie der geringeren Forderung zustimmen.

13 Liegt keine Voreingenommenheit vor, hegen Menschen positive Gefühle gegenüber Angehörigen der eigenen Gruppe und neutrale Gefühle gegenüber Angehörigen der Fremdgruppe.

14 Menschen interagieren oft miteinander in einer Weise, die es ihnen nicht ermöglicht, Stereotypen zu widerlegen.

15 Die Forschungen deuten in die Richtung, dass Kontakt mit Outgroup-Angehörigen Vorurteile durchgängig reduziert.

16 Menschen neigen dazu, eher diejenigen zu mögen, die ihnen gleichen.

17 Die drei Dimensionen, die Liebe charakterisieren, sind Leidenschaft, Intimität und Verbindlichkeit.

18 Menschen mit sicherem Bindungsstil haben als Erwachsene oft die dauerhaftesten Liebesbeziehungen.

19 Forscher haben mithilfe von Zwillingsstudien demonstriert, dass MZ Zwillinge eine höhere Übereinstimmung bei antisozialem und aggressivem Verhalten als DZ Zwillinge aufweisen.

20 Wenn Menschen bei der Verfolgung ihrer Ziele frustriert werden, steigt die Wahrscheinlichkeit, dass sie aggressiv werden.

21 Reziproker Altruismus ist die Vorstellung, dass Menschen sich altruistisch verhalten, weil sie im Gegenzug erwarten, selbst Nutznießer altruistischen Verhaltens zu werden.

22 Wenn eine Gruppe von Menschen Zeuge eines Notfalls wird, nehmen die Menschen in der Gruppe meistens an, dass schon jemand anderer die Verantwortung für die Notfallmaßnahmen übernommen habe.

16.6.2 Antworten auf die Multiple-Choice-Fragen

1 a		**12** d		**23** d	
2 c		**13** b		**24** a	
3 b		**14** c		**25** b	
4 c		**15** b		**26** d	
5 a		**16** b		**27** b	
6 c		**17** b		**28** b	
7 d		**18** c		**29** d	
8 a		**19** d		**30** b	
9 b		**20** b		**31** d	
10 b		**21** c		**32** c	
11 a		**22** c		**33** b	

16.6.3 Antworten auf die „Richtig oder falsch?"-Fragen

1 Richtig		**5** Falsch		**9** Falsch	
2 Falsch		**6** Falsch		**10** Falsch	
3 Richtig		**7** Falsch		**11** Richtig	
4 Richtig		**8** Richtig		**12** Falsch	

16.6.4 Antworten zu den Lückentext-Aufgaben

1 Kovariations

2 Konformität

3 zentralen; peripheren

4 Reziprozitätsnorm

5 Kontakthypothese

6 Aggressions-Frustrations; Aggression

16.6.5 Lösungshinweise zu den Essayfragen

1 Die Attributionstheorie geht auf die Arbeit von Fritz Heider zurück. Harold Kelley formalisierte Heiders Arbeit und arbeitete drei Informationsdimensionen heraus, auf die Menschen normalerweise zurückgreifen, um Situationen und Verhaltensweisen zu erklären – Distinktheit, Konsens und Konsistenz. Bei den Attributionen, zu denen wir gelangen, kann es zu einer Verzerrung (Bias) kommen. Diskutieren Sie den fundamentalen Attributionsfehler, die self-serving bias, Erwartungen und sich selbst erfüllende Prophezeiungen. Diskutieren Sie ein unabhängiges Verständnis des Selbst im Gegensatz zu einem interdependenten Verständnis des Selbst und inwiefern beide mit der Kultur zusammenhängen.

2 Eine Einstellung ist eine positive oder negative Einschätzung über Menschen, Objekte und Ideen. Elemente kognitiver, behavioraler und affektiver Information bringen Einstellungen hervor. Einstellungen sind womöglich nicht immer zutreffende Indikatoren dafür, wie Menschen sich letztlich verhalten. Persuasion beinhaltet die absichtliche Bemühung, Einstellungen zu verändern. Das Elaboration-Likelihood-Modell unterscheidet zwischen peripheren und zentralen Routen der Persuasion. Kognitive Dissonanz verursacht aufgrund der Unterschiede zwischen unseren wahrgenommenen und tatsächlichen Handlungen Stress. Ziehen Sie beispielhafte Studien heran (wie die Untersuchung von Festinger und Carlsmith), die aufzeigen, wie Dissonanz eine Einstellungsänderung herbeiführt. Diskutieren Sie Compliance, die Reziprozitätsnorm und Strategien wie die Fuß-in-die-Tür-Technik, die VerkäuferInnen einsetzen, um den Grad der Zustimmung zu erhöhen.

3 Auf Fragen zur interpersonellen Anziehung gibt es eine Reihe von Antworten. Bloßer Kontakt sorgt dafür, dass wir Menschen, denen wir nahestehen, mögen. Beim Entstehen von Freundschaften spielt physische Anziehung ebenfalls eine

Rolle, genauso wie ähnliche Ansichten, Einstellungen und Werte sowie Reziprozität. Liebe nimmt ihren Anfang auf unterschiedlichen Wegen, die dennoch Gemeinsamkeiten aufweisen. Konzeptualisierungen sehen ein Cluster von drei Dimensionen vor – Leidenschaft, Intimität und Verbindlichkeit. Menschen scheinen im Erwachsenenalter unterschiedliche Bindungsstile aufzuweisen, die mit unterschiedlichen Fähigkeiten einhergehen, eine Beziehung aufrecht zu erhalten. Mitglieder von Kulturen, die Unabhängigkeit betonen, legen womöglich sehr viel mehr Wert auf Liebe und verlangen ihren EhepartnerInnen weitaus mehr ab als Mitglieder von Kulturen, in denen Interdependenz vorrangig ist.

4 Aggression bezieht sich auf Verhalten, das zu einer psychologischen oder physischen Schädigung anderer führt. Manche Menschen sind kontinuierlich aggressiver als der Durchschnitt. Diskutieren Sie Studien, die starke genetische Komponenten von Aggression und abweichende Hirnfunktionen bei aggressiven Menschen in den Mittelpunkt rücken. Bei extremen Reaktionen lässt sich zwischen impulsiver und instrumenteller Aggression unterscheiden, obwohl die meisten Menschen sich eher moderat verhalten. Erwähnen Sie den Einfluss einer positiven Bewertung von Gewalt. Situationen können zu Frustration führen und Konflikte herbeiführen, wobei aus einer Interaktion zwischen gesellschaftlichen und individuellen Kräften Aggression entsteht. Regelmäßiger Konsum von Gewalt kann sich auf das Verhalten auswirken.

5 Der Forscher C. Daniel Batson geht von vier Kräften aus, die Menschen dazu verleiten, sich zum Wohle aller zu verhalten – Altruismus, Egoismus, Kollektivismus und Prinzipien. Es gibt viele Dinge, die Altruismus beeinflussen, darunter die Tatsache, dass wir uns eigenen Familienangehörigen (Verwandten) gegenüber altruistischer verhalten als Fremden. Manchmal verhalten wir uns aber auch komplett Fremden gegenüber altruistisch. Der Bystander-Effekt wird beeinflusst durch Aspekte der Situation wie die Anzahl von Personen, die potenziell Verantwortung übernehmen könnten. Eine Verantwortungsdiffusion tritt auf, wenn mehr als eine Person zugegen ist, die helfen könnte. Direkt um Hilfe zu bitten kann zwischen dem Opfer und Bystandern eine Verbindung knüpfen, die einer Verantwortungsdiffusion entgegenzuwirken vermag.